李斓 李睦 · 著

梵高画传

U0367239

化学工业出版社

· 北京 ·

内容提要

本书收录了将近 300 幅梵高具有代表性的作品，按时间线索，以业余绘画时期、海牙和德伦特时期、纽南时期、安特卫普时期、巴黎时期、阿尔时期、圣雷米时期和奥维时期这八个不同时期为时间轴，讲述了梵高一生的艺术时光，再结合历史、生活、情感等几个方面的文字素材还原了梵高的一生。

本书不仅是梵高作品的美学鉴赏集，解读了每一幅名画背后的情感故事、社会背景，还全程揭秘了梵高一生的爱恨离合，体味到梵高的抑郁和痛苦，以及对绘画事业的热爱和执着。

本书文字轻松且温暖，通俗且易懂，适合作为非专业读者的艺术赏析入门类读物和人物传记类读物。

图书在版编目（CIP）数据

梵高画传/李斓，李睦著. —北京：化学工业出版社，
2020.8（2021.1重印）
ISBN 978-7-122-37090-7

Ⅰ.①梵… Ⅱ.①李…②李… Ⅲ.①凡高（VanGogh，Vincent 1853—1890）–传记–画册 Ⅳ.①K835.635.72–64

中国版本图书馆CIP数据核字（2020）第089377号

责任编辑：马冰初　　　　　　　　文字编辑：李锦侠
责任校对：王　静　　　　　　　　装帧设计：子鹏语衣

出版发行：化学工业出版社（北京市东城区青年湖南街 13 号　邮政编码 100011）
印　　装：天津图文方嘉印刷有限公司
710mm×1000mm　1/16　印张 21¼　字数 450 千字　2021 年 1 月北京第 1 版第 2 次印刷

购书咨询：010-64518888　　　　　　售后服务：010-64518899
网　　址：http://www.cip.com.cn
凡购买本书，如有缺损质量问题，本社销售中心负责调换。

定　　价：128.00 元

序

关于文森特·梵高，纯文字的传记或是图文并茂且有特定研究方向的传记确实已经出版了几本。但从画传的角度入手，让文字契合着画作深究梵高的整个精神世界的传记，这是我看到的第一本。本书带着我探查、研究、品味梵高每一幅作品的起笔缘由和绘画过程，感受其超前的艺术领悟及表达。本书在这一特殊视角的描述上，有别于其他图书，令人耳目一新。

作者在本书中首次提出梵高的艺术领悟中有着现代物理哲学观的影子。作者指出了梵高对人生、世界的深度思考，在他的艺术中的置换现象，已经触及到了现代物理学中的哲学层面，且成功地在他的绘画作品中表达出来，如星月夜、有丝柏和星星的小路、麦田群鸦……当代许多物理学家认为，那些旋转的笔触，符合流体力学湍流涡旋的特点，而作者则是从梵高更具体、更细腻的生活感悟里挖掘出了梵高超前的接近于量子哲学层面的艺术表达意识。虽然篇幅不多，点到为止，但却为广大读者提供了不同的欣赏视角。

本书的独特写作角度，确实能够促使读者去思考。其实我们都是梵高，都在创造着自己人生的"行为艺术"。

江黎

中央美术学院教授

前　言

　　关于梵高的绘画作品集和传记已出版不少，但只要读者们稍微静下心来阅读，就会发现此"画传"并非彼"画传"，此"梵高"也并非彼"梵高"。虽然以作品为线索描写艺术家的思路比较常见，以时间为线索的描述方法也并不新鲜，但结合着历史、文献、情感、绘画等几个方面的因素进行综合讲述则让人耳目一新。本人将自己对于绘画的感触融入到一幅幅作品的描述当中，读者会觉得这是梵高本人在叙述，或者是他的绘画作品在诉说。因此，与其说这本书是在引人观看，不如说是在让人聆听。

　　梵高的盛名是毋庸置疑的，在我国几乎也是家喻户晓，人类美术历史上能够达到这样高度的知名艺术家，恐怕没有第二个人了。形成如此影响的原因未必都与他的绘画相关，必然是有其他方面的渊源。虽说人们对他的关注往往都是从绘画开始的，但对于他生活的关注，则远远超过了绘画本身。这也解释了为什么人人都知道和喜爱梵高，但却未必人人都看得懂梵高的绘画作品。这也说明了艺术和生活原本就是一个统一体，彼此无法独立、无法分离，只是我们将这两者分开了，但艺术中始终有生活，生活中也始终有艺术。因此，结合绘画讲述生活中的梵高，结合生活讲述绘画时的梵高，就成为了本书的独到之处。在此，梵高和绘画已经成为了同一个意思，希望本书可以成为读者们重新认识梵高的途径和重新认识绘画的途径，勾勒出一个融艺术和生活于一体的完整的梵高的形象。绘画只不过是艺术家在生活中挣扎留下的痕迹，绘画作品固然重要，但通过绘画留给我们的生活启示更加重要，我们每一个人又何尝不是那个挣扎在生活中的梵高呢。这也许就是我们喜爱梵高，愿意接近梵高的原因吧。

李睦

2020 年 4 月于清华园

目 录

目　录

部分名画赏析

狗
P.008

运河
P.009

马车道
P.010

在教堂打瞌睡的布里多
尼女人（临摹罗普斯）
P.011

伦敦奥斯汀隐修院教堂
P.012

埃顿的教堂和牧师住宅
P.013

拉姆斯盖特皇家公路
P.014

麦拉比洞穴
P.015

月光下的咖啡馆
P.016

博里纳日煤矿
P.017

矿区的房子
P.018

临终的女人
P.019

炉边的农民
P.020

播种者
P.021

在路上
P.023

有睡莲的沼泽
P.024

牧师的花园
P.025

公路上的波拉德柳树
P.026

悲伤
P.044

穿燕尾服的老人
P.045

部分名画赏析

背煤的女矿工

P.047

国库券

P.049

长凳上的人们

P.051

暴风雨中的施维宁根海岸

P.053

施维宁根的漂洗地

P.054

有沙丘的风景

P.055

烧杂草的农人

P.056

剪去树梢的桦树

P.069

翠鸟

P.070

织布工

P.072

部分名画赏析

唐吉老爹
P.109

铃鼓咖啡馆的阿古斯蒂娜
P.112

苦艾酒
P.114

两朵剪下的向日葵
P.116

开花的梅树（仿歌川广重）
P.119

画架前的自画像
P.123

戴草帽的自画像
P.124

阿尔的树木与花朵
P.139

雷金奈耶桥（室内完成）
P.143

阿尔的朗格鲁瓦桥
P.146

部分名画赏析

十四朵向日葵

P.170

摇篮曲

P.181

约瑟夫·鲁林

P.182

夜间咖啡店

P.187

在阿尔的红葡萄园

P.193

黄房子

P.197

阿尔的卧室

P.199

送给高更的自画像

P.201

梵高的椅子

P.204

高更的椅子

P.206

耳缠绷带的自画像

P.208

耳缠绷带叼烟斗的自画像

P.209

鸢尾花

P.227

夜晚露天咖啡馆

P.230

罗纳河上的星夜

P.232

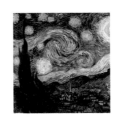

星月夜

P.236

播种者（临摹米勒）

P.242

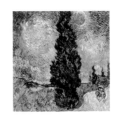

有丝柏和星星的小路

P.248

奥维的房子

P.262

奥维的教堂

P.268

部分名画赏析

多比尼的花园

P.274

开花的板栗树

P.278

加歇医生

P.288

弹钢琴的玛格丽特·加歇

P.291

拿橙子的小孩（杰曼）

P.294

麦田

P.298

乌云下的干草堆

P.303

麦田群鸦

P.304

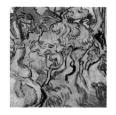

树根

P.308

雷雨云下的麦田

P.312

第一章

没有敌意的
星星

1853 年 3 月—1881 年 11 月

梵高母亲的肖像

业余绘画时期

梵高的家庭

1853 年 3 月 30 日，独特的天才艺术家文森特·梵高出生于荷兰的一个乡村小镇。其实梵高家族在荷兰很显赫，梵高的一个叔叔是荷兰海军最高指挥官、中将，另外三个叔叔都是荷兰极为成功的画商或书商，拥有当时世界上最大的画廊——古庇尔股份的一半。梵高的父亲是一位新教乡村牧师，母亲出身荷兰贵族，梵高还有 2 个弟弟和 3 个妹妹。

梵高全家生活并不富裕，他的父亲所做的牧师级别不高，对于一大家子人来说，他的薪水只能勉强支撑。梵高的家庭是一个严格的基督教家庭，《渴望生活》中这样描写他的父亲："泰奥多勒是以严格的顺从和规矩的品行来对待生活的，他对人性的变化一窍不通。如果他的儿子不能合上这个模子，那么一定是儿子不对，而不是模子不对。"

当梵高终于决定以画画为职业时，他的母亲很高兴，因为梵高的表姐夫安东·莫夫就是画画的，还挣到不少钱。当时梵高说以后会给妈妈画一张画像，老太太马上问："会画得很像我吗？"这幅1888年所画的肖像画，确实以"很像"的特色画完了。

梵高的特殊性格及早期才华

梵高性格中有某些方面还是深受家庭影响的，例如对爱情的一窍不通、对金钱及人情世故的刻板理解，也可以说这些影响是贯穿其一生的。

原本他有一位富豪画商亲叔叔，没有儿女，非常爱他，把他当作财产的继承人，使得他今后将可能坐拥欧洲一系列重要的陈列馆。但梵高根本不谙这里的人情世故，他一直像伦勃朗一样，想历经万难找到能充分表达自己内心和兴趣的事业，坚持、确信自己所作所为的价值，然后向世界告知自己的人生目的……这才是他想做的，能否成为阿姆斯特丹的富豪画商、能否讨阔叔叔的喜欢，绝对不在他的考虑范围之内。

动物与人物头部

梵高从小性格古怪，喜欢独处，稍微引来多一点的注意，他就会发脾气。他8岁时用油灰做了一只小象，父母大加赞赏，但小小年龄的他却把小象砸碎了，原因是父母的夸赞让他觉得太不真实了，这让梵高有被儿戏的感觉……后来，他画的一只猫也被他撕了。如此的细节可以充分体现出他性格中的认真、严谨及焦虑。他8岁、9岁、10岁、19岁时创作的多幅早期画作，现在都能看到。旁边这幅素描是他8岁时画的。

他10岁时画的一幅牛奶壶素描，已经显示出了他的绘画天赋——善于运用线条的闪耀感去突出自己画作中的律动（或叫频率）风格。

牛奶壶

梵高儿童时期的作品在 1955 年才被发现。他用那稚嫩的小手画出的一幅幅素描，令人震撼！幼年梵高惊人的洞察力及天赋在世界美术史上是独一无二的，这些都没有引起梵高父母甚至开画廊的叔叔们的重视。这也就罢了，可他的抑郁症倾向其实是很早就已经暴露出来的。在 100 多年前的那个时代，无法奢望他家族里的人们会认真地看待抑郁症……

11 岁时梵高被送去距家 25 公里的普罗维利私立学校，这个大男孩在父亲某次前来探望时，出人意料地扑上前去抱住了爸爸的脖子。13 岁的时候，他进入了威廉二世国王公立学校，艺术课及语言课等都成绩优异。但在 15 岁那年，他独自走回了家乡，拒绝再去上学……

随着年龄的增长，如此躁郁的小梵高是没有丝毫改变的，在书信集里梵高曾向弟弟讲述了这样的细节：二十几岁时，有一次父亲去看他，住了两天，当送父亲离开后，他回到房间，望着爸爸看过的报纸和坐过的椅子，梵高竟呜呜地哭了起来……也许梵高必须标配这样的敏感性格，标配父母对他性格及天赋的忽视，才能让其在苦难中思索。梵高不但喜欢画画，还喜欢花鸟昆虫，终其一生不论怎样颠沛流离，他都有收集野花、鸟蛋、昆虫标本的嗜好。

从他写给弟弟的信中可以看到他经常谈到绘画，也从来没断了画画。不论是在做店员还是在备考牧师或是身在煤矿上时，不论是在读任何书、看到任何建筑或风景以及遇到什么人之后，他都能联想到各类前辈的各种名画……父亲一直有让儿子继承牧师衣钵的愿望，但年轻的梵高却热切地游走在绘画的边缘。

二十六年中的五次失败

梵高曾在 26 岁时给自己下了一个结论："二十六年五次失败"。因为在梵高家人的眼里，他就是实打实的失败者。家人们总是去斥责他的失败……没人去思考他处理这些所谓"失败事件"的方式。让我们一起来粗略地了解一下梵高口中他人生初期的"五次失败"吧。

先来看看他三次"事业"上的失败经历。

梵高 15 岁辍学后，16 岁进入了家族企业——亲叔叔的艺术公司——位于荷兰海牙的画廊做店员，但他的性格让当时的经理不喜欢，因此不久就被派去了伦敦画廊。这是他的第一次"失败"。他后来爱上了房东的女儿却遭到拒绝，精神受到了打击，年少的他把这种情绪带入工作中，与顾客起了冲突……当然，这样的情绪之前就已在他心中聚集，只是被很好地掩盖了起来。在梵高看来，太多的顾客对所买的画一无所知，且总是花大价钱买蹩脚的作品。自然，这次工作经历也以失败告终（第二次"失败"）。之后，"领导们"经过商量又派他去了巴黎画廊，在那里他忍不住又与顾客和经理吵了起来，这是他第三次工作上的"失败"。

接下来再看两次恋爱的"失败"。第一次是在伦敦做店员时，爱上了房东的女儿，第二次是做牧师失败回到家里后，爱上了丧偶的表姐。这两次所谓的"恋爱"，结局都是女方对他毫无感觉，一口回绝了。

23 岁的梵高因遭到房东女儿的拒绝而崩溃，他丢掉了画廊的工作，为了还能看到她而不肯回荷兰，停留在英国伦敦附近的拉姆斯盖特，在一个穷人子弟小学找了一个给小孩讲故事、洗澡、没薪水，只提供食宿的工作。

二十六年中的这五次"失败"已经让梵高对做画廊店员毫无兴趣，他转向了宗教，希望做一个向贫困者布道的牧师。在牧师学校里，梵高遇到

13 岁的梵高
（毕加索看着这张照片曾说："多么像年轻时的兰波，尤其是那双散发着敏锐而焦灼的目光的眼睛。"）

了以画画自娱的好心牧师皮特森，并得到了一个去比利时偏远的博里纳日矿区做见习牧师的机会。如果顺利，皮特森说过几个月后就能帮他获得正式牧师的任命，梵高高兴得一蹦老高。他有着火一般的热情，与矿工打成一片：不住高级的房子，偏住简陋的棚子；睡地上，衣服全部捐给了衣不裹体的矿工孩子；也不用肥皂洗脸，身上捆着麻袋片在窝棚里布道……这导致该地区教会某些高层对其产生了严重的不满。他们认为梵高的邋遢形象侮辱了教会，教会所培养的牧师都应该是中产阶级的典范！某天，两三个衣冠楚楚的教会人员踢开了梵高正在布道的破棚子的门，看到了肮脏、一脸煤灰的梵高后，当众训斥并通知他取消其实习牧师的资格……梵高再次受到打击，他没脸回到家乡去，像游魂一样继续在矿区住了很久。他曾有很长时间起床后就搬把椅子坐着，一坐就是几个小时，不说话，什么也不干。

这些经历促使梵高走向了用心灵作画、抚慰人心、"指导别人"的艰辛之旅，只是此时的他还不清楚，仍处于失败的痛苦之中。

终于踏上霞光万丈的绘画之路

梵高有强大的自我治疗抑郁的力量，经历了几个月的精神调整后，他走出了房门，走向矿井，在一处墙边锈迹斑斑的废弃铁轮上坐下来。刚好一个老年矿工走出大门，黑帽盖住了眼睛，肩膀耸起，双手插在裤兜里，依稀可见凸出的膝盖骨一左一右在抖动……那身影令梵高掏出一封家信和一截铅笔，在信封背面迅速画下了迈着沉重的步子穿越黑色田野的小小人影。回到住所后，他找到白纸将画誊了上去。从那以后，他开始画矿工，并曾徒步80多公里去见皮特森，走了一个下午加一整夜以及第二天的大半天才到，鞋都走破了，露出脚趾。他害羞，就用纸板垫在里面，可却把脚磨出了很多血泡。皮特森看了梵高画的矿工老婆在炉子边俯身的速写后，深受感动，说："她是没有脸部的，她并不是某一个特定的人。应该说，她是博里纳日矿工妻子们的综合形象。在这个矿工妻子的精神里，你抓住了某些东西，文森特，这比任何表面的描绘都重要千百倍。是的，我喜欢你画的女人。她直接地对我诉说了某些东西。"皮特森请梵高把那幅画送给他，然后送了他回程的火车票及一双皮鞋。此后的两个月，梵高从黎明画到黄昏……之后某天他又出发了，他要去拜访远在170公里外的朱尔·布雷东（法国画家）。很早以前这个画家就是他崇拜的偶像，这位欧洲画家经常在画室接待慕名者的拜访。由于钱不够，梵高花光身上所有的钱坐火车到某地后，又步行了5天，晚上睡在草堆里，饿了就用身上携带的素描换面包皮吃。注意，是面包皮，不是面包，《渴望生活》里说是面包，而梵高在书信里讲得很明确，他的画只能换到面包皮……

可经历这么多苦难后，当他站在偶像的画室前，看着那刚建造成的精致红砖大画室时，却仅仅因为它是"冷淡"的"使人激怒"的建筑，加上缺乏勇气，而没有走进去与心仪的画家交谈，又徒步170多公里走回了矿区……这样的周折，使他的体重严重降低且得了热病，此时的梵高双颊下陷，墨绿色深邃的小眼睛里显现出了病态。虽然处于疾病中，但他知道自己该做出决定性的选择了——绘画。

之后，梵高被弟弟接回家乡，他去恳求表姐夫莫夫做自己的老师。画家莫夫原本不收任何学生，但碍于与梵高的亲属关系（莫夫娶了梵高亲姨的女儿），还有梵高家族的画商背景（这位表姐夫大部分的画都是被海牙梵高叔叔家的画廊收购的），因而答应了梵高。初次看了梵高的画后，莫夫就说："我总是把你当作一个傻瓜，但是我现在知道事实并非如此……太阳正为你升起，但是它现在还藏在云层后面……"

没有敌意的星星

造物主赐给梵高艺术先知的天赋，同时也赐给了他敏感和抑郁。很多后人总是从悲惨的角度去看待他和他的作品，其实这应该是只看到了表层的东西。生活里的种种障碍，在他写给弟弟的信中都被称作"小不幸"，抑郁症的折磨，对他虽然是经常性的，但天才总有非凡的毅力……

经历了五次"失败"的梵高，仅仅 26 岁，他朦胧地感觉到自己肩负着某种使命，正在探索完成那份使命的方法和道路。在伦敦拉姆斯盖特穷人小学那里，他写信给弟弟说道："在这些屋顶的上方，只有一颗孤独的星星，但却是一颗美丽的、大的、没有敌意的星星……"梵高一生都没有敌意，不论对谁，有的只是善良的坚持，尽管当时有太多的人对他有敌意。不久后在矿区的窝棚里，他给弟弟写信说道："是的，我是一个有用的怪人，我的生活毕竟有一个目的，我知道我或许是一个完全与众不同的怪人，我的内心有某种东西，然而这是什么东西呢？"看到这里，还在为他哭泣的朋友该收起怜悯之心了，我们哭的是什么？随着对画作的深入理解，你会发现，梵高在用万般情感脉冲的涟漪，编出彩色的心灵波纹，救赎和怜悯着我们。

业余绘画时期的作品

1

狗

这是梵高9岁时创作的素描作品。通过这幅画可以看出他小小年纪却拥有强大的绘画天赋，不论是对造型的理解，还是对空间的理解，他的概括能力都超出常人。这条狗，不但形很准，连神态都很逼真，那虚张声势的嘴及那"其实我很温柔"的小眼神，让观者在第一秒就能看出他笔下动物的很多特性。梵高的母亲学习过绘画，她在家里教过几个孩子画画，但梵高卓越的绘画天赋，显然没能引起父母足够的重视，否则也不会有他妈妈后来整理房间时扔掉他很多画作的事情出现，也不会有后来梵高去做牧师的后续。可见即便是专门学过绘画的人，也很难成为伯乐。专门卖画的家族长辈们同样没能看出他们身边有个绘画天才，否则梵高的人生轨迹也许真会有很大不同。

狗

2

运河

这幅画名为《运河》。根据可查阅的所有资料和年代来判断，这是一条海牙附近通往里斯威克方向的运河。1872年8月的一天，15岁的提奥去看梵高，他们沿着画中的运河步行去参加一个在海牙举办的亲友的聚会，哥俩走在运河边的牵引道上，河中时不时地有帆驳船驶过。那时，马匹会走牵引道，从船上运输货物上岸。画中左上角的风车建于17世纪，用于牧场的排水，磨坊主在风车房的窗口里售卖烤鳗鱼和一个铜板一杯的牛奶。这一天，这条运河边的路成为梵高之后人生里的一个温暖的童话，永不消失……

这幅画是梵高立志以绘画为职业之前画的，也就是说完全是情到深处，在没有任何远大绘画目标时画的。作为一个"业余选手"，此画从构图到细节（天上的飞鸟等）都显示出梵高表达内心情愫的高超能力。望着它，仿佛看到梵高在被父母嫌弃和远离家庭的背景下，对那天来访的15岁弟弟的单纯可爱的追忆，以及自此坚信弟弟是自己心灵寄托的想法……提奥那天一离开，梵高就给他写信："亲爱的提奥，一开始的那几天我很想念你。傍晚我回到家发现你不在，让我浑身不自在……"写下此信和画下此画时的梵高，还没靠弟弟资助，这些都出自真情。也正是从这幅有风车的运河的素描开始，梵高开启了此生雪片式给弟弟写信的模式……

运河

1872 年秋或者 1873 年春，梵高画了这幅画。根据当时梵高所处的地理位置判断，这个景色是在海牙近郊，很可能还是那条运河附近的梵高和弟弟走过的穿越树林的小路，梵高称其为"我的林子"。此时，19 岁的梵高感到孤独，经常去距他供职的画廊几个街区的妓院——一座木结构中世纪大杂院，有时仅仅是去那坐坐，喝一杯，玩会儿扑克或者聊聊天……这事很快就传到了家人那里。因此，家族的长辈们决定把他调往伦敦艺术品批发公司，因为那里接触的零售客户少，又远离海牙的妓院……

得知此消息的梵高很恐惧，他不想离家那么远，但又无其他办法。在启程去英国前，梵高拿起画板在海牙城里和郊外画了很多画。"要知道，我是多么不想离开。"他曾这么说。就那么画几笔，好似只有把熟悉的景物描画在纸上，他才能放心地去伦敦。此画应该是软心铅笔打的阴影，钢笔描的线……"路"是梵高后来众多画作的主题之一，而这幅画中的路预示着他今后要画很多很多的路，他终生都把路看成探索人生的象征。

马车道

4

睡着的老人

画这幅画的时候，梵高应该正在伦敦的古庇尔艺术品公司做店员。这是一家庞大的家族企业，梵高同名同姓的亲叔叔拥有很大比例的股份。在休息时，他偶尔会画几幅素描写生或临摹。这是临摹比利时画家费里西恩·罗普斯的作品，对于从没接受过专业训练的"业余选手"梵高来说，虽笔法上有学习罗普斯的痕迹，但情感因素却浓浓地渗入这幅画里。画中老妇人的表情好似很多我们身边的老太太，这让人想起他表姐曾说过的一句话："伦勃朗画的都是丑陋的老太太……"梵高回答说："不，他描绘的是美丽的老妇人，她们贫苦，或许还不幸，但是痛苦使她们获得了灵魂……"

在教堂打瞌睡的布里多尼女人（临摹罗普斯）

从这幅梵高早年的素描来看，画中所显露出的情感频率是专业画家至今都很难仿效的，除非他们另辟蹊径……望着它，我们能强烈地感受到某种韵律，这是埋在梵高基因最深处的震动。作为画家的他，就是要尝试与这世间最不被注意的人相遇，把自己灵魂中浓烈情感的"震动线条"展现出来，此画远比原作要感人。

此时的梵高基本适应了独自一人的伦敦生活，他在一封信里写道："研究英国人与他们的生活方式，对我说来是其乐无穷的。然后，我才有精力搞艺术与诗。要是说这样还不满足的话，那么怎样才算满足呢？"每天早晨起来，他都要把一个花环套在脖子上待一会儿，闻一闻上面的草香，那是弟弟提奥用从荷兰家乡田野里采摘的草、橡叶编织成花环后寄给他的。

5

伦敦奥斯汀
隐修院教堂

这是画在一封写给父母家书上的速写。为了向父母证明自己恢复了做礼拜，梵高特意画了这座荷兰归正会教堂。此画还是梵高的"玩票之作"，仅仅写封信就又手痒难耐地附上了一幅画。可见他的内心一直是个画家，他的心一直在提醒着他：画吧，别做店员，别进教会，画画吧！不论他的潜意识如何展望自己将是个绘画大师，此时20来岁的梵高也还在憧憬着成为向底层人士布道的迷人牧师。这幅黑白画，重点在窗户。梵高对窗户的看重超乎一般人，他经常通过窗户以超脱当下的角度俯瞰众生，后来还经常画窗户或长时间站在窗前观望外面的集市或路人。画中除了门窗，其他部位简洁规律的线条展现了他笔下经意或不经意间的韵律感，那是他把意识里的情感外化到令人舒服的表达。

伦敦奥斯汀隐修院
教堂

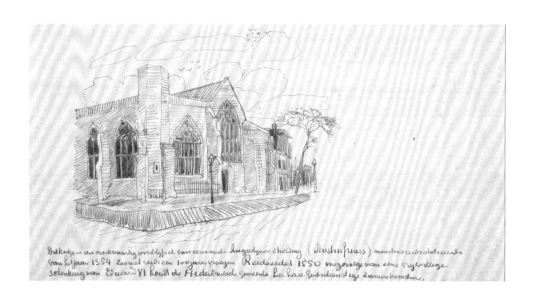

6

埃顿的教堂
和牧师住宅

这幅画是梵高 1876 年 4 月初从巴黎回家后画的，画完后送给了妹妹们（他还另画有一幅单独牧师住宅的作品），这幅画画的是梵高父母新搬的家和附近的教堂。虽然这时梵高明显的画风还没有形成，但即便处于业余阶段，其画作的构图也总是有着天生的神圣感。此画就是典型的例子，除了教堂的尖顶，这幅画几乎一半是天空，用简单的铅笔暗影和柔和的空白营造出一种既神秘又温馨的家园情怀，粗线部分则经过了钢笔的仔细描绘。回到家的梵高，已经经历了被海牙公司驱赶调往伦敦，之后伦敦公司不想要他又被赶到巴黎分公司，然后又被巴黎分公司彻底解雇等糟糕的事情。尽管圣诞节画廊没有给他假期导致他擅自离开返家，这是巴黎分公司解雇他的导火索，但这个消息对梵高原本也抑郁缠身的父母来说，简直是晴天霹雳。"这简直是一桩丑闻！让我们蒙了羞……太让人伤心了。"父亲哀嚎着。母亲干脆哭了起来："真叫人心痛，谁会料到这个结局？真叫人绝望！希望这丑闻不要传到埃顿来……"他画完这幅画，就准备离开了。由于让家人蒙羞，因此他不可能继续待在这里，这幅画当时不知寄托了他多少哀伤。

埃顿的教堂和牧师
住宅

**拉姆斯盖特
皇家公路**

梵高带着内疚和自责离开后，独自来到英国海边一个叫作拉姆斯盖特的地方。他从宿舍窗口望着海，画下此画，远处的方向就是家的方向。这里只有24个穷苦的小学生，是一个非常破旧的学校。梵高在这里做校工（没有工资，只管食宿），他给孩子们洗澡、讲故事，组织出游活动。这是自梵高1869年16岁进入亲叔叔的艺术品公司，继而辗转海牙、伦敦、巴黎等分公司后，7年的店员生涯的结束，而且是以"一个让家人蒙羞的儿子"的角色落幕的。这幅画代表一个转折点。在此之前，尽管梵高父亲的工资偏低，但毕竟属于中产阶级，教会提供了大房子、保姆、带车夫的马车给梵高家使用。梵高从出生到上学再到进入画廊，都处于中上等阶层的范畴，这也是他母亲一再坚持的信念。在梵高短短的37年生命中，从画这幅画的那年开始，到1890年去世，他一直混迹于底层人物的世界，这是让梵高父母恐惧和不齿的。为了避免弟弟重蹈梵高的覆辙，母亲甚至写信给同样进入叔叔画廊工作的提奥说："忘记他的好……"意思是让提奥不要受到哥哥的任何影响，不要像哥哥一样被叔叔解雇。

拉姆斯盖特皇家公路

梵高不会发现，命运之神一直在把他往画界大师那条路上推。在走上这条荆棘遍地但却璀璨的路之前，他还需要多一些的情感经历，那样的梵高才能在拿起画笔时画下有价值的东西。可以这么说，梵高所走的绘画之路是成为真正大师的一条稳准狠的路。梵高的画，与其说是画，不如说是一个有着丰富心灵的人，在接受了许多磨难洗礼后，留给世人的一张张富有灵魂色彩的记忆卡。

8

麦拉比洞穴

1876 年年底的圣诞节，梵高满怀着对家庭温馨聚会的期待从伦敦回到了荷兰埃顿的家里，但迎接他的是父母及妹妹的责备和嘲讽。此时，24 岁的梵高——平时经常疯狂写信回来的梵高，对于他的抑郁症，还是没有多少人会同他找工作的失败联系在一起（焦虑型抑郁症患者对找自己不喜欢的工作会恐惧）。整个假期家人都在一味地指责和埋怨梵高。在那个圣诞节过后，有亲友这样回忆起他："看起来似乎大病了一场。"第二年，梵高的父亲把他介绍到朋友的书店里工作。多年后，那里的人回忆起梵高时，这样描述他："异常沉默，表情怪异，满脸的雀斑，嘴有一些歪，有着扭捏且局促不安的手……小小的眼睛总是怔怔地望着你……夜里挑灯阅读而白天在店铺里昏昏欲睡……只在周日吃一点肉，常省下钱给流浪狗买食物……在休息时间里能一天不分教派地听三四场布道……"从这最后一点可看出梵高的不俗，他说："重要的不是教条，而是福音精神。"

这幅画不是写生，而是梵高在读《圣经》创世纪第 23 章时的感悟。"书中讲到亚伯拉罕把妻子撒拉埋葬在麦拉比洞穴，我想象着这个场景，作了一幅小画。"梵高在给弟弟的信中这样解释此画。漆黑的洞口是用钢笔画的，史密斯版《梵高传》里这样讲到画中的小花："对于顶上那些零落花朵的描绘方式说明他很清楚自己画的是什么品种的花。"

麦拉比洞穴

9
月光下的咖啡馆

到了1878年，梵高已经历了一系列的失败，他既没有莫奈的杂货铺老爸的资金底气，也没有高更的先做股票交易员然后再画画的想法，可怜的梵高只能行进在内心挣扎、摸索表达与领悟心灵三者齐飞的路上，跌跌撞撞地一试再试。他需要的是某种能独自完成内心想法的工作，是不需要与外界过多接触的工作，而此时家里还是没有任何人看出这一点，继续一再地赶他外出，对他投身错误的领域而一再地抱怨和责怪。这些挫折回

月光下的咖啡馆

过头来想，谁又能说不是命运赠予梵高的一场场心灵的洗礼呢？没有这些经历，梵高是画不出后来那些作品的，莫奈和高更的画都缺乏梵高作品中那种难以名状的深情。

在出发去博里纳日矿区的前几日，梵高来到布鲁塞尔沙勒罗瓦运河边的一座小咖啡馆外。那里是核心工业区，是他昔日经常散步的地方，那里也是南部矿区卸煤的堆积场，大量的煤灰从这里被装载到船上沿河运走。梵高常常在咖啡馆里见到很多矿工，他们聚集在一起，吃点面包或喝杯啤酒。

这幅比明信片大一点的小画，是梵高动用手头一切可用的工具画下来的。虽然只是素描，但画面呈现出的夜色中的诗意，拦都拦不住地扑面而来。那月光，连小石头子上都有……梵高曾说："只有有心的人才能懂得暮色传达给了我们什么讯息。"他以业余画家的身份，画出了月光和星空展现给他的抚慰，那就是他追求的"本真"（或称真理）。只是当时的他还是想通过布道去表达这种领悟，画出来的东西往往只给弟弟看："要是能投身真理事业，即便是死了也不足为惜……那样，你能活在一些人的心中，能成为后人的榜样。"写完这封信、附上这幅小画寄给提奥一周后，梵高奔向黑乡。

10

博里纳日
煤矿

梵高自费来到博里纳日做见习牧师。黑乡是这里的代称，因天空和地面混合在一起都是灰暗的色调。但是，从这幅画中却看不到黑暗，梵高很爱这个地方，他在 1880 年写给弟弟的信中说："我拿着木炭条和排笔，在各处随心作画。博里纳日矿区如年代久远的威尼斯一般，风景别致……没人能忘记这新奇、非凡又别致的地方。"就连矿区时常弥漫的毒雾，他都觉得像伦勃朗的画似的，创造出"一种奇幻的明暗对比"。此时的他虽已被"可憎又专横"的教会开除了，但这里的人们依然经常看到他衣衫褴褛、蓬头垢面地赤脚游荡于矿井的田野上，不肯回到父母家去。这幅画属于他早期的水彩尝试。被别人看作死寂的煤矿，在他笔下生生地出现了迷人的天空和绿色的田地。梵高的风景画里经常出现小小的人影，即便没有人影也会有飞鸟。他曾说过，画风景时如果没有人，就不想画，小小的人影代表着情感等很多元素。据说梵高在这里重拾画笔的第一幅作品，是画在一张用手撕得很不整齐的小纸上的——一张矮个子矿工路过时的速写。画完，他就把画放在了壁炉上，第二天打扫卫生的女工以为是废纸，顺手把它扔进了壁炉里……

博里纳日煤矿

11

矿区的房子

画中的房子应该是博里纳日煤矿附近的建筑，梵高对长期待过的环境或周围的房子都有着很深的感情。他往往会把画出那些房子作为表达内心复杂情感的窗口。矿区里的这类房子不知承载了多少他在那里时极具戏剧性的镜头。别说画者本人，就连观者在了解了他在黑乡时的一些故事后，都会被这一笔一画精心描绘出的背景天空里传出的情感所打动。梵高已经决定今后以绘画为生，这时的素描比之前的多了太多的认真和仔细，以及对透视的追求。他被教会宣布没通过见习牧师的考查后，没脸回家，一直在矿区里画画。其间，他让亲友邮寄了很多绘画入门技巧类的书籍，开始研读新的"福音"。1879年8月弟弟来访时，受到的指责让梵高又一次陷入自我怀疑和对未来前途的恐惧中。提奥的意思是说梵高应该自己养活自己，不再依靠父母，哪怕回去继续做书店店员或者去做木匠学徒、剃头匠、图书管理员，妹妹说他可以去做一个面包烘焙师。

矿区的房子

临终的女人

死亡是梵高从小就一直很有兴趣的关注点，他从小就经常在家附近教堂的院子里看到与自己同名、一出生就死亡的亲哥哥的墓碑。1877 年左右，他曾回到小时候居住的小镇津德尔特，与父亲一起参加一位乡亲的葬礼。那次，他独自从所供职书店的城镇先搭火车，再步行剩下的 20 公里。"荒野十分美丽……虽然天很黑，但你还是能分辨出荒野、松林和远处的广阔沼泽……天暗下来了，但晚星透过云层闪耀着，不经意间，你的头顶又多了一些星星……当我来到津德尔特教堂时，一切都是那么静悄悄的。我一一走过这些亲爱的老地方……"这是梵高写给提奥的信中所描述的。他独自在墓地待了一整晚，直到日出。小小的葬礼让他充满了思考和回味。梵高竟这样惊叹道："嗬！那场景太美了……躺在枕头上的高贵脑袋是那么令人难忘——脸上略有痛苦，但却透着安详，甚至有一丝神圣……和我们这些活人比起来，死者似乎更为沉静、神秘、有尊严……他们好像没有死去而是睡着了，让人倍感珍贵。"

临终的女人

这幅画作充分表达了梵高对死亡的理解，她的沉静、神秘和高贵经由画作一点点地渗透出来……

不知这幅画用的是不是梵高喜欢的安格尔牌"不是绝对的白色"的纸，也不知梵高画此画时有没有用芦苇秆蘸墨水来勾线。梵高在这个时期好像还没像后来那样，用印刷油墨兑上松节油画素描。但可以肯定的是，这时的他已经开始往画上喷兑了水的牛奶了，据说是为了消除铅笔的反光。梵高曾去画家亨利·凡·德·威尔德那里给他看了这幅画，画家看后特别满意。梵高回来后很高兴地在信中写道："这样一个小个的老人，当他安静地坐在炉边角落里的时候，他那无限动人的表情（关于这一点，模特自己或许没有感觉到）中有着某种高尚的、伟大的东西。这些东西，原本命中注定是不让小人物享有的。"这类姿势的画，梵高画了很多幅（包括《悲伤》）。临去世前，他还画了一幅模特摆出同样姿势的彩色油画，名为《永恒之门》——一位俯身托头沉思的秃头老人，变成了与灵魂交错和握手的智者。

炉边的农民

14

播种者

播种者

梵高画这幅画之前，已经离开矿区到了布鲁塞尔。他住在廉价的小旅馆内，花着父亲寄来的每月60法郎的生活费（就是在这个小旅馆里，弟弟开始接替父亲资助梵高，开启了兄弟间长达十几年的帮衬之旅），饮食完全依靠旅馆免费供应的面包和咖啡，但他仍旧时而没有计划地乱花钱，比如买画、1个月内购置四件西服……当然以及画这幅《播种者》。这些都是他想重归文明世界、向往日后有所收获、不依靠家人养活自己的迫切心情的表现。米勒的《播种者》，他临摹了很多遍。这幅是他经弟弟的劝解开导从布鲁塞尔搬回家居住时画的，此时他已经在布鲁塞尔的大学里上过美术课了（可免费上课，但需筛选申请者）。他用亿万条细线及无穷尽、交叉的影线，让这幅画有了蚀刻版画的效果，可能他想以此来向提供生活费的父母证明自己有多么努力吧。

一个多世纪后的观者站在这幅画前，看到的不仅仅是一个播种者，而是一个身穿那样的服饰在天地间挪动的有力量的舞者！这种韵律美荡漾于整个画面，而米勒原作的气氛是震慑人心的。能把米勒的雄壮美画成天地间某生物"播种"动作中更深一层的韵律美，这是梵高独有的才能。他曾饱含希望地对弟弟说："我已经画过5次播种者了……但我还会再画，我对播种者的形象实在太着迷了。"根据这句话判断，他希望自己不但是个物质上的播种者（至少能养活自己和父母），还是精神上的播种者，他有太多心灵种子想播种给人类（可惜处处受阻）。梵高此时为自己找到了画画这种"播种"方式而欣喜……经历了那么多次失败后，梵高写信给提奥时这样说："我的内心从未改变……对于我所坚持、信仰和热爱的，也依旧一味地坚持、信仰和热爱着。获得安宁与抚慰依然是终极目的，寻求真理依然是终极途径，伤痛也依然是获得救赎的终极情感……"他跟弟弟发誓，要在自己的作品里寻找到并表达出"一种高尚、珍贵和更有福音色彩的气息"。

在路上

这幅素描应该是梵高在 1881 年回家居住时在路上看到那幅场景后，速写或回家后马上画出再加工的。"在路上"这一主题被梵高画了很多幅，他认为人们当下的一切行为都是在路上，在去往、寻找心灵家园的路上。这幅素描以简单的人物形态及背景，烘托着黑夜里月光下的旅行者。那种用铅笔画出的天空中的月光洒向画中人的抚慰气氛，令人难忘。这不是苦练出来的铅笔画效果，这需要的是拥有执着寻找神秘抚慰力量的心灵。他也经常花钱请模特，虽然模特可能是静止的，梵高没少指点对方要怎样摆姿势，有时急脾气的他还会态度恶劣地呵斥对方，但他那是在寻找感觉，寻找那种能表达出动态的感觉。后来有乡亲回忆这段日子说："梵高在镇上到处找模特，他远远地走来，两眼总是直视前方。"这个奇怪的牧师的儿子，大家经常躲避着他。他一直钟情于画模特，因为人物饱经风霜的气质最能触及他体味最深的情感；另一方面，与模特打交道给予了他往往处理不好但又渴望的人际交往的机会……

在路上

梵高早期素描作品的艺术性常常被他去世前两年辉煌的油画作品抢去风头。他一生画了 1100 幅左右的素描，870 幅左右的油画。梵高的这幅画从他那独特的认知体系里，展现出他对素描人物的理解。这是相辅相成的，如果只有高超的技巧，没有自己的认知，两方面的反差越大，那么画的艺术价值越低。这幅画的模特是梵高从街上找来的穷人，通过他的表达，你能看到模特内在的艰辛。膝盖通常是梵高很注重的部位，他特别喜欢通过膝盖或超大裤裆部位的线条去表达底层人物的一些特点。有时，梵高会在田地里画农民干活，一些无知的农民看到梵高写生，会嘲笑他。梵高气不过就问："你们在田地里干活这个事好笑吗？"对方回答说不好笑，梵高就反问道："那为什么我画你们干活就很好笑？"

16

有睡莲的
沼泽

　　梵高一生好朋友不多，安东·凡·拉帕德是其中一个，他是梵高在布鲁塞尔时通过提奥认识的。这幅画是梵高与拉帕德一起外出时画的。这幅画不但有远处的小镇，还有近处微波荡漾的睡莲、花朵、芦苇、叶子……史密斯版《梵高传》里这样描述此画："以一种在任何练习册上都找不到的'浓烈'的方式，文森特用一簇簇的点、随意的黑斑、漂浮的圆圈和蜿蜒的曲线填满了画纸的底部，呈现出一种深不可测的丰富感。"你看那天空、那斜坡、那沼泽的水面……一股股强烈的频率感在舞动着。他那延续到后来油画上的短促线条，在表现大自然所显露出的神秘韵律上前无古人，可能也后无来者。

有睡莲的沼泽

17

牧师的花园

某天，梵高落寞地走进自家的后花园，发现了这落寞的一角并将它画了下来。地上的篮子和一只园艺手套提醒着观者，梵高和妈妈都是园艺爱好者。那把铁椅子和靠墙的木长椅及圆桌，还能让观者隐隐地记起他们一家人曾在夏季的傍晚坐在那里吃三明治、喝饮料……已经28岁的梵高在画这幅场景时，心中的两股交织的情感通过画中墙上的裂缝展现在人们眼前：他爱这个家，想得到家人的协助和包容，但当时认知水平有限的人们和同样带有抑郁基因的父母，都无法正视他的行为表现。画中的花草架及墙外高耸的树木在向他诉说着什么，梵高用心体会着……正是在画这幅画的那段时间，提奥衣锦还乡，他已经是巴黎画廊的经理了，为此三个妹妹都回来了。家人对弟弟的偏爱让敏感的梵高更加难过，他用装病来吸引家人的注意。同时，梵高也在阅读巴尔扎克的小说《高老头》，书中主角父亲那无私的宽容让梵高羡慕。他经常把在现实中遭受的挫折和盼而不得的情感寄托在诗经故事、仰慕的画作和文学作品中。这对一个抑郁症患者来说，对于当时在无人认真看待此病的背景下的梵高来说，真是高智商的选择，这是在自我治疗，否则他早就崩溃倒下了，不会再坚强地去画画。这幅画的主要特点还是旋律，天空、树木、花草、土地……这所有事物里隐藏着的深沉的韵律，都被梵高的身体意识所校准、接收并画在了纸上。

牧师的花园

**公路上的
波拉德柳树**

素描与油画的区别是观察事物的角度和表现手法不同，素描不仅仅是学院派死板追求精深的"技巧性""科学性""严谨性"的高考式技法。梵高的素描清晰地告诉我们，他有着多么卓越的感受力和对画面的控制力。在学院派那里，素描几乎被扼杀成了一门工具画种，但在梵高笔下却变成了敏锐、简洁、直率、单纯却又富含深情韵律的绝世佳作。他曾这样说："黑色与白色画的素描，实际上就是黑色与白色画的油画，素描就是油画。"

这幅画画的是父母家所在地埃顿的某条路，梵高在这个时期很短暂地享受了一段温暖的家庭生活。画中或精密或粗疏的线条表达以及左边第二棵有着微笑表情的柳树，反映了梵高在经历了英国伦敦、法国巴黎、比利时矿区的种种失败后，终于找到了绘画这门"手艺"，以继续实现他向众生"布道"的理想。那种欣慰、那种满足跃然纸上。"我想，从现在开始，我要做一件很严肃的事情。"梵高此时这样告诉提奥。

公路上的波拉德柳树

第二章

人生是一场播种，却无法在此收获

1881 年 12 月—1883 年 12 月

海牙和德伦特时期

冲到海牙

第一章的梵高给你留下了什么印象？虽然他经历了艰难的探索，转换了店员、牧师、画家三个角色，但展现在我们眼前的梵高基本上算是一个双重人格的艺术家。他看艺术问题、看艺术作品非常深刻，他的思想达到了普通二十几岁的人不可能拥有的深度。但在人际关系、钱财规划、爱情交往方面，他又几乎是个白痴。1881 年圣诞节期间他与父亲吵翻后，径自来到了海牙，这次没去黑乡，因为那里没有艺术家与绘画，励志成为画家的梵高之前见过表姐夫莫夫，且超级喜欢他。一旦喜欢上一个人，他就会全情投入，莫夫在海牙，他自然毫不犹豫地来到了海牙。

独自在海牙落脚的梵高，找到一处紧靠火车道的住所。那噪声可想而知，他住在这里的原因肯定是租金便宜。但他不会规划钱财支出的弱点又暴露了出来：买了餐桌和椅子，而不是租，然而床就没钱买了……当他来到莫夫家时，这位亲戚得知他没钱买床后很豪爽地借给了他 100 法郎。梵高拿到这笔钱后并没有认真规划，又是由着他那艺术家的大脑思维方式，购买了大量全新的版画来装饰墙壁，他的桌上有买来的鲜花，还雇了每天来打扫的钟点工……仅仅一周，他就把手里的钱花得一个子儿都不剩了。当然他没忘记给家里写信，宣告自己创建了一个新家，在祝父母新年快乐的同时与他们断绝了关系。当然，梵高也立即写信给弟弟，兴高采烈地说："我有一间真正属于自己的画室了，我高兴极了。"信中也提到如果不能及时收到提奥的钱，他将会向莫夫、泰斯提格借钱周转一下。弟弟当然从父母处得知了吵架及哥哥离家的讯息，他写信给梵高骂道："是什么恶魔让你如此不懂事和恬不知耻？终有一天，你会为自己在这件事情上的冷酷无情而后悔莫及。"提奥还说，哥哥如此的态度会损害父亲的健康。梵高很愤怒地反驳说，杀人犯已经离开了家……他还跟弟弟叮嘱寄钱的数目，要弟弟做出保证，以后会继续打款给他："到底能给多少，我得心里有数才行。"

海牙火车站
（素描）

　　在不了解天才和抑郁症患者的人看来，有这些行为的人基本可以归为"恬不知耻""只能依靠他人供养过活"的懒汉一类。不要说在那个时代，就是现今，又有多少人能懂？首先，他如果懒惰，那么他就不会去伦敦破旧的小学做校工，也不会奔赴黑乡。对他懒惰的指责，只能怪亲友们太过愚昧和苛刻。其次，他那闪耀着亮光的艺术才华，到目前为止只有弟弟看出了一点端倪或叫可能性。再次，抑郁症导致他不可能既投奔艺术又兼顾饭碗，店员、校工、牧师的失败经历足以让一个焦虑型抑郁症患者闭门不出甚至不想下床！要不是内心中有强大的使命感——做一个用画布道的"牧师"，要不是因为有着对痛苦的理解和寻找心灵家园的路径，梵高不可能独自远走海牙。

莫夫，从拜师到结束不到 30 天

表姐夫莫夫是当时海牙画派的领军人物，他基本上已经功成名就，是一位能靠卖画过上富裕生活的幸运者。他的画属于色彩伤感、笔法灵巧、主题美丽的那一款。他从来不收学生，异常珍惜独处的时光，极少在画室招待来访者。他对朋友的选择很苛刻，必须是具有很高超品位的才行。据梵高讲，莫夫喜欢"在鉴赏力和幽默感方面有极好天赋"的朋友……他虽喜欢音乐，但从不去音乐会现场，任何一点点的喧嚣和无聊的闲谈都会让他紧张烦躁。莫夫对上述的"粗暴"打扰或气氛深恶痛绝，因为那些东西会打磨掉他敏感性中"抒情"的部分……这是一个同样异常敏感的情感型艺术家，他与梵高交往且能接受梵高做学生，主要源于梵高突出的绘画天赋。莫夫背着梵高与另一位画家说过，梵高是个天生的画家。虽然表面上他们是师生关系，但梵高带来的素描和他的言谈经常能给莫夫一些启发，

莫夫（照片）

比如梵高在矿区的速写中人物的构图，显露出的某些东西让莫夫很有收获，这样的情况经常发生。另一位经由提奥介绍的海牙画家德·波克也是作品很好卖的一位，他有时会带着模特去梵高家与他一起画，听他的意见。尽管梵高讲话直接，会令当事人不好受，但他的话语中展现的深刻内涵和才华掩饰不住地散发了出来。比如画裸体模特时，梵高直接说德·波克画的肚子不好，让人感觉不出里面有肠子，还直接说那画家的风景画缺乏热情。只有当时海牙绘画界的"刀子嘴"画家韦森布鲁赫非常犀利地看出梵高将来是个"人物"，且花 25 法郎买了梵高 5 幅素描，他说想根据这些素描去创作。而莫夫是没有买的，尽管他从那些素描里看到了不凡。"当你画素描时，你才是个真正的画家。"这是莫夫说的，但他却撕碎并指责梵高的

素描有问题。这也是个喜怒无常的怪人。

　　莫夫对梵高很好——借钱、教授绘画知识、推荐他进入某画家协会（普赫利工作室），以便他能每周免费画模特，但这一切都阻挡不了两位敏感的艺术家之间产生摩擦乃至爆发。首先是莫夫反感梵高直接画活人模特，觉得他应该走从画石膏像开始的传统路线，这还能避免浪费提奥的钱去雇模特。这引起梵高的很大不满。其次是梵高处理人际关系的愚笨开始"崭露头角"。某天，在莫夫连续三天作画没合眼的情况下，梵高还是去拜访了他。莫夫问："你要干什么？"这显然是冷脸以对，但梵高根本没注意到，掏出了三幅水彩画请莫夫看看。这导致莫夫说出："我不是一直有兴趣来指点你的画。文森特，有时候我感到十分疲倦，你最好等一个更适当的时间再来。"结果，梵高当时离开了，可第二天又去了。一根筋急脾气的梵高不知道，这一去将会失去什么——当梵高再次踏入莫夫的画室时，韦森布鲁赫正在那里。莫夫没敢将被打扰的满腔怒火发泄到韦森布鲁赫身上，而是全部发泄到了穷困潦倒、无名无气的梵高这里。他以很讽刺的夸张表情学着梵高平时说话的神态，对韦森布鲁赫叫喊道："这就是他的模样。"由于模仿得太绝了，韦森布鲁赫笑得差点背过气去："啊，像极了！梵高，你可知道你是如此美丽的一头动物？"梵高目瞪口呆，他缩到角落里，嘟囔

着另外两个人听不太清楚的哀伤的话……等到韦森布鲁赫离开后，莫夫指着角落里的一只石膏脚让梵高画，并道歉说自己很累所以脾气不好，请梵高别放在心上……在梵高一遍遍地画、一遍遍地被莫夫训斥说"不好"之后，梵高爆发了。他举起石膏，把它砸了个粉碎："别再向我提起石膏，我无法忍受这玩意儿……只有在没有活人的手脚可画的时候，我才会去画模型。"尽管后来梵高跟莫夫道歉了并新买了一块石膏脚模型作为赔偿，还写了很多封信恳求他的原谅，但莫夫回复说："你的性格太差，我再也不要和你有任何瓜葛了。"从拜师到分手，不到1个月。可怜的梵高，可怜的莫夫，都不是阴险的人，但敏感的个性让他们不可能长期相处下去。如果梵高是个稍微在人际交往上有一点能力的人，他就不会在莫夫面露不悦后很快再次登门。莫夫喜欢石膏像，他就该画上几十幅去应对……就连那个绘画协会的免费模特，关于他的作品梵高也没留下一幅。他仅去过一两次，模特面前挤满了人，这让他焦虑不安，宁肯花钱从大街上找模特……

泰斯提格，伤他最深

　　梵高书信中提到较多的几个人之一就是泰斯提格。他比梵高大7岁，是画廊经纪人，

很多海牙画派画家都是由他买画捧红的。因此，梵高进入画家行列时最想得到认可的人就是他。但很不幸，此人在各个方面都不喜欢梵高。从 16 岁在海牙画廊做店员起，梵高就是他的下属。正是出于不喜欢，当傻乎乎的梵高在自己对逛妓院产生罪恶感而跟他倾诉时，泰斯提格没耽搁半秒钟就奔去了梵高家，使得此事迅速传开，最终导致梵高因此事被赶到伦敦分店（主营批发）。梵高是家族子弟，最有继承同名亲叔叔财产的可能，难道是这一点导致泰斯提格对梵高羡慕嫉妒恨吗？也不是，后来提奥也进入了梵高曾工作的海牙画廊，在泰斯提格手下工作，结果两人极其投缘，关系好得很。原因很简单，两人都属于精致、帅气、自认精英的那一类，就像梵高曾嘲讽的"优雅而肤浅"。

在梵高前几年投身"画海"的阶段，在绘画情感上困扰他最多的好像就是泰斯提格。这个人，当他发现梵高已经失去了亲叔老板们的关注后，更是对梵高不再有所顾忌，说话直来直去。他不是什么坏人，但对于敏感的梵高来说，内心经受了极大的折磨。也正是在泰斯提格的不断"灌输"下，莫夫从一开始欣赏梵高那天生的才华变为后来觉得他太业余、太笨拙……虽然泰斯提格在梵高需要钱的时候曾出手相助，但泰斯提格也曾说要与莫夫一起劝提奥停止汇钱，以达到逼梵高找工作的目的。我们不怀疑泰斯提格不拿自己当外人，是出于真心希望梵高能自食其力做点别的事情，认为他的画肯定会一直卖不出去。梵高看得很明白，他的目标是艺术，艺术不是为了卖。他活着不是为了自食其力，至少在有人资助的前提下，他会一头扎进画里，不论亲友和外界如何羞辱他。

梵高在某个时刻曾被泰斯提格的话刺激得嗷嗷叫，他在给弟弟的信中骂道："他说的话，没有思想又肤浅！他是轻浮的暴发户！那些话真可谓钻心蚀骨，令人痛彻心扉！"梵高就是梵高！如此哀嚎之后，他又立即恢复了内心的自信："在我的骨子里，我的的确确对艺术有着很好的感觉。""必须得让他明白，他对我的评判太过草率。"虽然在之后的信件中梵高一次又一次地提起这件事，如同一个伤口在不断地自我治疗，但跟随内心的指引这一点始终坚定且坚持着，一直到死！什么是有理想，有抱负？这才是。梵高给我们树立了一个好榜样！当然这里不乏其唯一知己鼓励力量的支撑，韦森布鲁赫如此告诫梵高："几年以后再回过头来看这些早期作品，你会发现这些东西是真实的、深刻的。就这样坚持下去，老弟，别让任何东西阻止你。"梵高自己也在信中，向对他的画说三道四的人（包括协会的画家们）嚎叫道："住嘴！除非你们自己能学会画得好一点……去死吧……滚远点，你挡着我的光线了……任何想要阻止我的人都见鬼去吧。"

梵高所拥有的艺术造诣太超前了，即便是海牙当时最权威的画廊经纪人泰斯提格，也无法与之比肩。梵高在这个时期写给提奥的一封信中的几句话，让我们看到了他内心的感触："……在落叶上，在温暖的阳光中，在朦胧的事物之中，在优雅的、苗条的树干上，往往有一种轻微的忧郁。可是，我也喜欢刚强与粗野的一面——那种强烈的光的效果，例如在中午的阳光下面刨得出汗的男人身上的光……海景中有一种轻快、柔和的效果；在树林里是一种阴郁的、更加严肃的调子。这两种现象并存在生活中，我感到高兴。"

祈求或威胁弟弟多给 50 法郎

不论梵高如何自信，他的画都是毋庸置疑地受到了冷酷的对待，直到他去世前不久才有人买了一幅并有报纸进行了评论……依赖弟弟的资助待在海牙的敏感、激情四射、把自己比作炉火、怪别人只看到烟囱里冒出烟的梵高，简直是一个极有戏剧张力的人物。他迅速地与莫夫、泰斯提格以及画家协会 90% 的画家都闹僵了，只因他倾情于活人或黑白风景画，而不是去画最有可能赚钱的水彩风景画。提奥虽然常常能在哥哥的画中看到某些与众不同的东西，但他一直无法喜欢那些画，总觉得不成熟。提奥对哥哥的资助，有多少是出于对今后回报的期望，又有多少是因为太爱他而不忍心断了他的绘画梦呢？

100 法郎是弟弟在那个时期每个月给梵高的生活费，但在财务上毫无预算能力的梵高很快便要求弟弟提高资助金额——每个月 150 法郎。那时工人每周的薪水是 20 法郎，1 个月 80~90 法郎可是足够养活一家人的。梵高没有家庭负担，却搞得经常付不起房租，甚至没钱买面包！他一拿到钱就去买书籍、"别致的画架""新的画架"，他还雇模特，改善公寓，买更多的版画、插画……甚至因找人修理灯，被修灯的人鼓动赊款买回一个罐子，最后那修灯的人上门催款，暴揍了他……所以最了解他的提奥不是每个月一次性地汇款，而是将那笔钱分几次汇出，以免梵高在短期内把钱花光。梵高的父母也曾提出愿意借钱给他，但唯一的条件是必须写清楚每一分钱的用处。这导致梵高愤怒地拒绝了。150 法郎几乎是提奥工资的一半，弟弟的工资还要寄给其他家人一些，他还有自己的女友。梵高知道，提奥的钱一到手是分成六份用的。不得不承认兄弟深厚的情谊加上梵高可怕的文笔，让弟弟最终同意了把资助金额每月提高 50 法郎。梵高

提奥（照片）

写给提奥的信件所表达的内容总是在祈求和威慑之间游荡，比如他这样提醒弟弟："画家的情绪和状态，将在很大程度上决定着一幅画作的成败……不要忘记，如果顾虑得太多，我会崩溃……我自己的创作所引发的焦虑和麻烦，已经够我受的了……如果我有更多的其他方面的顾虑……我肯定会发疯的……"

　　财务管理无能一直伴随着梵高，太专注于某个方面的天才一定会在他不重视的领域里搞得一塌糊涂。对这一点，提奥始终是明白的。直到梵高死去，中间虽有过不满和抱怨，但他从来没有中断过对这位大师的供给（有一个月因太忙而忘了汇款）。这是多么的不易啊！十年，这可不是少年求学时期的资助，而是一个将很快成家养孩子的大男人对另一个大男人的资

助，直到 37 岁梵高死去，如果他没有在那个时间离去，仅凭着卖出一幅画和有过几份杂志报纸的评论的业绩，提奥一定还会继续资助他。哥哥不是正常的哥哥，他是个天赋异禀、焦虑抑郁的哥哥。这一点，提奥潜意识里令人泪奔地清楚，一直清楚。

模特，"我最爱慕的人们"

戴着帽子穿着木屐的男孩

史密斯版《梵高传》中把梵高经常雇模特的行为定义为他喜欢那种感觉：导演一种姿势，掌控一个局面，甚至是对模特的训斥，都让他很享受……这些因素不能说一点道理都没有。在施粥场、老人院、疯人院、火车站，甚至是大街上，联系到一个喜欢的模特，劝到家里来，摆姿势，画下来，这个过程是很有挑战性的。梵高有时因穿了件不错的西服而被模特拒绝，对方认为他是个浮夸的人；有时又会因为他穿了件弟弟的旧衣服且沾满了颜料而被模特拒绝，对方以为他是个疯子；又有时模特总是擅自改变摆出的姿势或光线，甚至连铅笔出了问题都会让梵高暴跳如雷。他从椅子上蹿起来大声嚎叫，这搞得模特们很不满意，有人干脆摔门而去。多年后记者采访一位模特，他回忆道："他一点儿也不和善。"遇到特别喜欢的模特，梵高会着急忙慌地给出很多好处，例如答应给固定工资（不论是否每天画他们）、加薪和给预付款。1882 年 3 月，他至少与三位模特如此"签订了合同"，每天支付 2 法郎。这占据了他每月生活费的很大一部分。梵高在信中确实如此表达过："要是能只与画室里的那些人打交道该多好啊……我个人无法和画室外的那些人相处，也无法让他们做任何事。"

这一切只是表面现象。梵高喜欢画素描模特的本质，是因为他天生就会用那种方式表达内在情感，他所画的那些模特都是在现实中也非常具有戏剧感的人。梵高看待这些人，如同经常抽离出自己的身体看忧郁的树苗和大海。那里不存在任何意识形态或者什么主义、剥削阶级和被剥削阶级，如同在黑乡所画的矿工们……他不主张工人们造反，说他们折腾完以后，也不会有什么变化……或者从某种层面上说，梵高所画的素描人物具有的很多感人的东西，是他与模特所共有的某种特质，因此画出的正是他自己的内心世界。

为了画好自己满意的画，他寻找或购买了很多旧衣服让模特穿上……他关心模特的很多细节，用餐时会认真地和他们聊天。"我对模特们越了解，就越能把他们画得更好。"梵高这样解释。有时为了画孩子，他会花时间和他们玩上一整天，为他们举办晚会，有时还会收留他们过夜。因此，梵高对模特的迷恋绝对不会停留在只是享受指挥他们、掌控局面之类的瞬间。请看他写给弟弟的一段话："……那个地方有一个沙坑，挖沙土的人在那里工作，有一些女人在寻找野菜，一个农民在播种。看到这一切，我几乎绝望了——我会在画我最爱慕的人们方面有所成就吗？"这是一种什么精神，能让一个画家对当时最底层、最饥饿穷苦的人们发出如此怪异又情深的呼喊？没有那种大爱的视角，是说不出这些话来的！梵高似乎意识到了这一点，他曾说："我的内心存在着一种力量，不允许它理所当然地那样发展，但结果往往使我感到不幸。"

"我可怜的小东西，弱小的妻子"

这些模特中最让他魂牵梦绕的就是妓女西恩。遇到她是在一个低档的小酒馆里，当时孤独的梵高刚落座，便听到不远处的服务员粗声粗气地问一个女人需要不需要再来一杯。那个40岁模样但身材苗条的女人说："一分钱都没有了。"梵高听到后转过身对她说："想不想与我一起喝一杯？"西恩豪爽地坐了过来，俩人聊了起来。当西恩捧起梵高被烧伤的手仔细查看并询问弄伤原因时，梵高那颗被表姐及几乎所有亲友冷落排斥的心顷刻间被温暖了，他说没人像西恩那样查看过他烧伤的手……当时西恩与梵高仅仅攀谈了几句，便心直口快地嘲笑梵高接受弟弟的资助，嘲笑他没卖出过画的画家职业"也是个鬼差事"（暗指她的职业也是鬼差事）。一个彷徨孤独的男人和一个32岁却像40岁、满脸疤痕（伤寒病留下的）的女人（之前已经生了3个私生子），两个人都有着柔弱的灵魂，当彼此肯给予对方别人不肯给的温暖

海牙的新教堂和老房子

时，谁能说这样微薄的温度不感人？

后来西恩因要在附近洗衣服（兼职）就经常住在梵高这里，顺便做饭照顾他。这种关系很快被泰斯提格发现了，他有一次在屋子里看到西恩和孩子，用法语问梵高："为什么与这种女人在一起？随便找个小模特很难吗？"梵高对他不敢说实话，只是说她是一起工作的模特。消息很快传到了弟弟那，叔叔们也知道了。其中一个叔叔原本说好以2.5法郎一幅的价格买梵高的十几张素描，但到该交付剩下的六幅时却来信说取消订单，因为他和妓女在一起！梵高为此备受煎熬，整日怀疑提奥是否也会因此取消资助，写信时经常试探："你是不是知道了我的什么事……"

后来泰斯提格又来找梵高时问："那个女人和娃娃是什么意思？"梵高已经不打算再隐瞒下去了，他说："西恩是我的妻子，娃娃是我们的。"泰斯提格回应说："结婚？你怎么会想到和这样一个女人及孩子在一起！而且你没有钱，是你弟弟在养活你！"梵高反驳道："完全不是。提奥付我薪水，我的全部作品归他所有，将来他会收回他的钱的。""你疯了吗？文森特，这种话只有精神不正常的人才讲得出来！"泰斯提格喊起来了。此时的梵高，露出了"哲人"的一面："人的行为，先生，是很像绘画的。整个透视是随着眼睛的移动而变化的，并不取决于主题，而取决于观察者。"单身汉、疯子、穷困潦倒的梵高所说的这些"疯话"真的是疯话吗？他的伟大就在于他早早地看穿了那些观察者，他不在乎舆论或别人怎么说，就是要和这个妓女在一起，还要和她结婚。因为他从她那里得到了温度和力量，他跟西恩说："你让我感受到了上帝还存在。"

韦森布鲁赫来梵高家里看到西恩时，刀子嘴又管不住自己了。他用英文当着西恩的面说梵高、西恩、孩子在一起的画面组成了一个"圣家族"，意思就是妓女＋受布施者＋私生子。梵高听罢跳起来扑向韦森布鲁赫，而他已经夺门而逃……西恩急切地问梵高韦森布鲁赫在说什么？梵高告诉了她，西恩痛苦地哭了起来。梵高搂住她说："别哭，他说的是对的。"

那天以后，梵高知道一切都隐瞒不下去了，他频繁地给弟弟写信，长篇大论地讲述自己的理由。他说："和她在一起，我就有了家的感觉。她给了我属于自己的家和温暖——尽管这是一个丑陋的、人老珠黄的女人。她已不再美丽，不再年轻，不再妖娆，也不再愚蠢。"梵高说得很准确，西恩是个被压榨得不剩一丝文雅的女性。她脾气很坏，说脏话，不洗澡，像男人一样抽雪茄、喝酒，因而嗓子总是沙哑的。这对姐弟恋其实是很合拍的，急脾气的梵高在她飚脏话发脾气时能安静地等待风暴过去；当梵高怒火冲天时，她也可以"温驯得像一只被驯服的鸽子"……

为了说服弟弟，他讲出西恩如何给了他灵感——英国某些杂志上的插画画的都是底层人物（之前他对那些杂志没有提过），因此他和那些插画师一样，都是"人民画家"。不久，提奥来到海牙，见到了西恩，经过几小时的接触和交谈，这位巴黎最时尚地界的精英告诉梵高："她不赖，我知道你为什么喜欢她了……"感人肺腑，不是因画家喜欢上了妓女，而是这哥俩能如此明白对方。兄弟俩商量好，等哥哥能挣到每月150法郎，

再举行婚礼。梵高的父亲也来过，善良有信仰又了解儿子的他劝儿子尽快结婚，他还给西恩带来了一件女士上衣作为见面礼。

尽管每月150法郎的资助对普通家庭来说足够了，但在梵高这里不行。西恩和孩子经常由于家里没有任何食物而回娘家去，而那里又是梵高恐惧的地方。西恩的母亲对梵高并不太友好，她时常对西恩说穷画家那里连饭都吃不饱且早晚会甩了她。那时的梵高常常为西恩的母亲付房租、为西恩出钱治病、为西恩即将出生的孩子买衣服，尽管梵高自己常常因付不出房租而被房东威胁要赶他们走……

在素描与油画之间挣扎

对素描的痴迷导致梵高几乎得罪了所有画界人物，除了韦森布鲁赫及弟弟提奥。梵高在早年欣赏画作时就明白，好的画不仅给人启示或灵感，最主要的是能打动观者，艺术最应该关注的是"能动人心扉的事物"。他认为情感是一切伟大艺术的基本要素，哪怕是风景画，也同样需要有实现画者与观者之间心灵对话的能力，他为自己立下的目标就是"创作能够打动人心的作品"。当他大量地运用自己擅长且熟悉的素描媒介来表达这一志向时，他眼中的景象往往是黑白的，

而不是彩色的。"在我的眼里，一切都是素描。"他曾这样说。梵高画画的使命始终不是赚钱，而是表达心中的情感和思想。例如《播种者》，那是贯穿他整个绘画生涯的主题，画了太多张，播种希望、播种意识、播种抚慰……

这个时期的梵高得了淋病，可能是西恩传给他的。1883 年的荷兰已有完善的医疗保障体系，即便是那个时代，他和西恩这些底层人也能得到一定程度的免费医疗。29 岁的梵高兴高采烈地住进了医院，面对态度蛮横的男护士及一间病房里的十张病床，还有尿液四溅的夜壶，他兴奋地告诉提奥："这里和三等候车室一样有趣，我多么希望能以这个地方为题材好好地画上几幅画。"他曾羡慕"医生"这一职业，在与模特接触时，他就喜欢用医生的口气与他们说话，多年后他在法国也说过，画画弥补了我无法成为医生的遗憾。出院后，他换了一套大一些的公寓，带着西恩和两个孩子住了进去，开始有了画水彩画的冲动。他说这是因为有了宽敞的画室和放颜料的柜子，似乎是在为拒绝泰斯提格及莫夫逼他画水彩画而道歉。提奥见状赶紧提出把水彩画或油画定期邮寄给他的要求。梵高开始了水彩画及油画的尝试，他外出写生的地点十分多样化，其中有一处是火车站，那里距离他的住处很近，还有施粥场，也是写生场所。但现实很残酷，这两个地方的工作人员经常赶他离开，不允许他在那里画画。路人对他的画也很鄙视，有人将叼着的烟头直接吐在了他的画上。路上遇到的同行多数会嘲笑他一番，导致他远远地见到有熟人过来时都会急转弯

播种者

地避开……这一切可能源自于他的衣衫褴褛及携带的一大堆古怪用具。其中有一个他自己发明的木头框子，中间有很多绷直的绳子，那是他的透视工具。他的裤子多数打了补丁，皮鞋的鞋跟也是快脱落的，上衣常常显得很紧很小，因为那是弟弟穿过的。长途徒步的经历让他的脚有点跛，再加上经常边走边自言自语，估计那时的人们视他为疯子多于画家。

正是这些原因让敏感抑郁的梵高又缩回画室画起了素描，愈发恐惧外出画水彩画或油画了。他开始收集黑白画、插图画并尝试自己制作石版画，而因为工艺不成熟，最后他放弃了。但石版画用品店的工人将他的一幅版画挂了店里。缩回画室画素描的梵高以成为插画师为借口，拒绝再外出画彩色画。最著名的插画杂志《绘画》上的一篇文章驳斥了梵高喜爱的一位插画师的艺术观点，并吹嘘在世界各地至少有 2730 名画家不断地给他们邮寄素描或其他精美的作品，这让抑郁的梵高觉得自己毫无竞争力，不太可能成为插画师。

时间来到 1882 年年底，梵高绝望于自己一幅画都没卖出去："我有一种罪恶感，感到浑身上下都是缺点，感觉完全无法实现自己的承诺。对不起，在这一年中，我没能创作出一幅可以卖出去的作品。但我真的不知错在哪里。"由此可见，大师与我们普通人一样承受着气馁和愧疚。他 29 岁的年龄被西恩看成近 40 岁，可见内心的折磨是怎样地消耗着他的健康。梵高曾经跟弟弟说过自己的寿命可能只剩下十年，他要利用这十年尽量多画一些，没想到一语成谶。可能是一年过去毫无起色，也害怕再被公共场所的人驱赶，梵高突发奇想地花了很多钱装修自己的公寓，把自己的家改建成了施粥场的模样，然后请大量的模特来家里装成喝粥的人，他来画一幅大场面的素描。这个想法源自《绘画》杂志上的一幅著名插画——休伯特·贺寇梅儿的《切尔西医院的周日》，那幅素描在 1871 年完成后广受欢迎。因此，梵高很想靠画出一幅类似的画来一鸣惊人，但他的素描画风与休伯特根本不是一款。休伯特基本还是细腻、准确解剖的画风，但确实注入了感人的表情，而梵高擅长且画得最好的素描靠的是在简洁的线条中表达丰富的情感，这是那个时代的大多数人无法理解的。当他想用细腻的笔法去作画时，他能做到且能做得很好，但那些都不是他最感人的作品。

提奥为此犯了愁，他开始向哥哥推荐印象派，因为提奥觉得梵高的画与印象派接近。布莱顿和米勒的绘画技巧与巧妙构图，也许哥哥永远都没兴趣掌握，而印象派突兀好似未完成的风格很适合缺乏耐心的梵高。可梵高此时异常抵制印象派，说他们所谓的变革不自然、无可取之处。他不屑地觉得，印象派画家们对于色彩的所谓科学说法是一种"投机取巧"，他说那拯救不了艺术，只有真诚才可以。如此态度让哥俩争得面红耳赤，弟弟有些失去了耐心，到了1883年5月，提奥说自己的财务状况"相当糟糕"，生活"相当拮据"。这是真的，1882—1883年是欧洲的经济衰退期。梵高继续着他那混乱的花钱模式：雇来大量模特，常常赊账买东西，无休止地改装公寓……提奥让他少花点钱雇模特，想办法兼职找个工作的要求却被梵高搁置一边，梵高写信说："我迫不及待地需要钱，就像久旱的草地渴望着雨露一样。让我们都加倍努力，我会加倍地致力于我的绘画事业，而你则必须加倍努力地给我汇钱……"

到了1883年夏天，提奥一再督促梵高画一些有销路的作品，可是梵高顽固地抵制着，他写信说："如果你非要坚持让我说服人们来买我的画，我会一一照做，但长此下去的话，我很可能会得抑郁症……亲爱的弟弟，人的大脑无法忍受一切，一切事物都总会有一个限度，强迫我走出画室并和人们谈论我的画作，这只会让我更为不安，将有损于我的身体健康。"可怜的梵高，他以为自己还没得抑郁症吗？抑郁症最典型的症状就是恐惧公共场所，更不要说梵高在那里常常被驱赶和嘲笑了。这一切让开始油画写生成为他的坎——看似不大却很难迈过去的坎。此类现象，包括没有主动去找工作等，在《渴望生活》中没被提到，在《亲爱的提奥》书信集里，梵高只是反复在说素描的重要性，不承认自己对开启画水彩画或油画的抵触。在史密斯版《梵高传》里，这些好像都被归类为性格使然。其实不是，那是抑郁症造成的。

放弃妻子，奔向荒芜中的色彩

尽管在之后几个月的家庭生活里，各种矛盾出现了：与西恩的激情消退，二人之间存在的文化等方面的差距表现了出来。还有就是梵高笨拙的财务支配能力愈发突显。绘画与吃饭变成了矛盾的双方，在西恩看来，饭钱都用作绘画了，这迫使她经常带着孩子回娘家蹭饭且开始接触别的男人。梵高对此很受伤，但他却很喜欢西恩刚生下的男婴威廉（近年来研究者认为此婴儿就是梵高的儿子，而梵高自己觉得不是），因为"他经常和我一起坐在画室里，看着那些画欢呼……"当梵高被某催债人打倒在地时，小家伙手脚并用地哭着向他爬过去，抚摸他的脸……家庭的濒临解体，经济的不能独立等因素导致梵高的健康持续受到摧残，整个夏天他都在紧张不安、狂躁、昏厥、头晕、肚子疼、肩膀疼、牙疼等中备受煎熬。"我的胃不舒服，因为没有足够的食物。"梵高这样向弟弟报

从画室看到的木工车间

（这幅画描绘的是从梵高住的屋子窗户看向外面的情景）

告，他在雇模特或装饰画室时，总能顺畅地撒钱。提奥在7月的一封信中，不知是有意还是无意中说道："对于未来，我无法给你太多希望。"这句话对梵高来说是具有灭顶效果的，他焦虑万分，夜里睡不着就起来抽烟、画画或者给弟弟写信，有时一天写两封信。

不久，提奥出差路过海牙来看望梵高，哥俩又没少争吵。梵高和弟弟都看出了目前所面临的坎在哪里，他必须离开西恩，离开海牙，去乡下疗养身体。那里不但风景优美，便于开始油画创作，还能避免大城市里的人对梵高的干扰。更重要的是，乡下的生活费用要比海牙少很多。梵高还是想带着西恩一起走，但西恩并不想去，因为她知道在海牙，没饭吃时她可以回娘家，可到了偏远地区，不确定的东西太多了。弟弟又告知梵高，只要他肯离开西恩，就会给他一大笔钱，再买他几幅画。梵高在痛苦之中思考着下一步，终于在某天的黄昏他告诉西恩自己要离开了。9月11日，西恩与儿子把梵高送到了火车站，直到火车开动前几分钟，梵高一直抱着1岁的威廉不肯撒手。站台上的母子渐渐远去后，梵高泪眼模糊……

火车在德伦特省一个叫作霍赫芬的小镇停下了，梵高下了火车。他选择这个荷兰最北部的偏远小镇，是因为莫夫和拉帕德常常去那里写生。他到那里时是这样描述的——这是一片有着秋熟之美和道德真实性的土地……虽然我们并不知道梵高口中"道德真实性的土地"是什么……当他看到那里的人总是满脸皱纹面露憔悴时，作为画家的他兴高采烈地向弟弟描述着那些脸："会让人想起猪或乌鸦的脸庞……及一种健康的忧郁……"这样的景色和空旷的原野开启了梵高油画作品的创作之旅。提奥真是不容易，在哥哥抵制近1年后，他终于逼梵高拿起了油画笔。当然其中还有另外的一个原因让梵高彻底地进入了油画世界，那就是独自游荡在德伦特荒原上的他异常寂寞，他对抛下西恩和威廉感到痛苦万分，经常痛哭，看到抱孩子的女人就眼眶湿润。为了缓解罪恶感和思念，他把手里的钱都汇给了西恩，很快自己就交不出房租，也无法按原计划与拉帕德外出去写生旅游了，甚至连颜料也买不起。在他的书信集里，有句话令人异常难过，难过于如此天才却总是把自己搞到如此艰难：今天外出写生了，但差四五种颜料，无法画了，回家了（大意，不是原话）……望着空荡荡的颜料盒以及想到看不到希望的未来，他一次次地自问该不该放弃。

　　但英雄永远是英雄！尽管痛哭过，可当这个家伙再次祈求弟弟继续支持他后，便再一次投入了荒野，去寻找那天堂般抚慰人心的美景。这里面还有一个目的，就是要画给提奥看——让提奥放弃巴黎的工作，当一位风景画画家，来德伦特与他汇合。梵高说自己不知两个人的生活费怎么搞来，也许可以先借，然后靠两个人卖画得到的钱去还。他精细地计划了每个月哥俩怎么花钱，还说实在不行他们可以回家和父母同住。此事让弟弟目瞪口呆，梵高不惜以拒绝弟弟的资助停止画画来逼提奥辞职，他说弟弟具有一位真正的画家应有的灵魂和特质，期盼兄弟俩同时成为伟大的画家。他一幅幅地画着德伦特，一遍遍地幻想着与弟弟在那里汇合，一封封长信以祈求和威逼兼施的语气劝说着。在这个过程中，梵高发现了油画的表现力！他对弟弟认为辞职是发疯的想法如此辩驳："他们将会告诉你说你是个疯子，但确定无疑的是——在经历过这么多的精神折磨后，你知道你不可能是疯子……不要让他们颠倒黑白，至少我不会……来和我坐在一起，看着火堆。"

提奥礼貌性地反对说："画家是天生的，不是造就的。"梵高听了还不罢休，又以与西恩恢复关系相威胁、以回家相要挟（弟弟怕他气坏父母，不让他回去），还诅咒古庇尔画廊和艺术品交易市场。提奥很聪明，他用拖延和谦恭的态度反劝梵高来巴黎尝试做一个画廊经纪人。但梵高说："对我的品位而言，太不靠谱。"他那一封封催逼辞职的信件不断飞来，弟弟最后拒绝回信，也没按时汇款。梵高说："收不到你的回信，我快疯了。"

其实到达德伦特后，顽固的梵高还在找模特画人物素描。只是那荒漠中的人们根本不懂这是怎么回事，或嘲笑他，或不会按照他的要求摆姿势，再加上梵高想让弟弟过来当画家，两者促使他终于拿起了油画笔。弟弟的拒绝及随着冬季的来临（风景已经衰败），让他已经没有激情继续留在那里，原本想待1年，却仅3个月后梵高就决定离开。由于他的样子和携带了一堆破破烂烂的东西，当时的公共汽车不允许他上车。他步行了25公里，由于衣衫褴褛，在路上被经过的人当成了"杀人犯"和"流浪汉"。在风雪与荒野中，他默默地行走了6小时，带着所能携带的透视框、钩子及画作等物品……梵高后来回忆说当时他边走边哭，每走出一步都想到提奥，为他不能成为优秀的风景画家、只能每日打工而哭泣……梵高用他那奇异的思维把这6小时的"哭行"比喻为"播种眼泪"，后来他在霍赫芬站登上了火车，方向是父母家。因为富家子拉帕德此时也从德伦特返回了父母家（他也很欣赏梵高的素描），而此时又是圣诞节了。

海牙和德伦特时期的作品

悲伤

—— "我迄今画过的最好的人物画"

悲伤

这幅画的主题，梵高用英文写下的是 Sorrow。太多地方的中文标题把它翻译成"悲哀"，但感觉有些不符合梵高的本意。此画是梵高自认为最好的一幅素描，他没有用学院派细腻的笔触及解剖透视表现模特肉体的质感，以他的素描功底，想画成那样一点问题都没有。这个女人，没用那种手法来画，为什么？因为他想表现的不是西恩的外在肉体，他一直着迷于轮廓。梵高知道只要摸索到合适的轮廓，那简直就像中了彩票一样，他想通过那些神奇的线条描绘出对方内在的东西。虽然那粗粗的线条是学院派巴尔格式的，但那轮廓所表达出的千言万语是难以言表的。这幅画及另外一幅树根素描是梵高画给弟弟作生日礼物的，他这样写道："（提到那幅树根素描）我尝试着将投射到《悲伤》之中的情感，倾注到这幅风景画中……这是无法自控的、热情的对大地的附着，尽管有一半已经被暴风雨破坏。通过这个苍白的、瘦弱的女人形象，以及这个黑色的、扭曲的和长满结疤的树根，我想表达的是生命的挣扎。"那幅树根素描，梵高先用铅笔涂上一层底子，然后再把那层底子抠掉："看起来有油画的味道。"

20

穿燕尾服的
老人

受休伯特·贺寇梅儿的《切尔西医院的周日》群体素描的影响，梵高尝试了施粥场、火车站等地的素描，但没有"成功"，这里的成功指的是引起一点反响或至少卖出几幅。他画了几幅油画、水彩画就又回到了画室，因为公共场所经常驱赶他，在路上遇到同行时还会遭到嘲笑。他尝试了水彩画后觉得，用那东西画模糊的人体轮廓是相当令人不满意的。此时他最欣赏托马斯·坎佩斯的一句话："每次我和人类有所来往之后，我就会感到身上的人性也会减弱。"他又开始张罗起素描模特，有时一天能画12幅人物素描！这个时期梵高画得最多的一个模特叫阿吉那斯·雅各布斯·桑德兰，这是一个无妻子无后代、住在救济院里的72岁的失聪老人。他属于被梵高称作"真正的模特"的那种老人，很有耐心，不论梵高让他摆出何种姿势，换上何种衣服，他都照做，毫无怨言。这让梵高找到了很多合适的、理想的轮廓，他恢复了粗重的笔法，且把自制的透视框放在距离老人很近的地方。从那一幅幅老人的素描中可以看出，梵高画出了人物的孤苦和沧桑，绅士般的燕尾服和礼帽都压不住老人浑身上下透出的救济院气息，尤其是帽子下面露出的凌乱白发，居然有催泪的效果！梵高的素描中高超的艺术魅力，用他所崇拜的插画大师休伯特·贺寇梅儿说的几句话可以很精确地概括出来：艺术家真诚的心比他灵巧的手更重要，勇气比专业重要，内在精神比训练重要……素描优于其他艺术形式，色调优于颜色，气势优于细致……

穿燕尾服的老人

梵高对这位老人所给予他的耐心如此感叹道："在这个矮小的老年男性无比打动人心的表情中，存在着某种高贵的、伟大的东西，这是鸟兽虫鱼注定无法具备的。"

背煤的
女矿工

来到海牙后，作为一个今后打算以画画为职业的人，梵高面临着卖画养活自己的压力。海牙画廊经理泰斯提格把他的素描作品往桌子边缘一推，看都不看。尽管梵高为了巴结他，说那些画是专门送给他的，可泰斯提格却说画风景水彩画才有出路，素描没人买！应该就是这种压力促使一直钟情于素描的梵高开始接触水彩画。但在公共场所写生时被驱赶、被嘲笑的经历使他有些抵触外出画画，因此经常躲在画室里把自己的素描找出来上色。对比女矿工素描与上色后的水彩画，会发现他抵触水彩画

背煤的女矿工

是有道理的。同样的题材，用铅笔画出的女矿工真的是给了人们万般滋味在心头的感觉，就像梵高的牧师朋友兼画家皮特森所说："那素描里有东西——抓住了我令我无法落笔的东西，那是什么？"而水彩笔下的女矿工，那种诉诸笔端的情感、那种以抽离者视角看人间的感觉却弱了很多很多。正如这个时期他在写给提奥的信中所说："当我想到泰斯提格让我必须画水彩画的时候，我不知道如果我把这些背袋子的、播种的、老年的挖土豆的人用水彩笔来画，怎样保留住他们各自的性格特点。结果一定会是很平庸的——我不愿干这种平庸的事。画水彩画不是最能打动人心的手段。如果我的情感与感受要求我首先表现人物的性格、人体的结构与动作，不是用水彩来表现我要画的东西，而只是用黑色与棕色的素描来表现的话，人们可以责备我吗？当人们专门探求调子或色彩的时候，这又是另一回事了，

背煤的女矿工

这时候水彩画成为了一种良好的东西。"梵高把他的多幅素描画成了水彩画，比如《国库券》及《长凳上的人们》。单就他自己的素描和水彩作品来说，两两相较，都是素描要强过水彩版本的。即便是水彩画，梵高的画也有很多人喜欢，比如他画中那些"略凶残"的水痕，是很多画家想仿效的。也许仅仅是纸张的缘故，现代画家往往模仿不出来。

国库券这个场景，梵高在书信集里跟弟弟提到过，他所说的国库券实际上类似于咱们现在的彩票。因此，他在信中痛心指责画中的贫苦人们，把最后买面包的钱拿去买了"彩票"。梵高何尝没有过"买彩票"的情况呢？他经常不懂得预留出买面包的钱，而是把裤兜里所有的钱都拿去雇了模特或买了画架、版画、书籍、颜料，然后饿着肚子眼巴巴地等着弟弟下一次汇款的到来。这两幅画摆在一起对照着看，特别能体会出此时梵高在黑白画与彩色画之间的挣扎。在这一组对比图中，素描里速写的身体线条，画出了各个人物的性格甚至心态。梵高说过，他是通过全部身体线条来表达人物的特点，而不是只靠脸部的表情。比如素描版《国库券》里抱孩子的那对夫妇，你能通过简单的几笔看到那对夫妇的焦虑和想赌一把、想翻身、想让孩子过好日子的心态，但在水彩画版本里，那对夫妇的表情就没有素描版本表达得生动。行家都明白他的素描中的闪光点，因此当梵高的亲叔叔科尔（也是艺术品公司的老板）去看他时，向他以每幅2.5法郎的价格订购了十几幅街道、城市的风景素描。这可怜的定价却让梵高雀跃不已，可当他费劲外出画好那些画邮递给叔叔后，所得到的款额却缩水了，这位叔叔有些不厚道了。

这位叔叔临走时还数落梵高没能力自己挣口饭吃，对此文森特当场反驳道："……你这是什么意思？说我不配得到资助——也就是说，没有获得资助的价值——这无疑是一种罪恶，每一位诚实的人都应该有口饭吃。但不幸的是，尽管应当有口饭吃，却没有能力去挣得，这是一种悲哀，很大的悲哀……但说这些话有什么用？这么说根本不会让我有所进步。"当一根筋的梵高只想为自己画画、不想为市场而画时，得到的就是这样的尖酸指摘。梵高拒绝进入美术学院去学素描，尽管他在布鲁塞尔某美院进修过，

国库券

国库券

但一切都是自己摸索的，他在这个过程中经历的失败有很多，他曾在信中抱怨自己的拳头"并不怎么遵循我的意志"。史密斯版《梵高传》里觉得他的问题是，人物素描中的身体，往往以不可能的方式伸展、弯曲、面孔模糊。很多人认为他的水彩画颜色凌乱不堪，在该上色的地方没有上色。尤其是透视方面，大家觉得他的线条失真，阴影的角度出现矛盾，人物脱离背景，或者比例不协调。梵高在信中写道："它们最终让我感到非常绝望……"第二年，他自己评论这些早期作品时说："我完全弄得一团糟。"但伟大的人物就是伟大的人物，这些挫折并没有压倒有抑郁症的梵高，他发誓要战胜自己，且在与自然造化的"短兵相接"之中获得成功！梵高没兴趣对自己的作品精雕细刻，认为速度和数量同样可以带来成功，如果20幅中有一幅是好的，那么他一周至少可以画出一幅好的作品——"一幅更具特色、更能引起共鸣、更能流芳百世的作品……播种得越多，也就有越多收获的希望。"梵高如此说道。

此时的梵高在泰斯提格和莫夫以及弟弟都长时间地说素描没市场的情况下，一直在与自己搏斗。他投身画海的宗旨，就是想全力以赴地画出让时代记住他"布道"的作品。梵高以令人感动的坚持和冷静在创造新的风格，在冒险，在试验，他想表达出自己的纯真，可他的黑白画能感动和抚慰的人太少了。于是，一类彩色画出现了。《长凳上的人们》水彩版中椅子上四个人的表情与素描版的真的没法比，黑白画里最左侧那个人的沉思神情异常明显，最右侧叼着烟斗的男人惬意的表情跃然纸上，而同样位置的两个人在水彩画里的表情是呆板的。素描画里行走的一对男女，他们的悠闲姿态让人看着就舒服，那女士温柔地看向长凳上的四个人；而水彩画里的女士的脸没有了那温馨的表情。梵高曾抱怨水彩画是"恶魔般的"。正是由于这些原因，加上在公共场所被驱赶以及抑郁症患者恐惧人多的地方，

长凳上的人们

长凳上的人们　　梵高以各种借口躲避着画水彩和油画。他躲进画室，在他画素描模特时，把剩下的一幅油画布当作了调整窗户光线的窗帘。现在距离他立志做一个画家已经三年了，他还在躲避水彩画和油画。他想用素描来挑战水彩画，因此使用了他能找到的一切工具，木工大铅笔、墨水芦苇笔、墨水毛笔、木炭、粉笔、蜡笔，甚至尝试用石印蜡笔，他说那个能画出油画效果。是的，他在用这些工具表现不同程度的灰色，以便与莫夫水彩画中"沉寂的黄昏"的色彩效果分出个胜负。他一直在画、在试验，在追求素描效果中的"更温暖和更深邃"的氛围。莫夫从他的素描中是看出了他的野心的。

这两幅画画的是靠近海牙的一个渔村。让梵高恢复画油画信心的不止有提奥，还有他的一个朋友——某颜料店经理的女婿亨利·凡·德·威尔德。这位仁兄是当地一所中学的老师，他对梵高的画总是给予鼓励，从来不说难听的话。泰斯提格和莫夫的指责、命令式的言论没能督促梵高拿起油画笔，反而刺激得他沉浸在素描的海洋里。但亨利的随和言论、敦敦善诱，加上弟弟的督促，让梵高在1883年3月终于开始了油画创作，在这之前他整个冬天都在忙活人物素描——"人民画像"。

促使梵高拿起油画笔的还有另一个客观因素，那就是家庭生活的嘈杂。激情的消退，令西恩的很多缺点逐渐让梵高不能忍受，例如粗俗、没幽默感、心胸狭隘、缺少对书籍和艺术的鉴赏力。可这些都是他刚认识西恩时象征着她苦难的"标配"啊！梵高从很特殊的角度说起这件事："我要不是想在现实中寻找艺术，我可能会觉得她很蠢。"这样的话一说出来，我们就能明白多数人所不明白的梵高为什么会和一个妓女生活在一起了。这就是梵高，他时常以抽离者的姿态去生活，他要用抽离的视角去看一位画家与一位底层女人在一起磨合出的艺术状态，这是很耐人寻味的两个灵魂的交接。但当他偶尔做不了抽离者时，他选择了逃避，他选择了长途徒步行走。那就是施维宁

渔船到岸海滩上的
人群

暴风雨中的施维宁根海岸

根渔村的海边，梵高说："海滩是一个沮丧又失望的人最喜欢看到的。"由于电车不允许他带着一大堆东西搭乘，因此他经常在暴雨或风雪中行走，在狂风吹拂的沙丘上画画，直到风把他吹得要倒下时才会退到附近的酒店里躲避，那时画上已全是沙子。人们认为他是疯子，他会刮掉先前的画，待风小一点时再次冲到狂风大作的海滩沙丘上，然后再次被风吹回来。也因为如此，很多颜料都丢失在了沙滩上。这幅画的素描版很清晰地画出了渔船返航时，村里的男女老少前去迎接的情形，梵高称那骑在马背上走入浅海固定船锚的人"高出人群很多，像一个飘动的幽灵"……油画版也是描绘了这一情景，也有迎接的人和骑马人，但感觉只有素描版真正画出了那场景中的诗意。

25

施维宁根
的漂洗地

这幅画，用水彩画出了洗衣妇工作的宏观景色，情愫的表达很感人。这就是梵高，这就是他所追求的意境。素描版中弯下腰的女子，你仿佛能听到她粗重的呼吸。还有她身后延伸到远方的树及天空，那是给这场景笼罩上神圣、情感及抚慰的妙笔。这样的素描，用梵高的话来说，就是没有学院派那种"死啃出来的气质"，有自己的"味道"，简单而又深刻。水彩画中洗衣妇变成了小小的人影，整个画面由一半地面和一半天空组成，房子和人变成中间的调剂，飘荡的白布增加了画面的动感。如果没有这些飞舞的织物，我猜他会画上几只飞鸟。画中延伸到远方的土地以及横跨整个画作的天空，构成了大地、苍天对中间劳作者的承载和俯视。关于这幅水彩画，梵高在1882年7月26日的信中写道："我画了施维宁根的白色地面，几乎没有任何准备就在现场进行了作画，并且是画在一张十分粗糙的水彩纸上的。"画中飘动的白布、洗衣妇白色的小帽与天空中的白云遥相呼应，成为主要的亮色及画作韵律的所在。可惜，这幅画直到他去世也没卖出去。单纯、一根筋的梵高曾这样说："能不能画画要看作品是不是卖得出去，这是一件麻烦事。"

施维宁根的漂洗地

26

有沙丘的
风景

这幅画是梵高在雨中淋了很久才画完的。他一生画了很多树，这是早期的油画版梵高的树，虽然谈不上什么高超的技巧，但观者能强烈地感受到风雨吹打在大树上散发的气息。就像《悲伤》一样，不论是画树还是画人，他想表现的是生命的挣扎，这种挣扎并不是深怀仇恨的，而是一种以抽离者的姿态观察后的戏剧效果。梵高在信中这样写道："那些树……在树林那边有戏剧——在每个姿态上，我这样说是指每一棵树……对我来说，大自然中暴风雨的戏剧，生活中烦恼的戏剧，是最使我感动的。"现实中的梵高，仅仅在绘画时才能忘却柴米油盐的烦忧，但回到家后的一切又是另一种戏剧：困苦，没有钱！加上税务官的上门催缴及债务的不断累积，他痛苦地最终在某天告诉西恩自己将搬到花费更少的北部乡下去。这幅画可能是他离开海牙、离开施维宁根海岸去北部前的最后一幅风景画。

有沙丘的风景

这幅画是梵高在德伦特省霍赫芬小镇安顿下来后画的，他在写给弟弟的信中这样解释道："我仍然在画烧杂草的人，我曾经画过一幅写生习作，它给我提供了广阔无垠的灵感。夜幕降临，带着一点烟的火光是唯一发亮的地方。傍晚，我一再去看这个场面。"梵高曾这样评论自己的油画："画中的人物，虽然只是几堆颜色，但却是一种活的东西，这种感觉不是由精准的素描所引起的——因为在这些画里，本就没有素描。我所要指出的是，

在这些习作中饱含着某些神秘的东西，这是当物体轮廓简化为颜色的斑点时，人们通过眼睛对描绘对象的观察得到的。只有时间能证明我的成绩，我现在已经在色彩与调子方面形成了个人的特点。"这幅画对刚开始画油画的梵高来说，还谈不上运用了什么技巧，但是它就是给人一种小小的震撼感以及小小的形而上的神秘氛围。

烧杂草的农人

它是油画新手梵高以他综合的艺术天赋，所显示出的这世界精神层面的多层次的美。梵高称自己在德伦特时的这类画带有"自然的典型特征"。为了让弟弟看到那里的美，他写道："伙计，这里真的是美不胜收。在细腻的淡紫色的夜空下，广阔无垠的焦土地黑黝黝的，十分显眼。地平线上最后一条深蓝色的线将天空与崎岖不平的地面分开……那一大片深色的松林将还散发着微弱光芒的天空与崎岖不平的地面分开，那里总体上呈现出微弱的红色—褐色—黄褐色—黄色，而每一处又都带着点淡紫色……荒野会和你说话，大自然的那种沉静的声音，美丽而又平静……一种不可思议的和无法名状的境界……和我来坐在一起，看着火堆……"读着上述句子，可以感受到他常常能在荒野中找到精神重生的力量。

第三章

在终将凋零的事物中寻找永恒

1883 年 12 月—1885 年 11 月

纽南时期

与父母的格格不入

梵高，可以说是精神上的抽离者、戏剧研究家，但又是一个典型的焦虑型抑郁症患者。他在这上面显示出的缺陷、阴暗、狭隘、痛苦与愤怒，其实是每个人都多少经历过的，只是他的症状被放大并被归入了抑郁症的范畴。他 16 岁就离家，父亲本身就抑郁、自负，明知道梵高不正常却不肯以适合的态度去相处。梵高更因歇斯底里的焦躁而把家人搅和得鸡犬不宁，这是彼此深爱却又互相伤害的一个家庭。父亲与梵高同处一个屋檐下，在不断的争吵和焦虑中，父亲脑卒中辞世。梵高在葬礼上说："死很难，但活着更难。"此话是身患抑郁症的梵高发自内心的想法。如果不是带着这样的想法去与这个世界相处，他会活得轻松很多。当然，那也许就未必会有我们现在看到的那种出自痛苦心灵迸发着抚慰光芒的画了，时至今日，又有多少人是从抑郁症的角度看待梵高的？

梵高两年前从黑乡返回家中居住，可以说那是他第一次以成年人的姿态近距离接触父母及其他家人。往回看就能明白，他 16 岁时就去了海牙画廊工作（16 岁之前，在家居住的梵高应该是一

父母的家
（梵高所画父母在纽南的家，靠右的低矮小房子就是梵高的画室）

个孩子的姿态，与父母并无太多矛盾），之后辗转英国、法国、比利时（包括黑乡）等地。那些年梵高都是节假日回家小住，这与在家一直住着是完全不一样的，尤其是对于父母都是极其敏感之人的家庭而言。梵高家的朋友多年后回忆他们家的气氛时说，他家属于感觉很诡异的那种。因此，当几年前他从黑乡回到家里时，那是成年的、性格已经定型的、有独立思考能力的梵高（不再一切任凭父母摆布的梵高）第一次站在父母面前。与敏感阴郁的父母紧密相处了一段，最终导致父亲说出了让他"滚"这样的话来。当梵高真的"滚"了以后，那种发自肺腑的愧疚和不忍的煎熬让父亲多次去看望儿子，邀请他回家住。尽管提奥坚决阻挠他回家居住，让他去除了家以外的任何地方，但圣诞节的来临和德伦特景色的消退及寂寞，加上好友拉帕德已经返家与父母居住，让梵高的思家之情难以抑制，促使他成人后第二次返回家中长期居住。原本梵高只想住两周就离开，但纽南周边的风景及那里的织布工人引起了他极大的兴趣，他决定长期住下去。

住下不久，在他写给提奥的信中就可以看到"拘束""阻挠""妨碍"等字眼常被使用，表达出他发自肺腑的沮丧。越是仔细看梵高的一生，越有这样的体会：他一生都跑在两条路线上，一条是他以前瞻、洞彻的灵魂在观看这个世界；另一条是他以抑郁、痛苦的身体在与这个世界搏斗、抗争。他曾对博里纳日（黑乡）同宿舍的室友说："自从我来到这个世界，我就觉得自己是在一座监狱中……合理或者不合理的坏名声、贫穷、灾难、不幸，将你变为一名囚徒。你无法总能分辨出限制、囚禁、埋葬你的到底是什么，但你能感到那些隐隐约约存在着的栅栏和围墙。"因此，梵高这个时期收藏的画作大部分是有关囚禁题材的，例如谢弗的《安慰者基督》。这幅画跟随他多年，每到一处他都会把此画贴在房间里，因为画的上方刻着一句话："他的降临是为了给囚犯们带去自由。"

父母观念的固化及焦虑性格，导致他们对这个长子很少给予鼓励与赞赏。尤其是梵高的母亲，她的等级观念极其严重，认为梵高应该尽快找一份上等人的工作，而不是混迹荒野整日画画。他们根本不理解梵高在艺术上的野心、对表姐的爱、对西恩的拯救，按照梵高的说法："他们认为我是一个想入非非，却无法采取行动的人。"梵高把自己比作画家热罗姆一幅画作中的囚犯，被绑缚着躺在船底，任由大家嘲讽，说道："我与不幸和失败捆绑在了一起。"什么叫"采取行动"？梵高是一个最热衷于行动的人，他想做牧师就激情投入，他想画画就常年扑进荒野……显然在父母的思维中，"会采取行动的人"只是指那些在上流社会发达了的人。这就是不论是返家前还是返家后，他都要面对的双亲。

道歉之争

梵高自己没有意识到抑郁症问题，他仅仅觉得自己有些抑郁。抵达家里不到 1 小时，他就跟父亲暴发了第一场争执：他要求父亲承认两年前圣诞节驱逐自己——是个错误！面对日渐衰老的父亲，他高声列举自己自那次被驱逐后所遭受的众多伤害。可想而知，面对儿子的要求，父亲也是坚决地、毫无商量余地地拒绝道歉！到家的第一夜，梵高因父亲的拒绝道歉而整夜未眠（父亲说："你是指望我在你面前下跪吗？"）。他冲出父亲的书房后就提笔给弟弟写信，指责父亲"不公正……任意妄为……并且应该受到谴责……与自己不共戴天……盲目……无知……心胸狭隘……牧师的虚荣心……使事情极端化……造成伤害……基本上，一直以来什么都没有改变，哪怕只是一点点……无论过去，还是现在，他对自己所作所为的正确性没有丝毫的怀疑"。那一夜，他时不时地从床上一跃而起，在写给提奥的信中加上几句话。例如这句："他们觉得自己那时并没有对我造成任何伤害，这太糟糕了。他铁石心肠，像寒冰一般冷漠，像沙子、玻璃或马口铁……"

仅在家待了一天的梵高就陷入了绝望，他觉得自己在被赶出家的两年里"每一天都充满着痛苦"，但父母这边却依旧生活如常，仿佛什么都没有发生过。他恳求提奥："老弟，如果可以的话，帮助我离开这里。"但

梵高家的花园
（这是冬日梵高家的花园，常常与父亲吵得那么凶，却用一支铅笔就画出了如此美妙的花园景色）

这只是刚到家时的恳求，之后虽然经常与父亲争吵，但他却留了下来。随后即便弟弟为了父亲的安宁表示能帮助他离开，但他也坚决地拒绝了，这一待就是近两年。这两年对于梵高和父亲来说都是煎熬。虽然父亲曾跟教友哭诉自己工资太低（当时他手里掌握着大笔教会的公款，可见他是清廉的人），但却在梵高一进家门就开始与他吵架的前提下，还是把洗衣房腾出来并花了不少钱装上了木地板及暖炉，给儿子弄出了一个画室。父亲是爱他的，说了一句"滚"之后，当儿子第二次长期住进来且又闹得不愉快

后，深爱他的父亲无论再怎么难过，也没再说出"滚"这个字，因为他知道这对儿子的伤害太深了。他在受不了时对梵高说："你让我生不如死……"并在信里和提奥说："他（指梵高）是我的另一种痛……"说这话的背景是，有一段时间梵高的母亲把腿摔断了，有几个月梵高拿出在黑乡照顾病患的看家本领，细心周到地日夜守护着妈妈，医生看到后说他比女人照顾得还好。所以，妻子腿摔断是一种痛，梵高是父亲的另一种痛。

梵高说得对，家族没给力

一天接着一天，梵高会到老爸的书房去与他辩论，父亲一如既往地耐心地告诉儿子自己没有后悔，他气得在信中指责父亲是个"伪君子""阴险的人"。梵高与父亲争吵的另一个大的主题是家人对他追求艺术的不支持。他一再以好友拉帕德为例证，说家庭支付了拉帕德的全部费用，以便他能"用有尊严的方式来面对这个世界"。在这一点上，从旁观者的角度公平地说，梵高的父母虽然在资金上不富裕，但确实没有全力以赴。梵高有了弟弟的资助后，如果安排得当，钱是足够用的，可他在运用金钱这方面是个白痴。梵高的父母完全可以去向几个开艺术品公司的叔叔求助，说服他们在自家画廊展示梵高的画，那只是占一小块地方而已，不需要钱。然而父母从心里就看不上他的画，认为他弄的是"令

后花园
（梵高所画的父母家后花园的树及篱笆）

梵高的母亲（照片）

梵高的父亲肖像

人尴尬的艺术"；不懂梵高的亲叔叔们在他与西恩在一起后也开始厌恶他了；画廊经理泰斯提格更是对梵高的画大加鄙视。梵高的父母在儿子的画没能卖出去的前提下，就更觉得他是在想入非非、没有行动力了。

其实梵高的母亲年轻时学过绘画，在埃顿还外出写生过，泰斯提格更是画界老牌经纪人。这些所谓的行家由于悟性和人生观的不同，完全无法理解梵高。梵高的艺术是前瞻性的，当时周围的人中能理解的本来就少，加上他自己不愿把时间花在推销画作上，弟弟对他的支持又多数出于爱而不是对他艺术前瞻性的理解，因此，即便在画廊多年，梵高在信中也会指责提奥把他的画始终"放在阴暗的角落里……"这一切还不如海牙的一个颜料店，他们展出过梵高的画，虽然没卖出过一幅。但是，梵高自己都没搞清楚，只是痛苦于别人不理解他——画是需要有个接受过程的，也需要海量出现在公共场所，让别人能看到，那样才会有"粉丝"出现。梵高从立志当画家到去世，才10年左右，太短了！海牙最早理解、欣赏梵高画的画家韦森布鲁赫曾对梵高说："我的不好的画全部卖给外行了，偶尔出现一张好的、绝对不卖。我认为好画将在60岁以后才能出现。"天可怜见的梵高，才多少岁？要在短短的几年内让极具前瞻性、独创性的画能够被卖出，被人接受，这其实难如登天，更何况他不会为逢迎买家而作画。在那种情况下，家人和亲友的态度也纯属正常，但确实有些苛刻了。

非正常人类

梵高的一些行为不正常得足以证明他患有抑郁症，比如正常人会吃饭捂着自己的脸吗？父母送新衣服，他却说："肯定是我的衣服穿得不够好（看着不顺眼）……"父母彬彬有礼地对待他，他却说："他们的盛情款待让我难过……他们一味地迁就，然而却始终不承认自己的错误，这在我看来，也许比错误本身更糟糕。"当用洗衣房改建的画室在圣诞节布置完工时，梵高却称其为"寒酸的画室"，想要一间更好的画室。这一切都让父母感到每一次试图和解的努力换来的都是越来越苛刻的要求以及激烈的话语。随后的发展导致梵高虽然不会在被驱逐的问题上继续纠缠，可却转了个方向继续与父亲做斗争，目的还是想疗愈那个伤痛，但没人理解他……

梵高在家里斗争的内容有：父母受不了他时，他就宣称一定要留在家里；当父母支持他留在家里时，梵高却扬言要离开。在新到来的这个圣诞节里，梵高跑到了海牙，与西恩及孩子一起度过。虽然他节后回来时和提奥说"比以往任何时候都更加坚定地要与西恩分手"，但却和老父亲说要和西恩结婚。鉴于儿子的非正常人类表现，这次父亲坚决不同意"婚事"，并威胁说要提出监护申请——申请对梵高这个成年人的监护权。因为他精神不正常且生活不能自理，这样他就没有自主婚姻的可能了。这一威胁让梵高义愤填膺，他极力声讨并坚决反对。

想想梵高后来画的那些抚慰人心、催人泪下的画作，虽然他时刻处在痛苦中，但手握画笔时却能画出世间正常人类难以捕捉到的心灵的平静和美好。这是他向往的，也是他想送给所谓"正常人"的。

纽南这个小镇在当时是个落后闭锁的地方。当地人更是把梵高当作怪物看待。在他穿过村子时，很轻易地就能招来不满的目光。一位村民50年后回忆说："他一点都不友好，他很奇怪，经常生气，总是愁容满面。"另一个乡亲回忆道："他脸上胡子拉碴，像杂草丛生一般，长相简直是丑陋至极……"梵高穿荷兰底层人才穿的木屐，拒绝吃肉，整天叼着烟斗，用小口瓶喝涅克白兰地，当地人称他为"画画的小个子""红胡子""乡巴佬（难以想象，在那穷乡僻壤的地方他还被当地农民称为'乡巴佬'）"。他还时常招致小孩的尾随及嘲笑，但梵高对孩子们却很宽容，他说自己喜欢这样的纠缠。对于村里成年人的那些不友善的眼光及窃窃私语，他只是撇一撇嘴说："我不会为人们怎么看我而烦恼。"然而，之后不久的一天，一个杂货铺老板在梵高路过时，高声质问他为什么不去种地或是经营一个小杂货铺，而是整天游荡，到处画画不工作。梵高反驳说自己画画就是在工作。那人接着问："工作？薪水呢？"梵高说弟弟买下了他所有的画，每月给他150法郎，那就是工资，是他自己挣的。然而那人听了后却嗤之以鼻。梵高在写给弟弟的信中说纽南人喊他"小画家"，他说这里充满贬义，因为这里的农民虽然不懂任何画，但他们却很在意画作有没有卖钱。梵高在这里时常被乡亲及来访的客人询问"为什么不把画拿去自己叔叔家的画廊进行交易？你从你的作品里获得了什么？"这些让梵高既难堪又痛苦的直接提问，导致他对家里来访者的态度很不友好，以至于父亲从此不再请任何人来家里，以免让外人看到儿子难以预料的古怪态度。母亲在信中痛苦地抱怨说："他怎么能表现得如此不友好？"从这样的询问中，可以清楚地看到老两口还是没有正视儿子的抑郁症问题。如果正视了，就不会这样问了。

为与弟弟签协议而"抗争"

一直依靠弟弟供养、画卖不出去的压力以及严重的抑郁症，让梵高将每一个无心的询问、每一双看过来的眼神都猜测为对他没有"正式工作"的指责。为此梵高向提奥提议签订协议，那就是全部画都归弟弟所有，并让弟弟保证今后每个月付给他150法郎，那就是他"挣来的钱"。如果弟弟不答应，梵高告诉他："3个月以后我将不再收你的钱，除非你让我寄给你我的新作品作为回报。"当然，如果弟弟拒绝，他威胁说有可能将自己及家庭抛入一个不确定的危机里……

几周过去了，提奥一直没有搭理梵高。直到3月初，弟弟才回信且直截了当地告诉他画还"不够好"，没达到能销售的地步。可以预料到，提奥说梵高的画技巧粗糙，着色单调，习作肤浅，油画模仿迈克尔太过"没有可取之处"，公众会因为画作的不完美而生气。对此梵高回信写道："如果我的作品并不能令你满意，你也不想再和这些画扯上任何关系的话，那我也无话可说……"后面这两句还被他使劲地描了下划线："我希望你不会因为我而感到受到了约束，就如同我希望我和你的交往是自由自在的一样……"显然，兄弟俩当中没有任何一个能有这样的自由。哥哥是偏执地想在弟弟的帮助下走向自己的艺术殿堂；弟弟则深爱着哥哥，不忍切断他那"不正常"的哥哥那一点点的乐趣和幻想。

为了梵高一根筋的协议，哥俩在信中吵了很久，最后梵高写道："如果一个人从很坏变得更坏以后，又有什么区别呢？"他下了最后通牒："我不能任其发展了，我的心意已决。"梵高的疑心病再次爆发，他骂弟弟是与老爸一个阵营的人，是"小梵高式的诡计"，用"愚蠢枯燥"的批评长期折磨他……尽管如此，弟弟不可能抛弃哥哥，提奥4月初答应了梵高的全部要求，与其达成协议。这下梵高可以告诉全纽南的老乡们，他每个月能挣150法郎了。

签了协议的梵高在短暂的狂喜之后，很快便发觉自己的前途还是一片茫然。他借自己的偶像米勒说出了他当前的处境："他双手抱着头，这一姿势意味着巨大的黑暗与难以言说的忧伤再次将他击溃。"不得不说，梵高在众人的指责、嘲笑、蔑视与重伤下仍然艰难地、坚定不移地选择了他的艺术之旅，在追求真理的路上，为后人树立起了一座丰碑，虽然他是个小个子。

农家女戈尔狄娜

农家女戈尔狄娜·德·格鲁特是梵高经常画的一位织布工的邻居，在拉帕德的帮助下，这个农家女很快成为了梵高的常用模特。她经常去梵高第二个画室为他摆姿势，因此俩人交往频密。后来梵高的《吃土豆的人》画的就是这位女子和她的家人，可见两人确实很熟。

说到梵高在纽南的第二个画室——科孚岛画室，还得补充一段哀伤的往事。那就是在1885年3月27日，梵高的爸爸在一个寒冷的夜晚，从外边回家时倒在了家门口，死于脑卒中。这个事件导致了梵高的母亲和妹妹对他的仇视，她们认为父亲是因与他长时间争吵而被气死的。大妹妹接管了家中的事务并逼梵高走人。一开始梵高不肯离家，但妹妹说不肯走就是蓄谋再害死母亲，连最小的那个妹妹这次都站在了大妹妹一边（梵高画过她的头像，她是家人中对梵高最好的一个）。面对如此的指责，梵高只好永远地搬到了画室去居住。之后，他仅仅回过一次家，那就是在分父亲为数不多的遗产时。那一次家人们都到了，除了提奥，连表姐的父亲都到了，他刻薄地指着梵高说："这个人应该待在这里吗？"毕竟是自己十月怀胎生下的亲骨肉，梵高的母亲高声回敬道："他是我的长子！"敏感的梵高是不会忍受这个的，

纽南的教堂和路过的人
（这个教堂就在他父母家附近）

他转身走掉了（没参与分遗产）。这次是真正的走了，到死都没再回过这个家。之后在纽南的日子里，即便他经常会回到自家花园里写生，家人也从来没喊他进屋吃过一顿热饭或喝过一杯热茶……

1885年7月，戈尔狄娜已经怀孕并腆着大肚子到处走动了，结果村里就出现了谣言，说那孩子的父亲是梵高。梵高亲自跑去向戈尔狄娜核实，农家女自己承认孩子的父亲是教堂的某执事。有个神父名字叫保韦勒斯，应该是为了维护教会的声誉，到处说孩子的爸爸是梵高。

此时，梵高还不想离开纽南，他要画农村，因为米勒画了那么多农民。他写信给镇长揭露那个神父的所作所为，但没有用，那个神父到处和农民说不要去给梵高做模特，只要承诺不去，他可以给他们钱。只有少数农民对神父的做法很不屑，保韦勒斯同时还警告梵高不要和"社会地位比较低"的人交往。原本梵高满心欢喜地觉得冬天来临后，农民不能下地干活，他们会愿意为了挣点钱而来给他做模特，但这样看来一切都不可能了。即便这样，梵高还是没有放弃，他在这个时期画了大量的静物，从土豆到苹果，再到他收藏的鸟窝。那个神父为了掩盖丑事真是下了不少功夫，他还威逼梵高画室的房东不让梵高续租。这对梵高是致命的打击。

正是在这个阶段，纺织工系列作品色调的问题令梵高与弟弟在信中吵得一塌糊涂。最后吵到提奥说要停止资助哥哥，哥哥说要与弟弟绝交。但深厚的爱又让提奥继续维持了原状，给了哥哥一个机会，说他如果能画出一幅色调明亮的作品，他会将画送去参加一个很大的展览。这时保韦勒斯正在教唆房东不再跟梵高续约，好在离租期到期还有一段时间，梵高告诉房东没到期前休想赶他走。因而，他开始了夜以继日地往返于戈尔狄娜家与画室之间。那个农民全家都对梵高非常好，有时晚饭已经吃完了，见梵高还在画画，他们就不离开，全家人继续坐在桌子周围聊天……在纽南，不论是画肖像还是画风景，梵高想表达的都是农民们原始自然的生活。

《吃土豆的人》梵高修改了很多遍，直到租期到了。由于他身上没什么钱，但还需付给房东一笔钱，因此他只好偷偷走掉了。如此一来，画室里所有的素描、油画及水彩画，大部分都没能带走。他收集的画作也全都放弃了，留给了母亲和房东去处理。这也导致了梵高的母亲那时丢弃了他大量的画！梵高去世多年后声名鹊起时，有记者去采访梵高的母亲，她很懊悔地提到扔了儿子太多的画……

至于家，他这样跟弟弟说："我不会给家里写信。在我离开的时候，我已将这一点同他们讲得一清二楚了。他们得到了他们所需要的东西。至于其他，我很少会想念他们，我也不渴望他们会想念我。"在离开纽南的前夕，他还收到了海牙展示他画作的那个颜料店老板的来信，讲述了他的画摆在店里的近况。他痛苦地写信跟提奥提起颜料店，他在信里说泰斯提格和韦森布鲁赫看了那些画，但并不喜欢。

梵高从纽南科孚岛的画室溜走了（还是等弟弟汇来了火车票钱才行动的），去了哪里？他去了比利时的安特卫普，一个繁华的港口城市。他在信中说只想在那里待几个月，然后还要返回纽南（其实没再回去）。他说："我非常了解这里的乡村和人们，我非常爱他们……这使得我无法长久地离开他们。"

秋天的白杨树

（这是梵高离开纽南时所带的极少数画作之一。梵高曾这样评论自己在纽南画秋色时的体会："……我不太计较我的色彩是不是跟实物完全一样，只要它在我的画布上看起来美——跟实物看起来一样美，就行了。我画了一幅秋景的油画，画中树上的叶子是黄色的。当我设想它是一首交响乐时，作为基调的黄色与树叶的黄色并不完全一样，要不要紧呢？不太要紧。一切在于我对颜色的无限丰富的调子的知觉程度。你是否认为这是一种对写实主义的背弃呢？"）

纽南时期的作品

梵高画这幅《剪去树梢的桦树》时，也是用了透视框的，这导致前景的两棵树占据了很大的"地盘"。他的很多画都是这样取景的，树扭曲着、被修剪着、浑身疤痕地向上生长，去与天空呼应。这正是梵高想表达的，万物有灵，万物皆相关联——树、人、羊，统一地延伸向透视框的尽头……他经常长途徒步行走在各种公路、运河、田野边上，见到过太多的柳树、橡树、桦树……这幅画中的桦树，就长在他父母家花园的门外。

这种树，梵高异常喜欢，他画了很多幅，还有彩色版的。这幅画充满了频率感。那种隐约的律动能让观者产生好似谐振的幻觉，感人肺腑，渗透到每一个毛孔里。它并没有什么催泪的情节或图案，可却深深地展现出梵高在励志做画家的初期已形成了自己独特的感知体系。虽然笔法上有比利时画家罗普斯的痕迹，但多了太多的情感元

剪去树梢的桦树

素和某种一直在梵高的画作中贯穿始终的空灵感、抚慰感。这种独到的认知体系太珍贵了，它比高超的技巧更能使一幅画变得不朽。不可否认，这幅画至今仍毫无悬念、无可争议地被公认是素描杰作之一。

梵高自己给这幅画命名为《翠鸟》，也有人把它命名为《纽南风光》

此画是梵高画给拉帕德的。为了能说服这位朋友来访，好在父母、邻居面前炫耀自己有个如此高级的朋友，梵高可是费尽心机，一封一封地写信，一幅一幅地作画。他前后共画了十几幅画送给拉帕德，这是其中一幅。

这幅画中的风景就在梵高自家的花园里，那是冬天刚刚过去、春天即将来临时的景象。通过此画特别能看出他内心的两个层面。一个如前景那些扭曲蜿蜒的小枝杈，挣扎，不甘心，不想妥协。那中间偏左的树根加枝杈，细看有张人脸，有圆睁的眼睛和紧咬下唇的一张嘴，配上杂乱伸向四

翠鸟

周甚至天空的、如头发一样的枝杈，难道不是他在画自己吗？第二个层面呢，请先看背景池塘中宗教般神秘的倒影，距离水面很近的一只翠鸟，远景中沉静的细高树干、静谧的小路以及透视框尽头的教堂，还有同样有神秘感的天空，这些都反映出梵高的内心非常坚毅、沉静，自知有强大的能力，能将别人没有的"语言""放"到画布上，带给众生难以言表的慰藉。这幅画非常典型地表达了梵高一生都在这两种心态中摇摆：被无知的人指责不正直，因为没挣钱；内心又有着很明确的意念，知道自己来到这个时空的目的就是画画。

30

织布工

梵高从德伦特回到父母在纽南的家，原本打算只住两个星期，结果却在这里一待就是近两年。这其中的主要原因就是纽南这个镇里，每条街道的尽头都有纺织工的小作坊，这里四分之一的男性靠织布的收入贴补家用。梵高在到达纽南后的几个月里，一直在画织布工，画了几十幅，但好像没有一幅令他满意，以至于根本懒得在画作上签名。他痴迷于这个题材，是源于儿童时期住在布拉班特时就见过很多纺织工人，在黑乡时他也见过有着大量纺织工人的村落，加之如米什莱的《夜工》、艾略特的《织工马南》等先辈的作品中都对纺织工有描写，还有伦勃朗类似的作品也让他印象深刻。因此，这一切勾起了梵高立体、重叠的怀旧情绪和创作欲望。说到迷恋纺织工的劳作画面，是因为他在那个场景里体味出了某种深

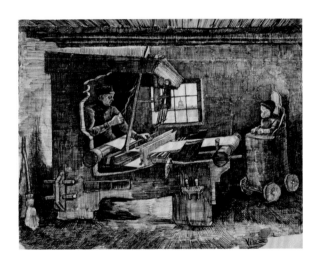

织布工

层的内涵。他一天又一天地从清早就来到某个作坊，在开动的机器把整间小屋子震撼得发抖时，在纺织机不停地"咣当咣当"地运行中，在某机器边婴儿的一对眼睛几小时跟着织布梭子来回观望的画面里，他会揣着些烟叶或糖果走进织布工的屋子里，送给他们，然后就一直靠墙坐着，注视着那低矮的灰尘遍布的机器和工人，直到深夜才离开。他甚至买了一部小一些的织布机摆在画室里。这个时期，梵高只画织布工的行为让父亲很不满意，他写信给提奥说："文森特仍在与织布工来往，他宁愿这样也不愿画风景画，这简直是奇耻大辱。"在纽南，在梵高家，织布工是最被瞧不起

织布工

（为画织布工，梵高画了大量的写生素描。画中的小婴儿是梵高在信中提到过的"在织布机前几小时随着织布机的梭子来回看"的婴儿。难怪梵高酷爱铅笔画，他驾驭着铅笔所表达出的美妙频率感，是那么触动人心。这也是他初期抗拒彩色画的原因。到了后期，他把用在素描里的线条笔法巧妙地糅进了油画里，并大获成功。）

的底层人物，他们只在周日黄昏时才会出门，用这一周织好的布去换纱线，而自认为有身份的人是绝对不会在这个时候出门的。为了反击周围人和父母对织布工的偏见，梵高经常把织布工的油画带进餐室，支在椅子上边吃边看，他还邀请织布工来家里吃饭！梵高所追求的织布工画作，理念太超前了，别说是160多年前，就是现在又有多少人能欣赏那人物线条粗糙、毫无表情的灵魂之画呢？

31

吃土豆的人

《吃土豆的人》可以说是反映梵高当时生命状态的一首奏鸣曲。抑郁症导致他焦虑地与家人相处，尤其与父亲之间有着长期的争吵和辩论。在这种紧张的家庭气氛中，提奥很着急，出于引开哥哥注意力的考虑，他终于允诺会在每年一度画界最重要的沙龙画展上提交一幅梵高的画……提奥虽然对新潮印象派画家的画很欣赏，但他却一直不是很理解和欣赏哥哥的画。提奥曾跟哥哥说，"别人"认为梵高的画总给人没画完的感觉，且让"别人"很生气。这个在父亲去世前夕的美好允诺，实际上是一颗糖衣炮弹，提奥希望把梵高的注意力从与父亲的争执中转移开。令提奥失望的是，不久后他就得到了父亲去世的消息。

在提奥回家参加葬礼时，虽然看到了《吃土豆的人》的初稿及草稿，但明显很不喜欢，没有要带任何一张草图回家再仔细看的意思。此时的梵高，一心希望送这幅画参展，其深层原因有好几个：一是他来到纽南后已经画了几百张人物写生习作，创作一幅主题性质的人物群像作品是他自去海牙起就有的打算，比如在施粥场题材上的尝试，他为此准备了很久；二是父亲死后，妹妹安娜带领着原本唯一与梵高关系亲密的妹妹惠尔蓄意将他赶出家门，当然这一切是在母亲同意的前提下，在她们看来，父亲是被梵高气死的。梵高最后还是被赶出了家门，从此彻底地离开了那几位家人，再没回来，他搬到了距家几个街区以外租赁的画室。饭桌，一家人吃饭，土豆和咖啡……这些都是梵高可望而不可即的，但他知道自己能画出那种人间的亲情。被赶出家后，这幅画从先前的那个农民家庭的真实人口——4个人变成了5个人。另加上去的人，谁能说不是梵高自己？他在写给弟弟的信中轻描淡写地谈到被驱赶这件事："我与母亲及妹妹们都相处得很融洽，可我还是要离开，这是由于要保持一定身份的人与一个不考虑那种事情的农民画家之间的思想不一致。"

吃土豆的人（素描）
（这个素描习作是
《吃土豆的人》众
多草稿之一）

吃土豆的人（习作）

吃土豆的人

吃土豆的人

农民头像
（最后一稿的《吃土豆的人》中添加进去的第五个人，显然是以这个人物素描习作作为原型的。）

　　梵高说得没错，他的母亲及妹妹们一直把牧师的特殊地位看得很重。而梵高整天与农民打交道，穿着与农民一模一样的麻布衣服和木屐走来走去，这让梵高家的几位女士感到有辱门风，急匆匆地要与之划清界限。另外，画中的一家人对梵高很友善，任由他每晚走进家中看着他们吃饭，有时土豆吃完了，看梵高还在画，一家人就坐在那聊天以配合他。画中的女孩此时已经怀孕，被诬陷是孩子父亲的梵高再一次被教会驱逐。神父跑去找房东阻止续约，在画室租期只剩半个月时，梵高的"土豆"还没画完。他在这所剩几无的时间里拼命地画，一方面希望能在沙龙展上一鸣惊人，另一方面他也是在描绘自己命运里凄凉的韵律，用这幅画来表达他"把生命放进作品中"的崇高理念！在纽南的最后十几天，他从早到晚一直在奋战，有时早上画了中午改，晚上再毁掉。其实梵高这幅画初期版本（4人版）的用色习惯和《织布工》差不多。色彩明暗对比的表达以及人物形象的夸张描绘，在传统派看来很粗糙，简直是噩梦。但在热爱和懂梵高的粉丝们看来，这幅画的深层含义与《织布工》是一样的，而非一些观点认为的梵高有多少社会道德责任感、有多么同情这些底层人物的悲惨命运。

女人头像
（这幅画的模特就是梵高所画《吃土豆的人》中左二那个姑娘。史密斯版《梵高传》里称她为戈尔狄娜，也正是她的怀孕导致教会想诬陷梵高并将其驱逐，且加紧施压让房东不租给他画室，挤对他最终离开纽南。梵高在信中如此评价这幅头像作品："我从未创作过一幅用如此多的泥土画成的头像，之后还将有更多的作品。"）

这幅《纽南的老教堂塔楼》画于 1885 年 5—6 月。在史密斯版《梵高传》里,这幅画被作者理解为梵高对宗教的某种批判,塔楼被画得像一个"大石头妖怪"。因为对风景画的摒弃,所以这个塔楼占据了画面的绝大部分,构图和效果都非同凡响。梵高自己对这幅画的解释是:"我要在画中叙述出死亡与埋葬是一件多么简单的事,就好像秋天的树叶落下来那样的简单。教堂墓地的草地延伸出去的田野,形成了靠近地平线的最后一道线。现在那些废墟告诉我,一种信仰和一种宗教是怎样堕落的(虽然它们的基础很稳固),而农民的生和死永远是一个样,像教堂墓地里的花草那样有规律地发芽与凋谢。"从这些句子里,我们不仅看到了梵高对曾经迷恋的某区域宗教势力的鄙视,也看到了他对教堂旁边墓地和花草里的永恒和轮回的理解,所以才说死亡和埋葬有"多么简单"。

纽南的老教堂塔楼

这座教堂是梵高父亲生前"战斗"过的地方。

圣经

圣经

在这幅画里，我们隐约看到了《侧身群像》中荷兰民兵那样有节奏的、明亮的、白衣领的颜色。传统静物画中的道德、财富、科学意味在这幅画里消失了，出现的是父亲的信仰与自己信仰的"合影"——有着黄铜包角边的《圣经》被锁《圣经》用的铜钩微微架起，另一根铜钩则立在旁边，与熄灭的蜡烛做伴。整本《圣经》就像古塔一样，占据了画面的绝大部分，这里蕴含着梵高对父亲突然离去的巨大悲伤和自责。在画的右下角，他摆上了一本自认为尺寸和颜色都比较合适的某本夏庞蒂埃的小说，梵高在画中把这本书的书名改成了法国作家左拉的小说《生活的喜悦》，他在这几样东西的下面铺上了一块桌布。画完此画没几天，1885 年 11 月底或 12 月初，梵高带着很少的几幅画离开了纽南，其中一幅就是这幅《圣经》。

第四章

让我和你在一起

1885 年 11 月—1886 年 2 月

安特卫普时期

孤独地坐在咖啡厅里

可以说，梵高从少年时代擅自离开学校到去世，每离开一个地方几乎都是或哭泣或黯然或悲愤地悲催离开的。梵高的生前苦难、故后惊艳，比戏剧中的人物还要让人笑中带泪。像这次离开纽南，他又是在类似的"气场"和"情怀"里出走的。这一次，敏感又易受伤的梵高将这悲戚的一切全部自己吞了下去，没有告诉提奥。表面上装作要去安特卫普推销画作而离开，可实际上他只带了很少的几幅画来到了安特卫普。

当梵高幽魂般地坐在安特卫普港口某音乐咖啡厅里时，除了发自本能、出于手痒画了几张速写外，他只是望着窗外的海及岸上的水手。梵高清楚，五六年来一直困扰他的问题始终存在着——自己挣饭吃！他在信中这样感叹道："今天我收到了他们从埃因霍温运来的颜料——这是我花 50 法郎买来的。当一个画家卖不掉画而要继续作画，当他拿不出足以充分应付饮食与住宿的钱去买颜料，而必须精打细算的时候，是多么的困难啊！人们修建了供无数人参观的博物馆，但同时艺术家们却没有出路。"感叹归感叹，难过归难过，最让人敬佩的是他从来没有动过放弃的念头。这也是我们，不论做哪一行的朋友、读梵高、看梵高时最该学习的地方：他没有功利目标，只有艺术目标，用每时每刻的画画行为来实现。对梵高来说，只要从画面中实现了他的感知，就达到了目标。他不管将来如何，只活在当下！

肖像事业

披散头发的女人头像

1885 年 11 月—1886 年 3 月，梵高主要做的事情只有两件——希望画肖像赚钱糊口以及画一些旅游地点的风景画卖给游客。因此，刚到安特卫普，他就一门心思地满世界找模特，在给弟弟的信中，他感叹道："我穿过许多街道又走回来，在返回的街道上没有遇到怪事情；我曾经坐下来与好几个女人愉快地交谈，她们似乎把我看成是一个小商船的船长，我认为我拥有一些好的模特不是没有可能的，我的心里存在着画肖像的念头，让她们给我当模特而支付给她们报酬。"

作为一个画家、抽离的观察者，从安静的农村突然来到热闹的大港口，他那文学范儿的描述能力尽显无遗："比乱糟糟的荆棘篱笆还要混乱，也更妙不可言……"梵高除了看到成吨的美国水牛角和牛皮被"丑陋的码头工人们"扔来扔去，还看到一位水手被一大帮女人从妓院里赶了出来。在酒吧中、在舞厅里……他靠窗而坐偷画着速写，偶尔望向外边，品味着窗外大型的黑色轮船以及冬日阳光里的桅杆。

在安特卫普梵高最先找到的模特是一位随便溜达、到处闲逛，最后逛进他画室的老头。他还说服了一位接生婆做模特，为她画了肖像。

梵高一直是梵高，他既想自己挣饭吃，又不想改变自己的艺术理念。

留胡须的老人

戴白色帽子的老妇人（接生婆）

但靠这种画妓女让人家把画拿走的办法，如何能挣到饭钱？即便如此，他这时满脑子都是伦勃朗和鲁本斯画中的女性："伦勃朗画笔下的那个妓女的头部，让我受到很大冲击。因为他以极为精湛的技法，捕捉到了那一抹神秘的微笑。至于鲁本斯，我一直非常期待与他见面，他画得最出色的就是女性。"为此，梵高在安特卫普时多次去博物馆，反复地、从容地观看鲁本斯的《炼狱中的基督和圣女德莉莎》，他说："只有反复这样做，才能使我安心。"

可以想象，脑子里都是伦勃朗和鲁本斯的梵高，既不具备那两个人的肖像画技法，也不屑于照本宣科地去学"抛光术"，他只想画出那两个人作品中女性的精神世界："必须提升到一定的高度，画出妓女的表情，这一点对我来说是一个问题。伦勃朗和马奈已经做到了这一点，库尔贝也已经做到了。我也有同样的雄心！"这个阶段唯一成功的一次是，他请到了一位斯卡拉音乐咖啡馆合唱团中的女孩做模特。这位被梵高称赞美丽、机智的姑娘，有着乌黑的秀发、圆圆的脸以及厚厚的嘴唇。他连续几周都在观看她在咖啡馆里的演出。肖像完成那天，女歌手是带着画好的肖像离开的，她承诺有空还会再来给梵高当模特，但之后却再没出现。梵高在作此画时多画了一幅，他推崇"一气呵成""闪电般"的画法，所以每来一个模特，他都能画出2~3幅习作。听说即便是模特休息时，他

蓝衣女子

系红丝带的女人
（这幅画画的应该
就是音乐咖啡馆合
唱团里的女孩）

也能抓紧修改或画下去。

肖像画不是出路，那风景画呢？请听梵高自己的哭诉："今天我第一回感到了有点儿没力气。我已经画了一幅《海特·斯丁》的油画且拿给一些画商看。有两个画商不在家，有一个不喜欢这幅画，还有一个画商抱怨说，足足有半个月没有一个人在他的店里露过面了。我把这幅画拿给另一个画商看，他喜欢这幅画的调子与色彩，但是他太热衷于清理他的存货了，要我过了年再去找他。这件事并不是鼓舞人心的，尤其是气候寒冷的时候，我已经把我最后的 5 法郎兑换成零钱，不知道后半个月的日子该怎么过……"这就是梵高，每月收到 150 法郎，前半个月就花掉了 145 法郎。弟弟面对他抱怨道："我已经给了你那么多的钱，你一定要好好处理，一直用到月底。"梵高听罢反驳道："我的债权人比你少吗？谁需要等待呢？他们或者是我？你是不了解，每天的工作对我来说负担有多重？我一定要画画，一切全靠我在这里不失时机地继续画下去，你说是不是？我的处境受到来自各方面的威胁，只有靠饱满的精力画下去才能够免除这种危险。颜料负担是一块挂在我脖子上的大石头，可是我必须继续负债！我也要狠着心肠让人们等待，他们会拿到他们的钱，但是他们必须等待——这是没有办法的。如果我在这段时间内一直付不出钱，我就会害了自己，使得我不能工作……但我终归不相信，我苦干了这些年却一事无成。"梵高带着自己的新画在安特卫普寒冷、阴暗的街道、巷子里徒步走了 1

个多月，只有一个画商肯摆放一幅画在店里，但却没人愿意收购。

1885年圣诞节来临，梵高孤独地坐在安特卫普空荡荡的画室里，拒绝了弟弟让他给家人写圣诞卡的建议，他说："对他们来说，我永远是比陌生人还要陌生的人。"他还忧伤地时常想起父亲对他说过的话和做过的事。望着圣诞节游行的队伍，以及布鲁塞尔大广场上欢乐的溜冰人群，梵高又开始埋怨弟弟对自己的态度了："冷漠、无情的轻视和刻意与我保持的距离……总是站错队伍（站在父亲那边）反对我……对我而言，你一次又一次地陷入以往的罪恶之中……"圣诞节的繁花盛景也让他忍不住含泪回顾过去的一年："这并不是最坏的，真的不是最坏的，比起前几年，我好了很多……我一定能够将我的翅膀再展开一些（意思是让弟弟再给他点时间和耐心）……"

进入安特卫普皇家美术学院

由于画肖像时感到自己"抛光"的技法有待提高，加之天寒地冻无法外出写生，又没钱雇模特、没钱买颜料，因此梵高在安特卫普所做的第二件事就是他曾经极力蔑视、反对，并为此没少与拉帕德争吵的事——注册进入美术学院学习。因为在那里，冬天有免费温暖的教室及免费的男性模特，可能还有些颜料纸笔的补贴。安特卫普有着一家古老的著名的皇家艺术学院，前一段时间他还和拉帕德说："美术学院是不会接收我的，我自己也不想去那里。"梵高说那里的学生如同"巴黎艺术家的石膏人像"，还说那些人对现代艺术来说是"多余的"。"无论他们画出来的人物就学院的标准而言是多么的中规中矩，它也缺少最根本的现代气质、个性以及真实的行为。"为了不被弟弟赶回纽南，为了保住他在安特卫普的肖像事业，梵高没有了之前的傲慢，决定进入美术学院学习"抛光术"，希望进入那里推广自己的作品，并试图和别人建立联系。那所学校的院长查尔斯·维莱特录取了梵高，因为他看中了梵高的古庇尔家族画廊的背景，加上简历

掷铁饼者

雕像（素描）

中出现了莫夫、泰斯提格等这些响亮的名字，院长又是个"亲英派"，梵高在英国画廊的工作经历也让他喜欢。这个院长有个重要观点是："艺术家是天生的，而并非后天培养的。"实际上梵高从来没被允许学习维莱特院长的课程，不知是梵高没申请，还是他申请了可院长没批？总之，他只被允许在学校上素描课程，油画课是不允许他参加的。梵高曾经带着自己的两幅静物画给院长看，院长看过后说："不错，但是这种画与我无关。"然而这位院长背地里却跟另外一位教授说："梵高的画里有宝贵的东西……"顺便说一句，上这所学校是不需要交学费的，但需要考试。

可以想象，一位从荒原而来自学绘画的画家，来到艺术界最保守的地界，会是个什么样子。他疯狂地迅速地画着，从不修改一笔，一旦不满意就撕碎丢在地上重新开始，一张接一张，整个教室的同学们都目瞪口呆！当时的教授希伯尔德上课来回踱步时，发现同学们因为梵高而无法集中注意力。教授教学生的是简洁的线条，要求学生在仔细观察后呈现出完美的比例和形态。他说："如果你们在确定好轮廓之前就开始画模特，我是不会看的。"支腕杖、影线、点彩和粉笔着色一概不准用！但梵高不这么认为，他画任何人都要尝试不同的方法及材料，要进行不断的尝试。他尤其喜欢阴影，几次纠正被梵高拒绝后，教授觉得他是在"嘲弄自己的老师"。梵高在同学中宣称自己的画法是充满活力的，教授的方法是"绝对错误"的。有一位同学开始学梵高的画法，但立马被教授叫到办公室说："你胆敢再学着梵高的法子画画，就是看不起我！"梵高还把维纳斯雕像画成了纽南的农妇——一位健壮的佛兰芒女人，把投掷铁饼的石膏像画成了播种者……希伯尔德怒不可遏，他用自己的蜡笔狠戳他的画，把画纸都捅破了。根据在场的一位同学回忆，梵高对着教授大喊大叫："很明显，年轻女人是什么样，你根本一窍不通，真该死！"好像，那是梵高在美术学院上的最后一堂课。

不请自来

到了1886年2月初，梵高的身体垮了。从之前的一周一封信变成两周写了七封信，每一封信都是在恳求弟弟让他去巴黎："如果可以安排我们生活在同一座城市里，那肯定是迄今为止最好的事情。"梵高此时已经不敢再要求有一间体面的独立的画室，他说只要一个单独的房间即可，他向弟弟保证"不管什么都行"。他首次向提奥承认在安特卫普没有取得什么进展，并说："如果我不去巴黎，我害怕自己会一团糟，并且继续在同一个地方兜圈子，继续犯同样的错误。"可怜的梵高，又提起了哥俩小时候走在通往里斯威克河边堤岸的场景……"可以一起工作，一起思考，将会是一件多么美好的事情。晚上你回家的时候进入一间画室，对你来说并

没什么坏处。很长一段时间以来，我一直希望我们可以这种方式相处。"梵高的意思是，只有如此，他才有获得健康及快乐的机会。对于哥哥如此这般情真意切的恳求，提奥明白将来要面对的是什么：梵高多年来情绪的大起大落，他们之间没完没了的痛苦争吵……这些无疑将出现在他的城市、他的家里、他的周围。提奥想做的，就是尽量拖延，他还建议哥哥利用等待房租到期的时间，回到纽南尽量去画一些风景画。现在不要来巴黎，不要来！

梵高收到弟弟的拒绝信后，一刻都不想等了，哀伤地在信里写道："加入我，让我和你在一起。"之后没几天，他就坐上了晚间开往巴黎的火车，离开了安特卫普，与离开纽南时一样，他还欠着房东、颜料商和牙医的钱。第二天，提奥上班时在办公室里收到了哥哥的信。

亲爱的提奥：

希望你对我这一次的突然到来不要生气。我对此事已经思虑再三，我相信我们可以通过这个方法节省时间。明天中午之后，或者更早，如果你愿意的话，我会一直在卢浮宫……你来得越早越好。

我们会把事情处理好，等着瞧。

安特卫普时期的作品

这幅铅笔加炭笔画，第一眼看到的感觉是这几样东西：梵高最拿手的空气感、分明的有性格特点的人物轮廓及阴影组成的神秘背光建筑。再仔细品味，其中还有频率，在背景里，在天空中，甚至在那些树枝里。看似随便勾勒的几笔，能让人体味到强烈的能量滚动在画面上，比如枝杈似乎是有表情有生命的。这幅画已经开始出现梵高后期画作的标志性笔法——"旋涡"，只不过没有后期那么奔放和大胆。可以说，梵高苦苦寻觅的正是他画中的私人象征，或叫"私人特色"，这幅画属于他的"心灵速记"，虽然是私人的，但画中的主题却是用来抚慰读懂它的人们的。只是当时的人们都还太麻木，而那天空、那轮廓、那阴影让懂梵高的人能想到太多太多⋯⋯

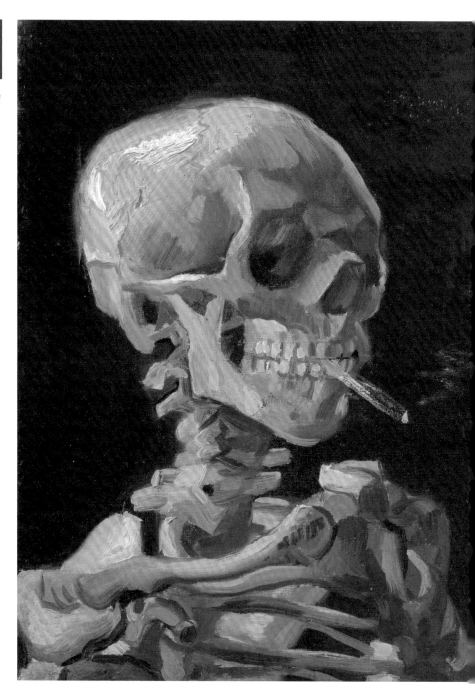

叼着烟的骷髅

来到美术学院的梵高，之前在纽南长期推崇严苛的米勒式饮食（其实米勒很奢侈，只是传记作者把他塑造成了严苛的素食主义者，梵高信以为真了），他一直对黑面包加咖啡引以为傲，连黄油都尽量不吃。之前在纽南阳光明媚的乡下成年混迹于户外时还能挺住（自称"农民般的"体魄），可来到寒冷、潮湿的安特卫普，他的健康状况越来越差。首先是梵高的胃无法消化丰盛一点的食物。对此，他觉得抽烟可以帮助消化，大量抽烟斗让他的胃部和牙龈都出现了比较严重的问题，多个牙齿腐烂松脱，这导致他花了宝贵的50法郎拔掉了满口三分之一的牙。在那个时代，可怜的梵高要忍受只用酒精来止疼的拔牙手术，用的是棘轮扳手，其中的痛苦可想而知。其次是大量抽烟等问题导致他开始剧烈地咳嗽、喉咙、口腔也出现了严重溃疡，咀嚼食物都成了问题，他的信中开始出现"体重下降""感觉身体十分不舒服""浅灰色的痰"……最后是最要命的——梵高还要遭受皮疹、梅毒的折磨。他向弟弟隐瞒了梅毒的事情，私下常去紧邻住所几个街区的荷兰医生阿玛迪·卡芬涅的诊所。随着病情的恶化，梵高不敢再向弟弟隐瞒，因为医疗费是巨额的。提奥接到信后很担忧，他说："如果你病了，大家的情况只会愈来愈糟。"梵高回信说，自己相信大自然的修复能力。提奥对他被驱逐出纽南的事一无所知，要求

他立马回纽南，因为梵高的开销实在太大：他看病，还要买各种东西，弟弟对他还是无法卖出画而感到气馁，开始质疑梵高的才华。哥俩关于钱的问题在信中争吵得很凶，这导致梵高承受着"巨大的忧伤"。当疾病使他的样貌变形之后，对着镜子看着自己牙齿缺失、骷髅般的样子时，他写道："看上去，我像是一个已经在监狱里被关了十年的犯人……这是一种完全的崩溃，它以一种出乎意料的方式击垮了我……这艰难困苦的生活、太多的忧虑，以及没有朋友……"至少有一次，有人看到梵高在公开场合喝得酩酊大醉，他经常徘徊在安特卫普寒冷的街头，兜售自己新画的各类肖像画及景点风景画。当发现一幅也卖不出去时，当身体异常难受时，他在笔记本上抄录下了附近警察局的地址，可能是怕自己突然晕倒无人施救吧。死亡的景象围绕着梵高，他画下了这幅《叼着烟的骷髅》。可以说这是他的第一幅自画像，我尤其喜欢那烟卷的画法——一根灵异的香烟。

这副骷髅架子显然是梵高进入美术学院后画的。不论是否进入学院，梵高的笔法总是给人更多的想象力：生命的无常、戏剧化及永恒。在梵高看来，眼前的骷髅不是死亡的，这一点他用点着的、冒烟的烟卷作出了启示：这具骷髅没有死，这副骨架的主人的灵魂仍然存在……

第五章

对艺术或爱情不要太当真

1886年2月—1888年2月

巴黎时期

初到巴黎

梵高来到巴黎下了火车后就直接来到了卢浮宫。这个画痴，连抵达巴黎后与弟弟汇合的地点都要定在卢浮宫，那点等待的时间也不能浪费了，他要在那里看伦勃朗的《圣家族》、委罗内塞的《迦拿的婚礼》、达·芬奇的《蒙娜丽莎》、霍尔拜因的《伊拉斯谟》等，那时卢浮宫展出的画是挂满整面墙的，像马赛克那样紧紧地挨在一起。失魂落魄的梵高，以无名小卒的身份混迹在卢浮宫参观的人群里，他不会知道，将来他的画将被隆重地展出在卢浮宫的延伸——奥赛博物馆里。如果不是因为后来法国政府有个统一规定——1840年之后的画都迁往奥赛博物馆，那么梵高的画也会出现在他曾伫立的卢浮宫里。奥赛博物馆里的作品原先都收藏于卢浮宫，该馆展出的是19—20世纪法国黄金时代的艺术作品，像莫奈、塞尚、高更、雷诺阿这些法国人的画都在里面，当然还有荷兰人梵高。别的国家的旅行者，知道卢浮宫的比较多，知道奥赛博物馆的比较少，挺遗憾的。

不请自来的梵高所面对的巴黎艺术界，其中尤其是年轻一代的艺术家，正在经历对传统艺术

**卡鲁塞尔桥
和卢浮宫**

厌倦，甚至对印象派也感到乏味的阶段。 这样的反感在梵高那里早已经是不争的事实，正因为如此，他才在乡下苦苦地追寻自己的路子和特色。他的画中表达的内涵确实比印象派要深刻得多，但是一直跟随自己直觉走的梵高这次却哭着喊着要来巴黎，虽然是因纽南的驱逐事件以及安特卫普素描课的失败，逼着他用他能想到的一切办法，尝试着换地点换方式地画下去……命运的轨迹还是默默地把他推到了印象派聚集的巴黎，在这里，始终没被画廊接纳的梵高，想到要采纳一点印象派的色彩和技法并加以发展，把他内在心灵的象征尝试着展现在画布上。

为何要来巴黎

男子头像

（大家公认，此画极有可能画的是提奥。画里的人神态很鲜活，隔着屏幕都能感受出提奥那种含蓄、隐忍、温文尔雅的气质。此时梵高的素描更简洁，用他灵魂的感悟去勾勒线条，可以说他是素描版的后印象派的先锋、鼻祖。）

史密斯版《梵高传》里认为梵高到巴黎的唯一目的是让提奥高兴，可我不这么认为。此时的梵高，虽说心里一直怀有在河边步行的情节，多年前哥俩一起喝牛奶散步的美好回忆一直没忘记，一直都有想和弟弟一起生活、一起工作、一起思考的愿望，但他心里明白此时来巴黎弟弟不会高兴。但不去巴黎，他又能去哪里？黑乡、德伦特省、纽南、安特卫普？任何他长期停留并写生过的地方都不是他想回去的，他尝试新的环境就像尝试新的画法一样频繁。每停留在一片风景前并且画过以后，若没有成功，梵高都会再换个地方，例如此次来巴黎，两年后他将又要离开。久居乡下，他一直在对米勒、伦勃朗、鲁本斯和德拉克洛瓦的色彩进行着不懈的探索，虽是在逼迫下被动离开，但也因此想到要去别处，多看看别人的画。

抵达巴黎的梵高，先住进了弟弟狭小时髦的高级公寓。公寓位于巴黎克里奇大道旁、繁华的剧院区隔壁——拉瓦尔路，与当时巴黎艺术界人士聚集、闻名遐迩的黑猫咖啡厅只有几个门牌之隔。梵高在来之前的信中就说过："我不敢确定的是，我们能否处得来。如果我们马上就住在一起，我在许多方面也许会令你感到失望。"为了避免如此局面的出现，梵高去理发店剪了时髦的发型，又找裁缝定做了合身的西装，去找了巴黎的牙医配了一个当时最先进的木质牙套。只有这样，梵高才会觉得自己与提奥走在一起不会给衣冠楚楚、风度翩翩的弟弟丢脸。

"熊"相毕露

　　虽说对自己做了如此这般的"改革"，但没过多久，住在弟弟家里的梵高开始恢复自己的本来面目。据一位曾经拜访过提奥的人回忆，那间公寓简直像个颜料店，而不是居家住处，梵高将颜料弄得到处都是，一切混乱不堪。另一位拜访者回忆道："文森特将他对'混乱'的喜好扩散到了每一个房间。脏衣服与湿漉漉的画布扔在一起，他有时甚至顺手拿起弟弟的袜子擦画笔，家里幸好还始终保有一块窄长的空间，那是他用来画静物和偶尔画模特的地方。"一位曾经在那里过夜的朋友说："早晨从房间里

蒙马特街道上的
铁路

出来，一脚就踢到了文森特遗忘在那里的一罐颜料……"提奥在信中也和妹妹惠尔抱怨："他看上去总是脏兮兮的，一副无精打采的样子。"史密斯版《梵高传》里这样描述梵高："他既不洗澡，也不洗衣服。"搬到巴黎

蒙马特高地的新居后，不到两个月，提奥病倒了，而他雇用的保姆露西在此时逃之夭夭。

可以说哥哥的到来近距离地骚扰到了提奥。作为一个单身贵族，性情含蓄温婉的提奥，原本会在闲暇时间里参加一些社交活动，比如泛舟、去戏院看戏、听歌剧、参加乡村烛光晚会、在杜伊勒里宫散步、接受官方招待、与名流一起参加舞会……梵高搬入之后，一方面，提奥不可能经常撇下他独自外出，那会让把兄弟情义看得很重很重的梵高难过；另一方面，由于担心哥哥不稳定的情绪会导致他与别人争吵，因此他不敢也不想把梵高介绍给跟自己熟识的著名艺术家、收藏家、艺术品商人等，例如提奥每周都与左拉见面，作为左拉的骨灰级粉丝——梵高，居然是在抵达巴黎后很久才知道的。就连邀请朋友来家里做客都成了令提奥犯愁的事，因为："没有人愿意再来我们家，每次都要争论起来。他是个无法相处的人，他不会宽恕任何事、任何人。每个见过他的人都说他是个疯子。"提奥在写给后来的妻子乔安娜·邦格的信里这样抱怨着。他后来只敢邀请几个相熟的荷兰老乡来家里。提奥的铁哥们安德里斯·邦格（也就是提奥妻子的哥哥）后来回忆说："那家伙没有任何风度，他总是与人争吵。"另一个曾经的到访者说："文森特惹人厌烦。"

兄弟间的摩擦

也正是在提奥返回荷兰的那段时间里，梵高发现了提奥的一个记账本，里面记载了弟弟为他花的每一笔未偿还的钱——这令梵高很难受。提奥离家时嘱咐安德里斯·邦格搬去家里住，他怕哥哥一个人孤单。邦格回忆说："文森特总是试图凌驾于他弟弟之上，在提奥完全清白的事情上无休无止地责备他。"提奥则伤心地给家人写信说："自私、无情无义、好刁难人……文森特又回到了他以往的自我中，你没办法跟他讲理。我们不再相互怜悯，他利用一切机会向我表示他蔑视我，而我则讨厌他。曾几何时，我喜欢文森特，他是我最好的朋友，但这一切都已经过去了。我希望他能离开，独立生活，我会尽力实现这一点……"妹妹惠尔要提奥从此和哥哥一刀两断，但提奥没有那样做。可以感觉到，相处产生的摩擦是属于表面的，而内心深处，他还是于心不忍，他做不出来！尽管安德里斯·邦格在1887年新年来临的前夕，这样在信中告诉他自己的父母："他（指提奥）已经决定离开文森特，一起生活已经不再可能。"这就是我们热爱的梵高，他与99.99%的人类无法近距离地相处。但上天还是给了他两个贵人，一个是提奥，一个是他将来的弟妹。前者返家后熬到圣诞节彻底

蒙马特露台咖啡馆

病倒，那段时间提奥病得几乎不能辨认出原来的模样，身体各个部位都变得僵硬、虚弱不堪。梵高这个弟弟的身体一直就不强壮，本身也患有梅毒，加上近期与哥哥的情绪纠缠，导致他病倒了。脸部肿胀，模样吓人。"事实上他已经没有面孔可言了。"安德里斯·邦格曾这样跟别人说。但提奥最终没有赶走梵高——这是真实的、深切的、血脉相连的兄弟关系。还是那句话，对于梵高所患的抑郁症，如果他和家人不能正面面对这个问题，那么他与任何人相处都会是一种煎熬，这是梵高成年后大部分时间里孤独自处的原因。

再多的不耐烦都没有让提奥将哥哥赶出家门。在这个世界上，除了梵高的画弟弟不是百分之百地理解以外，哥哥的性格和由性格导致的动向，

蒙马特的坡道

提奥是万分明了的！如果和哥哥一刀两断、赶走他，那么梵高应该会流落街头。这样的结局，比关起门来被梵高骚扰，更让他无法承受、无比心痛。在这世间能做到提奥这份儿上的人，我想应该不多。

无法远离，就只有承担了！提奥一直以绘画作为转移梵高情绪焦点的手段，而非特别看好梵高的才华，让这个疯子有点事情做，是疼爱哥哥的提奥这么多年来最根本的出发点。然而哥哥，当然只要弟弟继续资助他，他就会不断尝试令自己痴迷的那件事——画画！大家可以想象，以梵高对画画的疯狂迷恋，以画商弟弟对印象派的好感和在艺术市场中所处的权威地位来看，这哥俩住在一个屋檐下，抑郁焦虑的梵高不把弟弟逼疯才怪。此时的古庇尔画廊已经换了老板，新老板对现代艺术比梵高家族的叔叔们要宽容一些。因此，提奥终于可以在店里的某个不重要的夹层墙上展示一些新艺术家的画作，尤其是印象派的。可以想象，全法国的现代画家们多么想在那著名画廊里看见自己的作品。提奥的权力对这些画家来说太大了，只要画能挂在那里，对他们来说就算是出头之日来了！弟弟整天被众多的人簇拥、巴结、邀约，作为他的哥哥，整天闷头作画的梵高，却一直无法说服弟弟挂一幅画在夹层里，他的焦虑程度可想而知。首先是印象派元老莫奈、塞尚、毕沙罗的画进入夹层展厅，其次是乳臭未干的贝尔纳也进入了提奥的投资视野，最后连高更的画也挤了进去！提奥曾展出过高更的摄影作品，还有他制作的仿秘鲁土人风格的陶器，还买下了他的《芒果树，马提尼克》。这里就是没梵高什么事，他曾质问弟弟为什么，提奥回答老板不允许。提奥也是煞费苦心，他希望慢慢地先把有些影响力的印象派作品弄进画廊，然后再伺机塞进哥哥的画……

这让每日苦画苦干苦思的梵高情何以堪？焦虑的他又不可能说自己的画比他们的都好。据提奥的太太后来回忆，对提奥在画廊新推荐的作品，梵高曾攻击道："它永远不会值钱。"如果当时提奥明确知道哥哥患有抑郁症，那么他就不会对这样的现象感到奇怪和不耐烦了。梵高在巴黎仅待到第六个月时，就给安特卫普美术学院并不熟悉的同学写信，痛苦地说："我独自工作，我挣扎着生活，挣扎着想要在艺术中有所进步。春天，或者更早些，我就会去法国南部。瞧，如果你也有此想法，我们就在那里会合……"从这封信来看，梵高一年多后离开巴黎去寻找"诗和远方"，实属正常。

进入科尔蒙画室

梵高当初来巴黎的表面目的，哥俩都认为是要进一所科班学校学习绘画。因此，提奥出学费，让哥哥进入了当时比较有名气的一间画室学习，那里的老师——画家科尔蒙毕业于巴黎美术学院，其巨型画作《该隐的逃亡》曾在沙龙中引起轰动。那时大家都认为，科尔蒙画室是通往正统沙龙画展的通行证，因此梵高曾承诺"至少待上三年"，这让提奥很欢喜。他以为在多次尝试让哥哥着手进行基础训练都失败后，这一次应该能成功。但是，梵高只在这个画室里待了三个月。原因很简单，与在安特卫普美术学院时一样，他的画不被大多数同学接受和理解。

梵高肖像（罗素作）

这幅梵高肖像为梵高在科尔蒙画室的同学——约翰·彼得·罗素所画。他是一位在法国工作多年的澳大利亚画家。画的上端原本写有：文森特，致友谊（Vincent, in friendship），但因时间久远，字迹消失了。梵高的西装多年后也变成了黑色，原本是深蓝条纹的。在见过梵高的人眼中，这是最接近梵高本人长相的肖像画，比其他艺术家甚至比他的自画像还要逼真。梵高很珍惜这幅画，很多年以后，他在写给弟弟的信中嘱咐说："好好照顾这幅罗素给我画的肖像，这对我意义重大。"

罗素是澳大利亚人，他对梵高的评价是"有些神经质但无害"。由于他是提奥的哥哥，所以这个帅哥画家很善待梵高，允许他经常出入自己位于巴黎的私人画室，还给他画了一幅肖像。不得不说罗素是一位出色的肖像画家，他的画敏锐地捕捉到了梵高那紧张、猜忌、忧伤的小眼神儿。在之后的几年里，梵高多次在信中嘱咐弟弟要保存好那幅肖像画，可见他有多么喜欢。

至于离开科尔蒙画室的理由，梵高说是自己不适合那里："我发现它不像我预料的那样有用。"他在那里画画时，面对满屋子的绘画高手，他不敢使用自己发明的笨拙的透视框。科尔蒙老师与安特卫普的老师一样，不允许学生有任何即兴发挥，有个学生回忆说："他们得严格复制放在他们眼前的东西，不得作丝毫改动。"这种专横对梵高来说是一种折磨。

画作风格的拐点

来到巴黎的梵高经历了生活中与弟弟的磨合，经历了巴黎式的美术课，中间还穿插了与咖啡馆老板娘的情感。这个过程中最让他这趟巴黎之行获益的，是巴黎那些围绕在他弟弟周围的新艺术家。在来巴黎之前，他独自一人从某个博物馆或画册里了解别的画家的作品，吸收他想要的，比如米勒大地般的色彩被他运用在人的肤色上，伦勃朗那含蓄的、试探性的、小小的、想突破传统的线条被他拿来尽情挥洒，管它冬夏与春秋，然后又琢磨用德拉克洛瓦那动感与不调和色彩并置的办法来表现他内心燃烧的情感。再说素描，由于费用低廉，操作简单，加上梵高从心里喜欢黑色和灰色，他一直在素描领域里探索和钻研，早就自成一派，形成了独特的风格。不管到不到巴黎，他都是黑白画领域里后印象派正宗的先锋和鼻祖。但素描或速写不能养活他，哪怕就养他自己，也做不到。因此，我们可以看到刚到巴黎的梵高画的戴礼帽的自画像、带烟斗的自画像，还是米勒大地的颜色。这样的画，即使守着画商弟弟，他也深知没有市场。随着接触了更多的印象派画家，他发现印象派的糖果色、点彩法并不妨碍他探索物质境界以外的东西。既然能"从钢琴声音里寻找自己喜爱的颜色"，那为什么不能从印象派的技法中踏出另一条探寻之路呢？毕竟从梵高立志以绘画为毕生所求以来，一直想做的就是用各种办法在画布上展现心灵，尽管他深知心灵是个迷宫，但为何不试试呢？尝试的过程也是痛苦的，他在弟弟每天上班离开后就开始玩命地画。等弟弟下班后，他像个小学生等老师评判作业似的，等待弟弟给出评语。模仿完莫奈，模仿毕沙罗，然后是修拉或罗特列克……但都被提奥看穿了，弟弟说："巴黎有5000个画家都在模仿莫奈，他们当中大多数人都比你学得像。来到巴黎，如果你不尽快形成自己的风格，巴黎将把你捏成它的模样。"结果有一天，梵高画了一幅画，里面有所有印象派画家的特点，到了晚上拿给弟弟看，结果提奥的结论是："讨人喜欢！

我可以给这幅画起个名字，叫作《摘要》。"从这天起，梵高不再单纯模仿，开始苦苦摸索属于自己、符合自己心灵的表达方式。

梵高凭借多年来一直在素描或速写里表现出的独特风格，再加上技法上向米勒、伦勃朗、德拉克洛瓦学了某些东西，他独创画出的虚与实相融交错的东西，是超越那三位前辈的，但由于没有糖果色，巴黎之前的画都没人理解。因此，巴黎时期的梵高可以说试验了印象派们的各种技巧和风格，尽管这些画技是他曾经诅咒过的。经历了近两年的尝试后，梵高把印象派的色点转变成了色线，这对长年累月醉心于素描的他来说驾轻就熟。梵高又把那色线转变成了波、螺旋等动态的有节奏感的频率图形，这已经大大超越了印象派，甚至超越了现今的太多作品。他找到了画出物质以外的一直伴随着物质的某些东西的办法。此时的画界，只有他完全使用纯的光谱色画画，并让那些颜色或对比，或融合，或对立，以达到表现内在精神的悸动、紧张、不安与最终平静的目的。这样的"梵高风格"是他意料之外的，是在他受尽鄙视、承受压力却永不放弃后自然来到的，是他应得的，是别的画家们不具有的。

当然，画出流芳百世的画是他此时还不敢想的，在画画的同时，他想得更多的还是自己挣饭吃！因此，在巴黎的梵高画过菜单，给著名咖啡馆出版的杂志投递过插图，但没被一家采用过。后来，他又想过画游客肖像，用他痛恨却经济实惠的水彩去画："你得薄利多销，甚至按照成本销售。巴黎就是巴黎！"梵高这样在信中宣称。按照成本销售，这位仁兄什么时候能自己挣饭吃？为了能挣到自己的面包和咖啡，他还画了大量游客喜欢的风景画，比如风车、古老的采石场、弯弯曲曲的街道，还有山梁上的窝棚、各种公园和小屋，其中红磨坊主题画作里的街道名字被小心翼翼地标了出来。那些画用的都是游客喜欢的柔和色调，这是他所知的畅销类型，但还是没人买。

离开科尔蒙画室后的梵高经常找不到模特，那些整天在著名画室里排队等着学生们捏来捏去——检验肌肉状态的模特们都拒绝到梵高的小画室来摆姿势，给钱也不去。因此，巴黎时期的梵高在安特卫普画出了骷髅自画像后，开始正式面对现实、审视自己，画了一系列的自画像（还有一系列花卉），以探索他挚爱的色彩。虽然梵高在信中跟妹妹说"对艺术或爱情不要太当真"，但他一直没能兑现这种自勉。对爱情和艺术，哪一次他没走向极致？哪一回他没当真？

巴黎时期的作品

　　初来乍到的梵高，为了证明自己来巴黎是正确的，他几乎立即就投入到了画有销路作品的工作中。在当时的巴黎，遍地报摊上售卖的众多杂志，都是由一些著名的咖啡馆出版的，比如黑猫咖啡馆。梵高觉得多给这些杂志投递插图，应该有销路。因此，他绞尽脑汁地计算着一幅幅插图的尺寸、主题、场景及资产阶级小情调。他专门为黑猫咖啡馆画了一幅骷髅插图：名片大小、微型的，可用在咖啡馆的菜单、餐巾、信笺和杂志上，骷髅旁边还有一只黑猫卧在窗台上，盯着画外的观者。但是，黑猫咖啡馆没看上这幅图。梵高没泄气，又给原来居住的拉瓦尔路那边的芦笛咖啡馆的杂志设计起插图来，那里也是当时很红的一个歌手阿里斯蒂德·布利昂驻唱的地方。设计插图时，梵高特意用布利昂歌曲里大加赞颂的烟花女子做主角——一位胖得有趣的遛狗女人。画作的标题用的是布利昂歌曲里的一句歌词，可见梵高为迎合杂志的口味，费尽心机。但是，芦笛咖啡馆也没看上他的画。唉，哪里有人能懂得欣赏如此有意思的素描呢？先不要说几笔就勾勒出的那个女人滑稽的发型和体态，就是地上的小狗，看那抬头间的小眼神儿，似乎就要跳出画面向我们奔过来了……

骨架

遛狗的女子

37

一双鞋

梵高一生画过八幅有关鞋的画，据说他还在跳蚤市场上买过一双旧鞋，然后嫌其"造型"不够完美而专门在下雨天穿出去长途行走。等到那双鞋有了他想要的"型"时，才对着它反复画。他画过皮鞋、木屐、靴子，有鞋底洞穿的，有鞋帮扭曲的，还有鞋带断掉的……高更有一次问他怎么老画鞋，他回复道："那双鞋是我当年在矿区传教时穿的，一直跟着我到现在"。

一双鞋

在巴黎画的这双鞋，有人质疑不是配套的一双，疑似两只都为左脚。住在巴黎的梵高很难找到模特，他不断画自己，画花，甚至画鞋，这些都是免费的。就像在纽南画鸟巢一样，在这双鞋里，人们看到了他的跋涉、寂寞、步履艰难，还有它的生命力！梵高说过，他只画有生命感的东西。而这双鞋在他笔下是活的，你能直觉地从画面中感到它的忍耐、随缘、不屈、甚至温和。

这肯定是一双他穿了很久的鞋，不论是不是跳蚤市场上的旧鞋，别忘了梵高有长途步行的爱好。梵高的画都是关于"在路上"或与路有关的主题。因此，这双鞋是他在用另一种方式歌咏"在路上"的主题，他认为人生的全部都是"在路上"，尤其是他自己，一路走一路播种。此生的收获，也不过就像这双鞋一样，是一场艰难的象征性的艺术过程，真正的收割不在这一生。有画家曾经嘲笑梵高画的鞋，说难以想象这样的画与一幅苹果一起挂在餐厅里。梵高画画为的是救赎和慰藉，画挂在哪里他不怎么在乎。梵高本人画此画时，看到的无非是抑郁的自己、深思的自己和命途多舛的自己。他明白自己一直"在路上"，这双鞋是他不妥协的宣言，只要每月有150法郎的生活费，他就绝对不会改行或画他不喜欢但好卖的东西。路有千万条，他已在路上，选择太重要了，这双鞋的姿态就代表了他的坚定！认准了就走下去！

38

花卉

梵高转向画花卉的原因，既有多年来对这个主题的不舍，又有商业考虑，因为提奥的画廊代销的蒙提切利的花卉作品受到了巴黎及以外地区一些爱好者的狂热追捧。虽然人数不是很多，但连提奥本人也收藏了蒙提切利的作品。他画的小幅花卉画用色大胆，颜料堆积出了雕塑感。提奥的这一青睐，受梵高影响很多。这个寂寂无闻的马赛画家，在当年6月的某一天喝得烂醉，据说因此疯了，最后自杀。此事传出后，梵高立即视他为英雄，一位为色彩而牺牲的斗士。激动的梵高冲到画室，开始了他一系列的小幅景物花卉的创作。他特地采用了蒙提切利的厚涂法，画了很多明亮的鲜花（当然少不了他喜欢的伦勃朗式阴影）。这一系列的作品应该是对蒙提切利的致敬，也是对大千世界里那些短暂绽放过的生命的缅怀。

梵高所画的众多花卉中，那幅紫色的《花盆里的瓜叶菊》让我很惊讶，它的花与叶子的比例是夸张的。一整个夏天，受到可能有销路的诱惑，梵高转遍了巴黎的花房，买回了丁香花、百日草、天竺葵、蜀葵、雏菊、大丽花……

花盆里的瓜叶菊

贝母花

鸢尾花

为了画出美丽的补色，他用绿色的瓶子装红菖蒲，在蓝色的背景中画上橙色的锦紫苏叶子，另外让紫菀与黄色的鼠尾草互拥，还有夹竹桃、牡丹、勿忘我、康乃馨、玫瑰……这些在色谱环上往往处在直径两端的对立颜色（这种关系称作补色），或是在 90° 夹角以内的邻居色，被梵高用来当作色彩传道的语言，他用比鲜花枯萎还快的速度，画出了大量的花卉作品。饱和的色彩，强烈中有雅致的明暗对比，蒙提切利的雕刻笔法蔑视了当时新艺术的轻薄笔法。梵高在巴黎画过的那些花美轮美奂，品种众多，都可以开个花店了。

玫瑰

夹竹桃

1886 年在巴黎的那段时光，梵高处于彷徨期。看过那么多新艺术流派的画后，固执的他大部分时间都把自己关在画室里画静物或画自己，只是偶尔外出画一点附近的风景。那段时间，他应该是在画室中探索色彩和笔触的改变，这是很聪明的选择。外出面对的是自己不熟悉的景物，而室内的都是自己熟知和了解的。他是个自学高手，经历了各种花卉、各种自画像的探索之后，梵高在 1887 年开春终于踏出家门，他外出画了大量色彩异于之前的风景画。这间阿尼埃尔餐厅，他去过很多次，也画了好几幅。餐厅长长的走廊上在夏季会聚集很多的赛舟会观众，还有很多暂时逃离城市的远足者，餐厅里陈设着水晶瓶装的鲜花和雅致的桌布，这与在纽南的农舍有很大不同。那时梵高的风景画，每一幅都是用明亮、柔和、无阴影的光线画的，尽管在几个月前他还在咒骂这种作画方法——这种表现资产阶级休闲方式的东西，曾被他批判为"懦弱的调色法"。其实此前不久，他已在弟弟公寓里的花卉画里，慢慢发现了在印象派更新的调色板中、在光谱分

阿尼埃尔餐厅

解和色彩分离的无层次渐变中的那种美好和感动。这幅画，梵高不仅吸纳了印象派的色调，并且很自然地融入了他拿手的色线，还很老到地画出了他一直迷恋的夕阳。

画中树木部分采用印象派的色点法，建筑采用梵高的色线，天空和地面采用色块，第一次感觉他的彩色画达到了与素描一样的水平。去过巴黎的人应该知道，那里现实的建筑物并没有这样的颜色和光线，这幅画比现实更真实，因为它有着一种内在情感。什么情感？那就是梵高经过了近8年的钻研，此刻有种"找到了""就是它"的喜悦。画中用彩色描绘的房子、人影、绿荫、霞光，特别能让人感受到梵高对所画对象发自内心的亲切感。1887年夏天，梵高的画都是时髦的颜色，他尝试了色块、色逗号、色苍蝇爪式等笔法去表达色彩，最后喜欢上了色线。他又尝试了平行的色线、交叉的色线……那些色线有时被他安排成轮廓，有时尝试着呈放射状，有时它们好像遇到了龙卷风，是旋转着被吹出去的，有时那些复杂的色彩又变成了松散的格子状——因为颜料少得露出了画布的纹路。他好像能在各个印象派风格之间来回穿越，他有时模仿修拉，画中出现分色派的点子，但会避开修拉派对视觉的要求，将他喜欢的任何颜色点子混合在一起，而不是科学地使它们变得"纯粹"，然后让观众的眼睛去混合它们。这种梵高式的点彩可能是在一幅画中出现（例如《室内餐厅》《阿尼埃尔沃耶德阿格森公园里的小路》）；也可能很快在画作中消失，（例如《阿尼埃尔塞纳河大桥》《阿尼埃尔塞纳河畔沐浴的船》）；还有可能色点和色线同时出现在一幅画中（比如《春季的垂钓》《春天的塞纳河畔》《春天里的阿斯涅尔公园》《阿尼埃尔公园的入口》）；当然，也可能在一幅画中既没色点也没色线（例如《开花的板栗树》），那是他对色块的尝试，有时会在一幅画里感觉到他对色点色线色块都失去了耐心，画着画着就不想再继续画下去了（例如《麦田边的罂粟》）。

40

唐吉老爹

《唐吉老爹》画于1886年末至1887年初。这时的梵高已经在多幅风景、花卉静物、自画像的作品中尝试了印象派明亮的色彩和着色技法,这幅《唐吉老爹》从素描像上就能看出梵高在转变风格。老爹的脸部、帽子几乎全部由明显的带有方向性的短线组成,这已经是他形成真正"梵高风格"的起始,色彩上的渐变已经开始,米勒等的棕色肉汁风格开始消退,印象派的风格开始出现。在这幅肖像画中,他在印象派明亮基调的基础上,用了自己最拿手的、用于素描的、方向性的短线技巧去画色彩。"自己的就是国际的!"真的很对,多年来对黑白画的迷恋,使得梵高早就具备了用那只铅笔瞬间画出灵魂气息的能力,欠缺的不过就是把他们变成彩色的。但这一点点欠缺,需要他用痛苦的8年去经历自学加苦画、苦画加模仿、醒悟加"找到"这三个阶段来实现。在这三幅肖像画里,即便是不懂油画的人,也可以感受出模特内在的慈悲与仁厚,背景的那些日本版画是唐吉店里经常售卖的,梵高从那

唐吉老爹

里买了很多。这幅画梵高使用了让颜色本身堆砌出形态的印象派新潮画法(而不是古典派的先素描勾勒,再往里面添加渐变的细腻颜色),其中一

唐吉老爹

唐吉老爹

幅通过将土黄、赭石、白色、绿色一层一层叠加，画出了老爹那厚实有力的手。唐吉的整体造型简洁又稚拙，上身短小，这种夸张和变形能特别迅速地让观者感受到人物的老实憨厚。当然，老爹肖像的色彩要比《吃土豆的人》明快、丰富，画里主要用了绿、红、青三种原色。这两幅画的背景里，梵高画进去了很多张浮世绘版画，比如歌川广重的《名胜江户百景》《飞鸟山暮雪》，溪斋英泉的《花魁》，葛饰北斋的《红富士》，歌川丰国的《歌舞剧演员》等。

唐吉老爹早先是个泥瓦匠，稍后在爱德华家里研磨颜料，后来到蒙马特区某个地方当看门人，再后来自己开了一间小颜料店。自从毕沙罗、莫奈、塞尚开始喜欢用他的颜料后，大家就都开始去老爹那里买。这位老爹是个艺术迷，他的小店也是当时先锋画家们的温馨小展室，尽管狭小破烂，但塞尚的画就是在他的店里首次展出的。当时塞尚毫无名气，塞尚放弃了自己的很多画任由老爹处置，但老爹不肯廉价出售，偶尔有人问价时，他会报出当时买家无法接受的高价。可见老爹宁愿每天与那些画守在一起，也不愿廉价随便卖给别人，为此常常被持家艰难的老婆狠骂。对待画家顾客们，唐吉老爹总是宽厚仁慈，允许他们赊账，甚至用物品换颜料。梵高经常受到老爹的照顾，老爹非常喜欢梵高的画，常常在颜料店里展出他的作

品。直到 1892 年，唐吉老爹以 300 法郎卖出了梵高的《鸢尾花》，买者是梵高早期作品少有的几个拥护者之一——评论家奥克塔夫·米尔博。唐吉老爹的颜料店可以说是 19 世纪先锋画家们为数不多的能展出作品的"画廊"。除了梵高以外，莫奈、塞尚、吉约曼、毕沙罗、西斯莱、夏尔·安格朗等画家都曾在他的小店里寄售过作品，维克多·肖凯、保罗·加歇、亨利·鲁奥等评论家和收藏家都经常光顾唐吉老爹那脏兮兮的破烂小店。1894 年评论家奥克塔夫·米尔博在为老爹所写的祭文中写道："他从来没有让利润玷污过他一贯的热忱和他善良的心，可以说他与人为善的生活信条终生未变。他是个谦恭正直的手工业者，他虽然去世了，但他留在人们心中的形象却是位圣人、英雄。"贝尔纳也在回忆唐吉时形象地描述他具有"活菩萨似的安详"，他的脸"闪现着近乎神奇的慈爱的光辉，这给他那粗糙的脸平添了一种平民哲学家的美"。当然，人们不会忘记梵高经常愤怒地从唐吉的库房里冲出去——为了某种不同的艺术理念，与老爹怒吵后夺门而出。某顾客记得那个场景，曾回忆他（梵高）看上去像"立刻要燃烧似的"。

41

铃鼓咖啡
馆的阿古
斯蒂娜

铃鼓咖啡馆的阿古
斯蒂娜

　　1886 年，梵高遇见了阿古斯蒂娜，她的咖啡馆就位于梵高家附近的克
利希大街，咖啡馆的名称是"铃鼓咖啡馆"。这个年轻时就来到巴黎的性
感美女遇到了一大批钟爱意大利风韵的画家，比如热罗姆、柯罗、马奈、

德加等都画过她。咖啡馆叫"铃鼓"是因为欧洲男人喜欢看身着吉卜赛服装的女人手拿铃鼓载歌载舞，当时很红的歌剧梅里美的《卡门》就源于此。所以，意大利女老板加上吉卜赛风格的铃鼓状咖啡桌，让这个咖啡馆的特色一目了然。据史密斯版《梵高传》说，这幅画是梵高专门画了准

铃鼓咖啡馆的
紫罗兰

备送给阿古斯蒂娜的，虽然紫罗兰的花语是"得到了回报的爱情"，但阿古斯蒂娜拒绝接受那幅画。这张肖像也是梵高画风转变的一张杰作。对比柯罗画的阿古斯蒂娜，尽管那时的画中人年轻漂亮，尽管梵高笔下的她已经人到中年，但仍能明显感觉到，如果把一堆女人油画肖像放在一起，要找出柯罗的需要一点时间，而要找梵高的，你会一眼就看出来。柯罗的《阿古斯蒂娜》香艳、高贵、典雅、细腻，但没有特色，那是一张你记不住的美女的脸；而梵高的，你能从那张脸上看到她所经历的一切！梵高的画总能给你视觉以外无法言表的某种感动。这幅画他也运用了印象派新潮的色彩并置法，但他聪明且熟练地用自己拿手的弧形短线，在头部、上衣、裙摆处波动着，其效果犹如一首沧桑、深沉又蕴含天真的交响乐，在观者的眼睛里律动着。背景是他喜欢的日本版画，尽管阿古斯蒂娜的左手略显呆板，但手上的香烟和铃鼓形小桌上的啤酒都一语道尽了这个女人难言的艰辛，整个画面渗透着梵高对她深厚无边的情感，色彩妩媚又雅致。

42

苦艾酒

梵高创作这幅《苦艾酒》是为了回赠罗特列克为他画的那幅蜡笔肖像画。对于此画，当时西涅克给出了旁证性质的说法，他说梵高那段时间每天都流连于酒吧，各种酒轮番上阵。梵高自己都承认，去阿尔前他在巴黎的那段时间，自己"几乎是个酒鬼"。他一般下午喝苦艾酒，晚餐喝红酒，夜间喝啤酒。白兰地是他最喜欢的，随时都在喝。罗特列克曾是梵高在科尔蒙画室的同学。后来梵高离开科尔蒙后，画风转向明亮的印象派技法，

罗特列克开始注意梵高。那时的梵高还在苦苦地寻找自己的出路，他经常不请自来地参加在某咖啡馆以及吉约曼（莫奈的追随者）或罗特列克画室的聚会。有个曾经的参与者回忆说："文森特夹着厚厚的一摞画走进来，等待我们留意它们，但没人愿意看一眼。"为了避免得罪提奥，等他离开后，大家才会嘲弄他那疯子一般的热情以及易怒的性格。当时的巴黎艺术家们都对著名画廊古庇尔建筑物里那个肯展示印象派画作的夹层特别感兴趣，自然对权力很大的提奥也很期待，但只有贝尔纳想到了去和古怪的梵高套近乎，以争取到提奥的注意，这一招果然奏效。画家们远离梵高，更害怕他去参

苦艾酒

观自己的画室。"为了说清楚他的观点，他会撕破自己的衣服，双膝跪在地上。没有任何事可以让他冷静下来。"另一个聚会来访者这样回忆道。

正是这种众多巴黎新派画家对提奥的巴结和景仰，让他那对绘画事业极度亢奋、对自己的艺术理念能否被接受极度焦虑的哥哥可以自由穿梭于各个画室。但这种背景下的梵高并没有仗势压人的企图，而是讨好这些人，他巴黎时期画作的风格往往是从模仿一个艺术家变为模仿另一个。比如在往返阿尼埃尔的途中，他为毕沙罗画了大量的点彩派的风景画；为了罗特列克，他画了这幅《苦艾酒》，用的是罗特列克喜爱的柔和色调及笔触，也让人深切怀疑画中窗外的那个背影就是罗特列克。

梵高肖像（罗特列克作）

看着梵高在巴黎的这些镜头，内心无比感慨，当背着沉重的画具从郊外徒步回到城里，路过某个小酒馆时，他进去坐了下来，望着身旁画出的东西，想着至今花着弟弟的钱，而提奥马上要向乔安娜·邦格求婚了，又想着被弟弟的画廊一天天捧红的印象派画家中一直没有自己，而周围画家对自己的画如此冷漠……喝些苦艾酒，变成了他唯一纾解焦虑和抑郁的途径。某一天，罗特列克偶然路过时，看到某酒馆里的梵高，夕阳西下，他被这个孤零零独自喝着闷酒的失意神情触动了，赶紧掏出铅笔画下了速写，回到家里，再用蜡笔描绘出了这幅表现出梵高失意情绪的杰作：梵高侧脸对着观者，隔着苦艾酒望向远方，那副表情，感觉他或许正在为弟弟婚后是否将自己抛弃而发愁；又或许正在为某间画室里某位画家对他做出的诡异嘲讽而生气……从这幅梵高像中能看出他紧绷的身体语言，即便在喝酒时，也并没有放松下来，而是紧张焦虑的。

到了巴黎的梵高已经拼命画了八年，在世俗世界里毫无成功可言，印象派几位开创者的成功促使顽固的他终于走上了大众可能接受的色彩领域。以梵高一头扎进画界的抱负和决心，别说一开始就不喜欢印象派，就算喜欢，他也不会一味地跟在印象派后面模仿。因此，他以八年风霜雨雪的绘画经验为基础，在闲逛过巴黎几乎所有著名的印象派画室、用不到一年的时间"仿造"了一批印象派画作后，画出了这三幅向日葵主题作品。可以说，梵高画出了一个与印象派划清界限的分水岭：印象派注重的是表达自然界中真实的光与色，虽然也是快速作画、重色彩轻造型，但他们抓住的是风光映入眼帘的第一真实印象；而梵高巧妙地采纳了他们明亮色彩的好主意，但他运用这样的色彩画出的是心灵悟出的色彩，不画所见，而画所感。梵高在画三联画《剪下的向日葵》前，曾和弟弟说："我不想将我眼前所见原模原样地画下来，相反，我用色随意，为的是更有力地表达自己。我想这样画画，凡是长了眼睛的人都能理解得了。"他这种倡导把感性、主观的情绪大胆地甚至变形地用颜色表达出来的开创性画法，对后世的现代绘画影响太大了，梵高是这个领域的先锋。这种主体意识对外界的再创造，被后来的很多画家竞相模仿，形成了一股经久不衰的"表现主义"潮流。

两朵剪下的向日葵

四朵剪下的向日葵

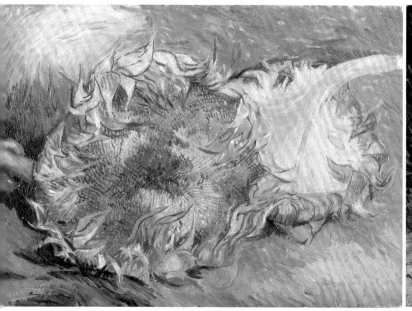

在巴黎的那段时间，梵高画了四幅向日葵作品，其中有一幅应该是他的另一种尝试，色彩和笔触及风格与那三联向日葵很不同。被他称作三联画的那组向日葵作品挂在墙上时，估计是四朵的放中间，两朵的放两边。这样的构想应该是受莫奈的《干草堆》《杨树》等组画的影响。巴黎的这组向日葵，是梵高此生第一次接触向日葵，加上之后画的，他总共画了11幅向日葵，其他7幅是之后在阿尔画的。与其说向日葵表现了梵高强烈的生命力以及内心的挣扎之类的理念，倒不如说他把目光转向向日葵，与情感上的又一次失败、与先前给铃鼓咖啡馆画的太多花卉作品的流拍、与前途渺茫的悲哀有很大关系。此时他不再画美丽的花朵，而转向他原本就迷恋的黄色的向日葵。最关键的、最让他重新找到力量和感情寄托的是那东西里面有种子！八年了！此间梵高一直在画播种者，向日葵这包含一大盘种子的可爱的黄色植物，在暗中悄悄地给了他新的希望，这是他变换了形式的葵花版《播种者》。有兴趣的读者可以去看看真实的向日葵，四周的黄色花瓣很长，甚至是飘逸的，像是在和每一位见到它的人微笑着说："嗨！"而梵高在阿尔画的向日葵，每幅作品里前景的几朵向日葵的黄色花瓣都被揪掉了，中间的向日葵种子满满地露了出来——这是他新的风格诞生后的标志性的"播种者"，或者至少是八年来所有"播种者"手里的种子！

两朵剪下的向日葵

浮世绘

梵高遇到日本版画最早是在安特卫普，那是 1885 年，他给提奥的信中说："我的画室还不错，整个墙壁上贴满了日本版画，所以很快乐。"到了巴黎，他更是建议阿古斯蒂娜在她的咖啡馆里举办日本版画展（1887年 3 月），当然那都是印刷版的，很便宜，他自己居然买了 200 多幅贴在巴黎寓所里。在巴黎的梵高，不仅在唐吉老爹那里观赏和购买日本版画，一个叫宾格的画廊也经常让他流连忘返，那里是当时巴黎的"日本风俗中心"，专门收藏浮世绘作品，有 10000 多张，梵高没事就去逛，一张张地细看、欣赏。早在 1865 年，法国画家菲力克斯·布拉克蒙收到一个包裹，是从日本买的某种陶器。他打开外边的箱子，取出罐子，立即把它放在一边，手里紧紧地捏着包陶器的一叠纸，那是廉价的日本版画《北斋漫画》，他马上非常惊喜地把这种画介绍给了印象派画家们，引起了很大的骚动。19 世纪日本的浮世绘版画对西方美术产生了深远的影响，尤其是对印象派及梵高这样的苦苦追寻新艺术方向的画家们。当他们饱受蔑视排挤，与学院派沙龙抗争的时候，日本版画的传入，给予了这些前卫艺术家色彩、空间、造型等太多方面的提示，日本版画的技法和观念也让西方画家们在理念上的束缚得到了解放。

梵高经过了两年的巴黎生活，对于日本浮世绘版画，他经历了喜欢—模仿—让技法和造型与自己的美学观相融合的探索过程。到了法国南部后，这种融合逐渐成熟，形成了他自己的独特风格。实际上，梵高的特色就是在以表达情感为总目标的前提下，运用八年自学的基础（技巧方面与学院派差很远），采纳印象派的某些东西，再融进日本浮世绘的风格，最后形成西中有东的梵高画作。这种风格既让他扬长避短，又充分地画出了自己内在的感知，可以说梵高是知名画家中受浮世绘影响最深的人。其他印象派画家也都多多少少被浮世绘所感染，例如马奈的《吹笛少年》，里面有浮世绘技法。到了 19 世纪末期，浮世绘风格还深深地影响着那时兴起的新艺术运动。日本版画中无影平涂的色彩风格、主题反映日常的艺术视角、奔放又机智的构图，还有对变化着的大自然的敏感描绘，这些都让梵高如痴如醉。他曾如此动情地说："我所有的作品，几乎无一例外地透着日本

开花的梅树（仿歌川广重）

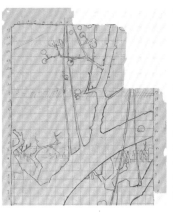

开花的梅树（习作，仿歌川广重）

名所江户百景: 龟户梅屋铺（歌川广重作）

艺术的因子。那些与草为伍的日本艺术家，他们教导我们的几乎是一种现实的宗教。"

在巴黎看到《巴黎插画》里的日本版画后，梵高效仿着画了《花魁》《大桥骤雨》和《开花的梅树》。至今，我们还可以看到他临摹时的认真——看到底稿上打了格子的两幅习作。在巴黎时及之后画的几幅人物画的背景，他又都采用了日本浮世绘的图案，如《铃鼓咖啡馆的阿古斯蒂娜》《唐吉老爹》《邮差鲁林》《坐在麦田里的年轻农妇》《站在麦田里的姑娘》《坐在藤椅上的姑娘》《鲁林夫人肖像》。这些画是直接把日本版画搬到背景里作陪衬的，此后他有太多的画作都巧妙地融入了浮世绘的多种风格和技巧，形成了专属于他的浮世绘再创造的梵高风格。对当时被欧洲艺术界称为"日本主义"的潮流的喜爱，导致梵高说出了这样的话（大意）："我要尽可能地搜集更多的日本版画，这始终是我的一个不变的追求。在一栋房子里，如果没有一幅印象派的作品，是一种缺憾，那么若没有日本版画作装饰，则不能称其为房间。"

这幅《开花的梅树》是仿照歌川广重的《江户名所百景：龟户梅屋铺》画的。这幅画崭新的构图和原始简单的色彩让梵高倾倒，画中梅花与枝条近景的超大构图正是梵高所钟爱的。他的很多画都是把一个对象放在非常近的地方，占满前景，比如素描《剪

大桥骤雨（仿歌川广重）

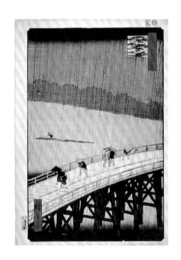

名所江户百景：大桥骤雨（歌川广重作）

花魁（仿溪斋英泉）

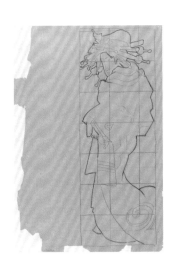

花魁（习作，仿溪斋英泉）

去树梢的桦树》和油画《纽南的老教堂塔楼》等。歌川广重这幅画平面化的空间感应该也是梵高爱不释手、非要临摹不可的原因。看原作就会发现，与歌川广重的另一幅《名所江户百景：大桥骤雨》一样，梵高的这幅《开花的梅树》改变了原图的色彩搭配，使得色彩更加浓烈和欧化。树干之外的绿色到黄色再到红色的变化，运用了德拉克洛瓦的补色理论和贝尔纳主张的简洁形式及色块概念，梵高用童话般的墨绿、砖红、亮橙、鲜黄绘制出了他一直喜爱的另类黄昏——绿色的草地和树，与黄色的地平线与红色的夕阳交织在一起……

这幅画以及那幅《花魁》考验了急脾气的梵高的耐心，估计已经到他的极限了，从打格子开始，远处的小小的人物，在"梵高色"的笼罩下，显得那么梦幻、温馨和亲切。还有《大桥骤雨》，原作中暗米色的桥被改成了明黄色，灰蓝的河水被他改成了青绿色，原本黑蓝色的河对岸和天空都被他改成了明亮的蓝色……这简直不像一个抑郁症患者画的，更不像是一幅画都没卖出去、极度焦虑的人画的。此画两边的文字装饰是原画没有的，这些字看上去很可爱，但显然梵高并不知道自己在写什么，只是从某处找来些方块字"画"上去，但装饰效果非常好。

45

巴黎时期的自画像

自画像
（这幅自画像，目光和眼部周围那些灰色的线条表达出的感觉，感动了太多的后人。）

巴黎时期梵高画了很多幅自画像，此前他从来没画过自己。苦画8年，模特找了8年，他都从没想过画自己，直到来了巴黎。来到巴黎的梵高，可以说有点傻眼，他面临着否定自己8年来所坚持的风格的问题，科尔蒙画室的条条框框不可能允许他在那里摸索自己的新路子。因此，他暂时放弃了喜爱的远足写生，把自己关在了家里，画花、画鞋、画其他静物以及自己，弟弟的家成了"试验室"。唐吉老爹的颜料店、收藏着10000幅浮世绘版画的宾格画廊以及各个印象派画家的画室，成为他学习、参考、研究接下来自己艺术方向的场所。那几幅巴黎时期的自画像，是他尝试各种可能的发展方向的结果，从一开始的暗色基调到后来的逐渐明亮，从一开始的米勒、伦勃朗、德拉克洛瓦式的笔触转变为印象派的风格。

　　1887年夏天画的这幅是梵高在巴黎画的最后一幅自画像。他抵达阿尔后，在写给妹妹惠尔的信中，对一个基本不懂现代艺术的女孩子，梵高洋洋洒洒地写了8页纸，其中谈到了这幅画。这幅画的构图与伦勃朗和塞尚的某一张自画像很像，画此画时，梵高即将南下普罗旺斯，此画是对当时也在普罗旺斯的塞尚的一种致敬，也是与塞尚在现代色彩技巧上进行的某种探讨吧。那时的塞尚和梵高都经常把画放在唐吉老爹的店里，彼此是能看到的。这幅自画像后来被提奥的太太评价为"在所有自画像中最像他本人的一幅"。他自己对这幅画的评价是："透过这张面对镜子画出的自画像，

我得到了一个关于自己的概念——桃灰色的脸上长着一双绿眼，死灰的头发，额前与嘴周满是皱纹，呆僵木讷，有非常红的胡子，被忽略而且充满哀伤。"

据说梵高画那些自画像之前，会先在便宜的卡纸板上或者比扑克牌稍大的小纸片上试验，用各种色彩和笔法画他的镜中之像。可以说，色彩明亮的那几幅自画像代表着梵高终于从写实主义画法中解放了出来，他终

画架前的自画像

于让自己的油画具备了他的素描中一直具备的自发性以及从那种自发性里传递出的运动着的情绪。正是这些明亮的作品，让弟弟提奥非常高兴，他在写给妹妹利兹的信中说："文森特的画开始明亮起来，他想要在画中投入更多的阳光。"由于哥哥的绘画风格终于向印象派张开了双臂，提奥的精神和身体也随之逐渐好了起来，他甚至在信中说："我们已经和好如初，我希望会持久，我已经请求他留下来。"

戴草帽的自画像

第六章

希望在
星星里

1888 年 2 月—1889 年 5 月

阿尔时期

为什么是阿尔

梵高离开了巴黎，奔向了阿尔。这座古老的小城在罗马时期就是普罗旺斯地区的首府，因此据说阿尔很多当地人都是罗马人的后裔。

此次离开巴黎，梵高明确来讲主要是想为弟弟的画廊推销作品，尤其是想成为第一个抵达马赛推销蒙提切利画的人，但他却驻足在了阿尔。

他在大冬天离开巴黎，在白雪皑皑的南方下车，据说步行了十天才来到阿尔的拉马丁广场，梵高发现这里的街道上全是垃圾，各个门洞里都站着邋遢的孩子们。该广场紧靠着塞纳河，还有那个后来因他而闻名世界的小咖啡馆。梵高毫不挑拣地随便走进了广场的第一家小旅馆——卡莱尔旅馆，订下了顶层的一个房间，里面有一张旧的铜床，一个洗脸盆里有个破水壶，还有一把扔到马路上也未必有人捡的椅子。老板后来又给他搬进去了一张没上过油漆的桌子。窗外北风呼啸，这里一多半时间都在刮西北风。阿尔并没有西涅克和罗特列克所推崇的、梵高也很向往的"阳光灿烂的中央高原景色"，至少在他下火车时的大雪天没有看到。其实，只要认真阅读梵高的书信

125

暴风雨天空下的风景

集就会发现，他选择这里是因为："我见到一片一片种着葡萄的、很好看的红色土地，背景是漂亮的淡紫色的群山。雪中的风景，被天空衬托出来，恰似日本画家所画的冬景。"当然，不论春夏秋冬，阿尔像日本的时刻都是短暂的，但梵高的慧眼偏偏抓住了这短暂的"时刻"："我们这里刮西北风的时候，乡村的景色就完全不好看了，因为北风使人们慌乱。但是，只要有一天没有刮西北风，那就是很大的补偿！多么强烈的色彩，多么干净的空气，多么使人难以想象的寂静！"早年的《渴望生活》把梵高到达阿尔时的景象描述为夏天，显然是为了与梵高在阿尔的两百多张灿烂画作相搭配。然而，《渴望生活》里也承认，阿尔这个地方，一年里有200多天都在刮西北风！这气候的"脾气"简直就像梵高一样——不定期地发作，然而，

当发作过后，又充满了色彩和深情，这太像梵高了！难怪我们的文森特赖在这里不想走啊，他简直就是到了自己的世界。

焦虑和画画轮回着

此时的梵高身体虚弱，还饱受梅毒的煎熬，幸亏他喜好外出写生，这对他的身体有太多的好处。但梵高自己不太清楚的是，抑郁将导致恐惧、内疚和自怜，而这会让他时常病倒在卡莱尔小旅馆里。梵高曾经尝试戒烟戒酒，但每到那时就开始胡思乱想："在旅途中，在火车上，途经多少个村庄，我就想起你（指弟弟）多少次……天呐，抑郁和虚脱又来折磨我了……我精疲力竭，贫病交加，我感到再也无力独自生活下去……我只好对自己说，也许不久以后，你就会到这里来看我。"梵高很可怜，生活在对抑郁症排斥和不能正视的时代，缺少专业人士的引导，只能靠自我在荒野中寻找温暖。有时，时常设想如果梵高生活在现今的时代，在焦虑和抑郁症问题上会不会得到一定程度的解决？但也可以这样设想，梵高如果接受了治疗，最大限度地改善甚至治愈了抑郁症，那么他还能如此渴望地投入绘画中吗？他会不会真的去做画商了？或者至少他说过要去做邮递员的。画画，能缓解他内心的焦灼，他无法

去工作来自己挣饭吃，而无法自己挣饭吃，他就需要一直用画画缓解抑郁，一直画，便出现了世人瞩目的后来的梵高画作。

每到一个地方，梵高就会开始怀念过去住过的城市，并从中梳理出或令他内疚或令他懊悔的一些往事，在伦敦、在黑乡、在德伦特、在海牙，都是如此，他去了阿尔后又说出了同样的话："我不断想起荷兰，这些记忆拥有使人心碎的力量。"除了画画期间的愉快感觉，在天气不好无法外出写生时，在作品还是一幅也卖不出去的状态下，梵高时常从阅读中寻找自己绘画的理由。

在不能绘画或生病的时间里，梵高时而怀念荷兰，时而怀念过去，时而干脆在某个瞬间放弃了希望："我与其感到孤独，还不如愚弄自己。我想，要是我不愚弄自己，可能我就会感到压抑。"当地有人后来回忆说："孩子们在他路过时朝他尖叫。他嘴里叼着烟斗，佝偻着身躯，眼睛里流露出一个疯子的神情。他总是来去匆匆，从不想屈尊看人一眼。"有个目击者后来说梵高的长相是："真的丑到了极点。"由于当地人讲的是一种梵高几乎听不懂的土语，因此梵高悲伤地在信中写道："到现在为止，我在人际交往方面毫无进展，常常一整天不跟人说上一句话，除了点菜或者要咖啡。从一开始就这样，他们全都用异样的眼光看我，好像我来自另外一个世界。"梵高不屑地说当地人头脑简单

和毫无鉴赏力。在参观了小镇的博物馆后，他的结论是："一个恐怖的骗局，只配待在塔拉斯孔。"

到了1888年3—4月，在巴黎的提奥想促成哥哥的画在古庇尔夹层展出的事情毫无进展，那个曾经对梵高的画有点兴趣的收藏家，后来并没有出手买下梵高任何一幅画。提奥曾给伦敦一位画商托运哥哥的自画像，结果居然在路途中弄丢了。这期间的独立艺术家沙龙展上，梵高的三幅画（两幅蒙马特高地的风景，一幅名为《巴黎小说》的静物画）没能引起什么关注。展览结束时，提奥不在巴黎，梵高只好拜托年轻的荷兰画家库宁去取他参展的画，否则那些画会被扔进垃圾桶。库宁此时住在提奥的公寓里。顺便说一句，即便是没什么才华的库宁，此时也不愿与梵高交换画作，更不要说修拉、毕沙罗、拉塞尔、高更了。那次画展仅仅引来一篇负面评论，评论家古斯塔夫·库恩指责梵高的这三幅画："没能尽其全力关注明度以及色调的精确性。"对静物画《巴黎小说》，他说："那不过是一堆色彩多样的书，也许适合作为一幅习作的主题，但却不是油画创作的借口。"

在阿尔，情绪低落的梵高经常与当地人吵架，他跟弟弟承认在他火冒三丈时说了些愚蠢而邪恶的话，信里充满了躁郁。由于不断地与小老板、妓女、颜料店的杂货商、卡莱尔旅馆老板甚至邮局的职员吵架，因此他

痛苦地说把钱都"付给了讨厌的人"。卡莱尔老板给他提供了顶楼的阳台晾晒画作，天气好时还可以当作画室，但当他想趁机收取一些租金时，梵高开始抗议了，并因此起了另觅住所的念头。事业一直没成功的阴影，总是笼罩着这个时期的梵高。

无奈的现状、低落的情绪，让他再一次陷入无尽的焦虑。弟弟每个月除了付给他150法郎外，还额外提供画布及颜料，那时的教师每月的工资也就75法郎，而梵高因为自己花掉这么多钱，却赚不回一丁点钱而内疚不已，顶着这么大的压力，换作其他人早就放弃了，但他居然继续向弟弟保证说："我必须立刻达到收支平衡，那时我的画作将抵消我的全部开支。我承认，我并没有取得过一次成功，但我正在进步中。"梵高因此购置了新靴子和新衣服，模仿蒙提切利的打扮，一件黑天鹅绒夹克，还有黄草帽，他告诉提奥要去马赛销售蒙提切利的画，而不再画自己的画了。梵高安慰提奥说："要是我干这一行（指销售画作），我希望能赚个盆满钵满。"

纵观梵高的人生，其实如果他满满的负能量情绪能够移除的话，痛苦会减少很多，但梵高没那样的命来改变自己，而这才有了《星月夜》《夜间咖啡馆》等此类用焦灼的肉身冲进星空里，把平静展现给自己的伟大画作，那种美好的平静后来洒向了全世界，感染了太多的焦虑者……

夜晚露天咖啡馆（草稿）

经什么商啊，又画上了

梵高离开巴黎时是带着宏伟设想的。抵达阿尔后，梵高给很多人写信，这里包括拉塞尔、罗特列克、贝尔纳、提奥等，他的设想是团结一批"小路"非知名画家及对画家有同情心的经纪人，在法国、英国、荷兰等地形成一个销售网络，甚至还奢望得到他一直在乎的、却一直看不上他的泰斯提格的帮助。在这种设想里，梵高居然幻想画家们组成一个公社，有名气的如德加、雷诺阿、修拉这样的画家，应拿出画变卖后接济无名画家，大家聚在一起。这种想法也导致梵高一心想拉来高更，先形成一个南方画家小联盟，再逐步扩大，吸引更多画家前去黄房子。他此时给弟弟写信居然用法语，里面时而咒骂画商的没良心及买家的品位差，时而出谋划策，时而提出国际局势对艺术市场影响的看法。可见梵高的语言能力有多强。

阿尔时期的梵高，与在其他地方的梵高性格上没有什么不同，在抑郁中用阅读、画画来平复自己那混乱的情绪，用不画画时的焦虑，与遇到的人擦出各种或怪异、或紧张、或催人泪下的"火花"。但后世的我们发现，阿尔时期，是梵高此生所演出的各种戏剧中的高潮阶段，也是谢幕的开启。

当1888年的春季来临后，冬天里的筹划变了方向，相信直觉的梵高，永远不会改变，他继续让激情去占领画布，不可能去从商，这一点，相信提奥和其他朋友们都心知肚明，只是冬天蜗居在破旅馆里以为自己将会从商的梵高，自己不太清楚罢了。早在2月下旬，提奥就告诉梵高，打算将他的某些作品送去参加第四届独立艺术家沙龙展，这是专为前卫艺术家举办的展览。可想而知梵高是多么地兴致高涨！这么多年来，仅仅在纽南时被弟弟提议过参展，但那幅《吃土豆的人》最后被弟弟及另外一些人彻底否定

了。这一次，哥俩经过在巴黎两年的共同生活，彼此更加了解。两年来，梵高画作中加入了提奥喜欢的印象派亮色及技法，最主要的还有，1887年12月和1888年1月，万众瞩目的古庇尔画廊，其夹层里，由提奥主导展出了毕沙罗、吉约曼、高更这几位当时算是无名画家的作品，但没有梵高，这让弟弟万分内疚。梵高离开巴黎后，提奥主动请一些参观夹层印象派画作的顾客私下里观看哥哥的画作，有一位去过古庇尔夹层的参观者后来回忆说："提奥告诉我们他有个哥哥，也是个画家，现在住在乡下……（说罢）他从另一个房间里拿出了几幅没有装框子的画，然后谦逊地退到一边，观察这些画在我们身上引起的反响。"亲爱的弟弟如此在不得罪老板的前提下，煞费苦心地推荐梵高的画，很快见到了效果。几个月后，一位收藏家给提奥写了个便条，说自己又去了唐吉老爹的店里看了梵高的画，并准备购买一两幅。由于那时梵高太不知名了，便条里，该收藏家不知梵高的名字到底是什么，他称梵高为提奥的"内兄"。

梵高除了绘画，在其他方面毫无能力，就像他父亲说的，没有自理能力。他身处法国南部那么偏远的地方，可他的生活费还是降不下来："我在这里的生活费用，还是不能够比在巴黎时少。我算了一下，每天要花5法郎。人们在巴黎总好像拉马车的马那样

垂头丧气，我必须孤独地待在马圈里，这是不能容忍的。"这最后几句话也说明了他对巴黎大环境的失望和不适应，这才是有着超级直觉的大师，他在巴黎时还不知道阿尔适合不适合自己，但他至少知道眼下的巴黎不适合自己，画不出想画的东西来，得立即走人！要区别普通人与大师，往往不应只看最后他们干成了什么事，还要看他们干成那些事之前的选择。

在阿尔，1888年开春之前，雪还没化，急不可待的梵高就开始溜达了，提奥在信中跟妹妹惠尔说："苍白灰暗的天气让他觉得没有东西可画，寒冷却让他感冒了。"这与梵高写给弟弟的信相符："今天早晨，天气好不容易才转暖——同时有了一个体验西北风的机会。我在附近的乡村里转过几圈，但是在这种风里，是不可能干任何事的。"很奇怪，梵高在抵达阿尔后，对那里古罗马时代留下的建筑或废墟毫无兴趣（仅画了几张速写，有一张古罗马时代斗兽场的油画，但主角都是观众），按说冬天的自然景色暗淡，无法入画，可这些古老建筑、罗马遗址应该不受季节的影响吧，可以画一画哦。但他到达阿尔后画的第一张画是一家肉铺，而不是这些古迹，梵高曾和提奥说他对人工景物基本是无感的，这也解释了为什么梵高不喜欢巴黎。

而就在3月，提奥拜访了西涅克，还有修拉，且购买了修拉的一幅画。梵高知道后写信说："祝贺你！"信里还和弟弟提到想和修拉交换画作。就在梵高瑟瑟发抖地缩在寒风里找不到画题的时候，古庇尔画廊夹层里的明星是莫奈，提奥正在为莫奈筹办十年来第一个独立画展，时间安排在6月。这些梵高都知道，许多年来，他偏偏有个画商弟弟，捧红了不知多少画家，偏偏他一而再再而三地无法成功，这让敏感的梵高不抑郁都难。好在熬到了1888年春天，属于梵高的这个小镇，逐渐醒来了，这年阿尔的春天，好似苦等不来，但又好像一下子就跳出来了！梵高发现漫山遍野都是鲜花，各种果树也同时进入了花期，草地里到处都是雏菊和毛茛，灌木里居然开满了玫瑰，路边都是鸢尾花……

这样的景象，是他父母家那牧师公馆花园及所在乡间看不到的。多年后的今天，背着各种画具到处行走的梵高形象，成了阿尔小镇的摇钱树，可当时的梵高，连自己吃的饭都是弟弟施舍的。因此，他急于沉浸在这片大自然的时空里，他要忘却焦虑，忘掉弟弟多年来为他花掉的1万多法郎。他知道每一次的沉醉，每一次用情感调出的颜色，画出的每一幅"下一张"画作里，都充满了希望，会有一天能卖出去的，会让他自己挣饭吃的！在这里，他放下画架，拿起笔，把在巴黎借鉴过的修拉点彩、高更的原始装饰性、塞尚熟练的现代色彩、罗特列克的颜色和线条、贝尔纳的分离主义等都融进了自己的血液里，然后酝酿出独特的情感，扑向画布，变成他自己的风格，创作出独特的画作。此时的他这样跟弟弟说："我的笔触毫无体系。这画笔以不规则的运动触及画布，我想怎样，它就怎样。我稠密地将颜料堆积上去，在画布上画点子，这里或那里完全不去修饰，或者重复多遍。总之，我倾向于认为，对那些

在技术问题上有先入为主的想法的人来说，其效果总像意外那样令人不安、使人愤怒。"他画了一系列的果园，然后邮寄给弟弟，自信地说："挑出其中的三幅作为你自己的收藏品（作为三联画）……不要卖出去，因为它们不久以后每一幅都会值 500 法郎。"

阿尔开满花的果园

梦寐以求的黄房子

1888 年 4 月，梵高与卡莱尔旅馆的关系越来越紧张，加上刚好收到贝尔纳的一封信，说他在布列塔尼海岸的圣布里亚克租下了一整幢房子。估计这让性急的梵高羡慕极了，也正因为这两个原因，某天他走过多次路过的一个公园时，注意到了一幢被废弃了很久的两层小楼，就在距离卡莱尔旅馆几个街区的地方，位于拉马丁广场的西北角。这天他突然想，为什么不能租下这个小楼呢？梵高这样告诉弟弟。由于一直被废置，原本黄色的外墙变成了象牙色，绿色的百叶窗变成了灰色。梵高租下了那座建筑的右半幢，共有四间。左侧一楼靠路边有个杂货店，这座楼的右侧也就是梵高租下的部分，紧靠蒙特马约尔大道，噪声和尘土不断，狭小的空间只能在一楼安排一个厨房，那是与一楼大房间连体的。楼上除了小楼厅、楼梯，还有两个小房间。不算厨房，所有的房间都朝南，也没有任何空气对流，因此这里夏热冬寒，没有煤气、没有厕所，如厕只能去隔壁小旅馆，据说那个厕所很恐怖，房间里面的墙壁上都是大片剥落的墙皮，因为太潮了，难怪每个月只要 15 法郎，还没人要，这只是他在卡莱尔旅馆的费用的三分之一。

对于眼光独到的梵高来说，这里是他梦寐以求的高级大画室，他说："在这里，我可以生活和呼吸，沉思和绘画。"而那个在别人看来尘土飞扬的紧邻的花园，却被他看作是"诗人的花园"，绿树成荫，天空总是"蓝得发紫"。在写给妹妹惠尔的信中，梵高兴奋地说："从窗户能俯瞰一个非常漂亮的公园，从那里可以看到早晨的日出。"然而事实是，这对于朝南的房间来说是不可思议的。这位骨髓里流着艺术血液的人，居然把黄房子这里想象成了莫奈的风景、杜米埃的漫画、福楼拜和左拉小说里的场景……梵高因为拥有了这幢破烂房子而意气风发，他写道："我感到，我能由此创作出某些持久的东西，我脚下的土地更加坚实了，所以，让我们大胆向前吧。"直觉超准的他说得没错，黄房子可以说是一把双刃剑，那里既成就了梵高多幅不朽的画作，也让他血流如注失去了整只耳朵。后来一位曾拜访过梵高黄房子的朋友回忆说："看到文森特满意的样子，感觉他

黄房子（素描）

找到了自己梦中的家园。"是啊，漂泊多年，一直租房子住，这座小楼，虽破烂，但却是梵高此生所拥有的（其实是租赁）最大面积的栖息之所。

但在黄房子这件事情上，从一开始就能看出梵高是真不会管理自己的生活，就连每个月那150法郎也总是管理不好。比如他要租黄房子，不等拿到弟弟同意与否的信件，就着急地定下租约，这也就算了，他还对这个房子里里外外上上下下大搞装修，连煤气管道都安装了。他还买了很多家具，包括十几把椅子，因为他预计这里将会变为一个永久性的画室，将会有大量画家络绎不绝地前来拜访。他跟提奥一边说装修费用房东会付，一边又在信中不断哭喊自己穷困潦倒。他在还没能入住黄房子的前提下，就与卡莱尔彻底闹翻了，原因是梵高把旅馆画室内的东西都移到了楼下的起居室内，然后提出减少房租，但卡莱尔不干，梵高就拒付那部分房租，卡莱尔因此扣押了他的大量东西，要求他拿40法郎来换回这些东西，结果梵高一张状纸告到法院，法官判梵高胜诉，可以拿走属于他的东西，但梵高还得付卡莱尔20法郎。这场风波导致他无法继续住在卡莱尔旅馆，仓促中他在那个后来因他而闻名全球的小咖啡馆旁又租了一个房间。这件事也同时导致了以卡莱尔为首的邻居们与梵高形成对立，日后联名签字赶走他的那群邻居里，估计应该有卡莱尔。

从梵高租下黄房子的那天起，他就惦记着找个伙伴来一起分享这梦之家园，就在同一天，他写道："我完全可以让某个人与我分享新画室，我也喜欢这样。也许高更会来南方？"其实不奇怪，多年来不论他住在哪里，你都能从书信中看到他不断邀请别人前来。

一开始，梵高并没想到邀请高更，他只是念叨了一句，然后就转向了贝尔纳。梵高在那幢黄房子里，又把当年在德伦特邀请提奥、在纽南邀请拉帕德的"技法"重演了一遍，他为了说服贝尔纳，在信中劝道："对热爱阳光和色彩的画家来说，（阿尔）是个绝佳之地。我一点也不想看到北方灰蒙蒙的大海。"最后这句话，是在嘲讽布列塔尼，因为贝尔纳已经在那里租了一幢房子，也邀请了高更一同前往，所以贝尔纳是不可能去找梵高的。梵高执着的劲儿又来了，他画了不少素描给贝尔纳，并为他讲述阿尔景色的油画效果，他说阿尔一带的普罗旺斯风景里有"翡翠上的那种斑点"，有"强烈的蓝色风景"和"辉煌的金色阳光"，他还说这里"像日本一样美丽，天空清澈透明，色彩效果欢快……就像我们在日本版画中看到的那样"。为了加强说服力，他还暗示了古庇尔画廊夹层会展出贝尔纳的作品，他也会去马赛推销贝尔纳的油画。但是，贝尔纳很淡定，以要去北非服兵役为由（其实没有）拒绝前来。

黄房子里诞生的著名画作

搬入黄房子的梵高邀请高更入住，后者吊足了梵高的胃口，让他等候了太久的时间，在一会儿说来，一会儿又说腰部在颤抖、贫病交加来不了的情况下，梵高开启了他难得美好的、兴高采烈的、开花结果的名画诞生之旅。首先1888年5月底，他颠簸近50公里来到圣玛丽的海边，只为了看一眼蓝色的大海和蓝色的天空。他感叹道："至少我看到了地中海，这里具有绝对的日本风情，我总对自己说，我正在日本。"在那里，他画了村庄，还有在海上与风浪搏斗的小船。由于有三张画还没干透，无法塞进公共马车忍受5小时的颠簸，他留下了那几幅画，想下次再来取走，但此生他再也没有返回过圣玛丽海边，画扔在了那里……我们至今看到的几幅圣玛丽的画，是他回到黄房子后，根据素描画出的。之后梵高画了很多张葡萄园，以及钢笔加墨水的《通往塔拉斯孔的路》，那幅背着画具的《画家在去往塔拉斯孔的路上》，应该是根据前边的钢笔画完成的。他接下来画了《轻步兵》系列，还有不少麦田收获的场面，以及著名的向日葵系列，当然还有他最心爱的《黄房子》。几乎是在同一时间，《罗纳河上的星夜》完成了，还有与高更交换的自画像也完成了，顺连下来的还

有《母亲肖像》《诗人的花园》三联画以及《塔斯拉孔的驿车》。这个时期梵高还着迷于丝柏树，画了很多，像一度着迷于向日葵那样。

10月底，千呼万唤的高更来了，此时梵高的画作有《播种者》《阿尔的女人：纪诺夫人与书》、鲁林全家的肖像、两把椅子——梵高自己的和高更的……仅仅在高更入住60多天后，梵高的耳朵被割掉了一只，《耳朵缠绷带叼烟斗的自画像》诞生了，那是画给医院大夫们看的，仅仅是为了证明自己不是疯子。而同一时期画给弟弟的是有耳朵的自画像，那是为了让提奥安心。割耳后他所画的疗养院，也不知吸引了多少游客前去观览。

提到割耳事件，梵高的耳朵肯定是在这个时期被割掉的，并无争议。但具体是如何切掉几乎整只耳朵的呢？

《渴望生活》和史密斯版《梵高传》里都说是梵高自己切掉了耳朵，这算是一种可能吧。因为梵高是个左拉迷，而左拉小说中有个人物就是自己切掉了耳朵。梵高此时经常出现幻觉，他在不清醒的情况下切掉自己的耳朵，不是没有可能，再加上抑郁症患者自残的现象也是很常见的。

但是，近年德国汉堡大学的学者汉斯·考夫曼花费了十年的时间，专门研究高更、梵高相关割耳的资料，他最后的结论是，高更

阿尔医院的庭院
（割耳后，梵高被
送入这所医院）

做过拳击和剑术教练，他总是随身带着一把剑。割耳事件发生后，梵高昏睡在床上，满床是血。警察赶到时，是高更和警察说耳朵是梵高自己切的，梵高从来没说过自己切下了自己的耳朵，但他也不否认高更的说法。这里很复杂，割耳那晚梵高同时犯了颞叶癫痫，那是会令人什么也记不清的。根据当时的资料，警察既没找到传说中梵高切耳的剃刀，也没发现高更的剑。而且后人研究梵高与高更及提奥的通信时发现，里面有梵高跟高更说的："我们将永远保守秘密。"还有提奥说的："幸亏高更当时没有枪！"从这些迹象推断，是在高更与梵高都喝多了酒吵起来的情况下，梵高因激动发作了颞叶癫痫后，与高更有了肢体的冲撞，于是高更情急之中挥舞长剑，不小心把梵高的耳朵给削掉了。出事后，"老油条"高更第一时间想到的是制造不在场证据，因此他夺门而出……

让割耳后的梵高陷入恐惧的因素还有很多，比如弟弟结婚，对敏感的他来说是个很大的刺激。此时提奥只是说要结婚了，将来的花费要重新规划一下，且因为忙着筹备婚礼，竟然有一个月忘记了汇款。这让梵高浮想联翩，以为将会遭到弟弟的抛弃，这会使他无法再进行心爱的绘画工作。还有一个因素就是高更来到阿尔后不久，由于提奥在巴黎古庇尔画廊的高调推荐，使得高更的画一再地被卖掉，然后还有巴黎著名沙龙邀请高更参展，一改过去他在巴黎默默无闻的局面，这些对梵高来说，只能用情何以堪来形容吧！所以他崩溃了。对于这样的梵高，小镇居民签名要求他要么离开，要么住进精神病院。就这样，梵高住进了精神病院。

被绑在精神病院床上的梵高，有1个月什么也不能做，就那么被关着，烟斗和酒还有画笔都被拿走了。鲁林及一个牧师在照顾着他。去探望过他的人后来回忆说，他时而在被子下面哭泣，时而默默不语。最疼梵高的妹妹惠尔问母亲："陌生人都能照顾哥哥，我们为什么不能接他回家，那样也有助于他精神的恢复。"此提议被梵高的母亲拒绝了，她说："他就是个可怜虫。"梵高的母亲没有去探望过他，直到梵高死，母亲也没去参加他的葬礼。这个学过美术、会在风景中写生的女人，她都理解不了梵高及他的艺术，那么指望当时的人去爱梵高的画，是不可能的。但大师就是大师，初进禁闭病房后不久，他就恢复了对画画的渴望，梵高望着阿尔精神病院里二十多间房子说："许多画家变成疯子，竟是事实，至少可以说，生活使人变得精神恍惚。如果我使自己重新以全部精力从事绘画工作，那多好啊，但是我总是要发疯的。对于我来说，二者全都一样。这里的医院有许多房间，足够建立一个供二十多位画家使用的画室。"后来梵高在谈论其他话题时跟提奥说，在人类的大悲哀面前，他个人的种种都是小不幸。是啊，他总是在一次次绝望后还能爬起来，包括这次的精神崩溃之后，他仍然认为，希望在星星里，由于地球也是个星球，所以地球也是一颗星星——这简直是钢铁般的意志，同时也理解了为什么几个月后他再一次主动走进了精神病院——只要能画画！

阿尔时期的作品

46

那些令人
迷醉的阿
尔的树

桃花盛开：纪念
莫夫

1888 年 3 月的某天，梵高外出写生回来，刚一到家就看到姐姐来信说
莫夫去世了："没有什么比这个消息更加使我伤心的了。他的去世对我是
一个可怕的打击。"那天他外出画的就是这幅《桃花盛开：纪念莫夫》。

莫夫的死固然对梵高有着不小的震动，但即便是在这个时刻，他的脑子里也还是很快地想到了泰斯提格，因为泰斯提格的画廊是莫夫的长期买主，两家都在一个城市居住，梵高盘算着，如果把画送给莫夫夫人，那么泰斯提格肯定能看到自己的画作、自己的进步、自己的才华！但事实并不如他所愿，画被送出后，泰斯提格并没有任何反应。《桃花盛开：纪念莫夫》这幅画首次映入眼帘的感受是：那蓝天、那桃花旋转的笔触，那色彩对比的震颤，让观者蕴含于基因中的某种古老的情感，好似与之产生了共振——形成了一种神秘的情感电磁波，这属于梵高音乐般的、跨越时空的共鸣式述说。该画说出了他笨拙的嘴不曾说出的大自然静谧中的悲伤及同时充满抚慰的"语言"。站在这幅画前，只有经历过艰难的人，才能猛然领悟出其中的慈悲，悟出每颗心都有机会被大自然恩宠的真相——悲哀在这幅画面前，能瞬间化作青烟——生活里有太多无限轮回的"盛开"，在等着我们去体验。梵高曾说："颜色不是要达到局部的真实，而是要启示某种激情。"他说得出做得到！想说这画真好——绝对不是因为梵高的名气，而是真的能触动人的内心，确实有找到了灵魂起点的感觉。不说花朵了，瞅瞅地上的草，都不像是画出来的，它们充满了生长的激情，梵高在用画救赎着一颗颗破碎的心。

在小旅馆里苦等春天的梵高发现，仿佛一夜之间，千树万树梨花杏花桃花都开了，变化大得令他诧异，在一封信里梵高甚至这样说："你随便走到一个地方，放下画架，把前方的景象画下来就行了。"这令他眼花缭乱的美丽的果园风景，让淤积在梵高心中对线条和色彩多年苦心琢磨的想法，在此时随着迷人的果树一起开了花，从黑乡开始的米勒，到后来的德拉克洛瓦，再到印象派，再到他最钟爱的日本浮世绘，这个看到现实里任何东西都能联想到画画的人，完全沉醉在那片花海里，尝试着各种风格的果树画，想象着在这样的种种尝试里，必有一类能取悦买画的观众。和之前一样，在每一次的美好幻想里，可怜兮兮的他都会想到曾经极力否定他的泰斯提格，他认为这些明媚的果树画，一定能打破荷兰的坚冰（意指泰斯提格的画廊将接受他的画）。梵高一生都在等待得到那个人的认可，可到死也没等来……在这些画中，他融入了蒙提切利、雷诺阿、莫奈、吉约曼、拉塞尔、西涅克、毕沙罗、修拉、贝尔纳等许多画家的特色，

阿尔的树木与花朵　尤其是贝尔纳——同样的日本画爱好者。有一幅果园画,他画成了贝尔纳喜欢的、原始简洁的、分离主义的日本风格,就是那幅《阿尔的树木与花朵》,这幅画被梵高画成了玻璃镶嵌画的效果,有着美丽的纯色和黑线,而那右侧近景的树,那树干好似一个欢乐的木头人偶,正在举起树枝样子的双臂,高兴地欢迎大好风光的来临。不知这个拟人的树干造型是梵高有意为之,还是无意间塑造成的? 对此信中没见他提到。

　　而对拉塞尔,梵高低声下气地采纳了他的一些技法——稀薄的色粉画技术及多变的调子,因为拉塞尔前年去西西里度假时,画了一系列的果园,他卑微地给拉塞尔写信说道:"我正在画一组鲜花盛开的果园的风景画,

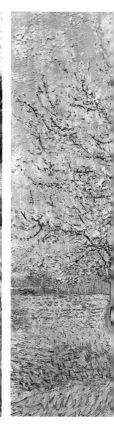

果园风景（一组三幅）

我情不自禁地会想到你，因为你在西西里画过同样的画。将来的某一天我会将其中一幅送往巴黎，我希望能与你交换一幅西西里的习作。"先不要说拉塞尔基本不想和他交换果园画，就同样的果园画风格来说，两人也相差很远。拉塞尔笔下的西西里果园有着美国画家惠斯勒的知性、优雅、理性的色块，而梵高的果园画，灿烂中带着热情、热情中带着忧伤、忧伤中带着希望——整体中带着对色彩痴迷研究后的雅致，不说谁高谁低吧，俩人的果园画风格绝对是风马牛不相及的。对于这些开满鲜花的一系列果园画，梵高因常年痴迷于植物，以及受莫奈的系列画的启发，让他想到也把

（梵高在信中曾经和提奥说，他画树尽量都画成三联画，中间是一幅垂直构图的竖版的，两边各有一幅水平构图的横版的）

自己的画做成一种"装饰图式"，欣赏的时候能三幅一组，变成三联画，中间是一幅垂直构图的画作，两旁各有一幅水平构图的画作。梵高在给提奥的信中，用钢笔勾勒出了这种设想，他觉得这种装饰性设计，能够让作品易于销售，因为它们看上去更为统一。这就是梵高，当他沉醉于美好的大自然里、画里时，一切都美好，但当果园因季节慢慢褪去艳丽的色彩，当他失去了这一最能让他沉醉的主题时，抑郁症的魔影再次出现，他的信中又出现了"内心痛苦……我要离开这里，去寻找新的主题"类似的字眼。

梵高在阿尔画的几幅吊桥画，很多人以为画的是同一座桥，其实不是。

当果树上的鲜艳色彩褪去后，梵高虽然叫嚷着"内心痛苦""我要离开这里，去寻找新的主题"，但环绕着阿尔小镇的那些乡村，着实常常勾起他对童年的回忆，沼泽里的河道、排水的风车、林荫道、麦田，这些都让他倍加思念往昔的荷兰岁月，在如此氛围下，梵高不可能离开阿尔。3月的某天，梵高在阿尔以南约50公里里的某乡村溜达时，忽然看到了熟悉的场景——一座吊桥（雷金奈耶桥）。要知道，在他荷兰家乡那些河流遍布的城市和小镇上，到处都是这种吊桥。阿尔乡村的这座桥横跨罗纳河与布克港口，附近的运河上有十几座类似的吊桥，巧合的是，这些桥都是荷兰工程师依照荷兰风格建造的，难怪梵高一看到就心潮澎湃得不行。如果说荷兰式的吊桥勾起了梵高的思乡之情，那么吊桥下面河水边的洗衣妇们，难道不是引发了他对西恩的某些回忆吗？梵高围绕着吊桥和洗衣妇画了那么多，另外还画过《罗宾熙运河和洗衣妇1888》及《维格伊拉运河上的格莱兹大桥1888》，那里面也有远景里的洗衣妇们，在海牙时他就画过洗衣妇的题材。不能不说，不经意的某些时刻的场景，还是触动了他对西恩的怀念。

梵高所画的第一幅吊桥——《雷金奈耶桥》画于三月，颜色突然没有了印象派的糖果色，光线和色彩几乎回到了《纽南的老教堂塔楼》，他的父亲长眠在那里，可见这座桥所引发出的思乡情感有多浓厚。在写给贝尔纳的一封信，梵高的话印证了他当时的情绪："我又画了另一幅桥与路旁的风景。这里的许多景物都与荷兰的景物十分相像，所不一样的，只是色彩。"就在同一天，梵高也写信给提奥："这些天又刮风又下雨。我在家里画了一幅草图寄给了贝尔纳。我想像彩色玻璃窗般自如地把握颜色，这是一个大胆有效的构思。"转天他又写信给提奥说："在画那座桥和日落时，我受到了挫折，坏天气阻碍了我的工作，现在我彻底放弃了，在家中完成它。"四月，他又画了一张雷金奈耶桥的画，因为风大，梵高是窝在卡莱尔小旅馆里画的，那幅画左下角的河岸土地，被梵高画成了迷人的铁锈红色，再加上极富诗意的绿色及桥墩的紫色，以及其他浮世绘般的原色，这第三幅桥，在由近及远的、蓝色不断加深的、简洁又生动的波纹里，

有女人正在洗衣的
雷金奈耶桥

雷金奈耶桥
（室内完成）

雷金奈耶桥（室内完成）

在湛蓝的天空下，让我们看到了梦幻般的场景，洗衣妇和马车的动感与喧嚣，一下子就被画面中多彩的颜色给安抚了下来，让画面出乎意料地有种静谧感，好像是一个无声的彩色回忆，闪过眼前。很理解梵高，他的思乡之情和各种焦虑都在这幅画的创作过程中暂时化解了。

1888 年 3 月 18 日，梵高写信给贝尔纳说："有两个主题吸引着我，我想为它做些什么，一个是回家的水手和他的情人在一起，他们背对着明媚的阳光，另外还有吊桥，兴高采烈的水手们来到小镇，他们的侧面被映衬在这座吊桥奇特的阴影里；另一个是吊桥旁洗衣的妇女。"在信里，他

朗格鲁瓦桥
（局部草稿）

朗格鲁瓦桥（只剩残部）

　　附上了画有水手及吊桥的草图，这里的桥是另一座吊桥——朗格鲁瓦桥。
从书信集里他对提奥的哭诉中，可以了解到画此画时的一些细节：当时风
太大了，他被迫收摊回家，到家后希望通过回忆继续完成它，结果梵高在
这种靠回忆作画的过程中，自认"彻底毁掉了它"，现在只剩下水手被心
爱的女人搂着的局部，此残缺画作于1911年出现在巴黎，收藏者是亨利·伯
恩斯坦。该幅水手情侣画作的背影，单单背影，第一次看到就非常有感
触，寥寥几笔的轮廓，梵高把水手和女人之间的那种豪迈的感情一下就表
达了出来。

阿尔的朗格鲁瓦桥

梵高执着地终于画出了他的真理，泰斯提格也一直有他自己的审画真理，但如果他没有固执地认为"只有一个真理"，那么从收到朗格鲁瓦桥的画起，泰斯提格就应该收购梵高的画了，但显然他没有。对于泰斯提格的冷漠回应，梵高好像早已习惯，在阿尔，他兴高采烈地提笔跟提奥说："今天我带回来一幅有吊桥的油画，有一辆二轮小马车从桥上走过，背景是蓝天，河也是蓝色的，河岸是橘黄色的，岸上长着绿草，有一群穿着衬衣、戴着五彩缤纷的帽子的洗衣妇。我还有另一幅画着一座乡下小桥与更多洗衣妇的风景画，还画了一幅火车站附近种着法国梧桐的林荫道。提奥，我感到好像是在日本一样。我说得一点也不过火，我还从来没有

阿尔的朗格鲁瓦桥
和运河旁的路

见到过如此美丽的景色……"写完此信，他把《阿尔的朗格鲁瓦桥和洗衣妇》打包装箱，邮寄给了提奥，并附言说："只要为它特别配置一个品蓝和金黄的画框即可。"这种画框要求，是当年从纽南邮递《吃土豆的人》给弟弟时，也曾提出过的，属较高级的待遇。吊桥系列画作是梵高在绘画领域中终于摸索出的让艺术重生的一个途径，他义无反顾地投入进去，开启了艺术界"革命"的大门。他在很多给朋友的信中宣称，他和其他在古庇尔画廊夹层里展画的画家，将是这场革命的先锋。梵高说得很对，这场革命，是当时不少先锋派艺术家经过多年努力，才能向前推动出的一点点成果，例如罗特列克、雷东、贝尔纳、拉塞尔等，他们在非美术领域读者群里，虽然不像梵高、高更等那样如雷贯耳，但去看过他们的画后，你会发现，有不少画是非常感人和有特色的，只不过梵高是这些人中最悲惨、最戏剧化、最能在画中表达出情感的一个。梵高在泰斯提格及其他众人的藐视下，顶住压力一画就是10年，坚信自己最终能成功，这简直是具有神一般的意志力和判断力！他在这漫长的10年中，一直在用艰苦的工作替代享受生活，他告诉人类他看到了某种"绝对真实"的存在，且把他所领悟、所洞察出的新色彩留了下来。

而这幅《阿尔的朗格鲁瓦桥和运河旁的路》，用一条米白色的路形成了整个画面的对角线，他对这样的构图很满意。他的书信集里所说的"一个大胆有效的构思"这句话，根据前后文字判断，应该指的就是该图。这座桥，被当地人称作朗格鲁瓦桥，名字取自当时桥上的看护人朗格鲁瓦，梵高画了很多遍，有运河北岸的速写，还有陡峭的运河南岸的速写；有从西边以大海为背景的，还有东边以日落为背景的……至此，梵高的画风出现了，梵高风格正式确立了。不论泰斯提格满意不满意，梵高经过8年的试验—否定—再试验这样痛苦的轮回，当他站在《朗格鲁瓦桥》系列画前时，望着它们，梵高忽然明白，他多年来对画的痴迷和钻研，与内心要表达的情感，终于美好地汇合、交融了，那股他想要的救赎、抚慰、平静的能量，开始顺遂地流向了画布："这是一种奇特的东西，与我通常所画的不一样。"望着自己这些关于桥的作品，他这样说道。接下来，梵高把其中一幅《朗格鲁瓦桥》邮寄给了泰斯提格——那个曾明确说他做不了艺术家的傲慢经纪人。可怜的梵高，那时他所争取的不过是希望被承认是个无名的印象派画家而已。

这幅《特兰凯塔耶铁桥》不像其他两座桥的画作那么有名，但却是梵高自己很喜欢的一幅作品，因为梵高觉得这幅画表达出了他绘画的中心理念，那就是，要让观者看到画后能体会出绘画者的心情。这与雷东的理念一致，尽管梵高讨厌雷东。当观者第一眼看到此桥时，就真的能感觉到某种模糊的伤感，尤其是左侧那个完全不合比例的高个男人的背影。要知道

特兰凯塔耶铁桥

梵高画此画时肯定用了透视框，但显然这个人的比例被他故意夸大了。前景是一个懵懂的小女孩，河岸边悠闲坐着的人、罗恩河上点点的船帆，尤其是那朝阳照射下波光粼粼的水面，都让我们看到了画面中那些人的惬意，而唯独左侧那个巨人，步伐沉重，满腹心事……如此的造型，更衬托出晨曦、河水、桥这些美景里面隐含的伤感。真的，如果那个背影不被夸大，是正常的比例，那么你的眼睛则不会那么快地从"巨大背影"转向旁边的美景，因为你要立刻比较一下这里的透视和比例。那巨人与周围的反差，会让你既感受到他右侧风光的美，又隐隐觉察出那巨人步履的孤独和坚定。梵高在信中这样提到这幅画："我画了一幅罗恩河的风景画——《特兰凯塔耶铁桥》，画中的天空与河流是苦艾酒的颜色，码头上有淡紫色的阴影，人们用肘部撑在稍带黑色的胸墙上，铁桥是一种强烈的蓝色，在蓝色的背景里有一种鲜明的橘黄色的音符与一种强烈的石绿色的音符。经过一番拼命努力，我终于得到了能表现出悲伤的我想要的作品。我必须提醒你，人人都认为我画得太快，你千万不可以相信这种说法。把人对于所描绘对象的感觉真诚地画出来，难道这不是感情吗？这种感情有时候会强烈到使人们在画画时忘记了自己是在画画……"

48

前往塔斯拉孔的路上，遇到"假的"蒙马儒日落

1888 年 5 月中旬，提奥来信说想要梵高几张素描，用来参加阿姆斯特丹的某画展，一向对自己的作品很少满意的梵高，没有从以往的素描作品里去挑选，而是背起画具北上，目标是塔斯拉孔，那里是著名作家都德（《最后一课》作者）笔下的一位神秘角色"塔塔林"的故乡，途中将会经过一座有着很多传说的修道院的废墟，地点是蒙马儒（史密斯版《梵高传》中称其为"蒙特马约尔"）。蒙马儒位于罗纳河三角洲的一侧，海拔 150 英尺（1 英尺 ≈ 0.305 米），有着高耸的石灰岩形成的悬崖。来自低地国度的梵高，看到 6 世纪的基督徒们在如此陡峭的地方建立修道院，大感震惊。他几次从不太陡峭的一侧山路登上蒙马儒的顶峰，居高临下遥望壮观的景象：眼下是大片克劳平原，由罗纳河冲刷出的肥沃土地，非常适合种植葡萄，阿尔在远处……在短短的一周之内，梵高画了 7 幅素描，都是由棕色墨水和芦苇做成的笔所画，这 7 幅中的 4 幅是精美的俯瞰克劳平原的全景图，而《蒙马儒附近的火车道》就是其中一幅。在给提奥邮寄这些画的附信里，梵高说："用克劳平原令人瞠目结舌的美景来愉悦你的眼睛吧，我真的想要告诉你这里的大自然是多么宁静。我认为两幅克劳的风景画，以及罗纳

蒙马儒附近的火车道

河沿岸的乡村图，是我用钢笔与油墨画成的最好的作品。如果托马斯要这些画，即使我必须把其余三幅当作礼物送给他，这些画也要每幅不少于100法郎。"这个时期的梵高很喜欢用芦苇画画（减去顶部，形成一定的斜度），他说它们使用起来像鹅毛笔。从几幅废墟、岩石及橡树的素描里，我们能看出用芦苇画出的点子、影线和短线，它们形成了细腻与坚实起伏的画面，画出了乡村的地平线、地中海的天空、荒野里疯长的野草……两幅素描版的《通往塔斯拉孔的道路》分别以芦苇笔和墨水作画，道路两旁的树和太阳，他用最擅长的线条，画出了韵律。这类型的画是当年他与拉帕德一起，在埃腾附近的巴塞瓦特沼泽河岸上曾经画过的，也是弟弟喜欢和固执的父亲唯一赞赏过的，还是那年为母亲恢复健康而画过的。

那趟塔斯拉孔之旅，不单是为了阿姆斯特丹的素描，也是热爱阅读小说的梵高寻找"塔塔林"的一次机会，都德笔下的小丑塔塔林，简单、乐观、幽默，有着法国南方人的"粗野与平庸"，但这个塔塔林却拥有着崇高的人格，因此，梵高在去往塔塔林故乡的路上，画出了一个背着画夹子的自己——《画家在去往塔斯拉孔的路上》。那幅画中的人物有着塔塔林式的放松、自在和简洁，此画的笔触、构图、技法看似简单、稚拙，带点杜米埃的漫画风格，但细观则相当感人，

这是一个非正常人类因痴迷绘画而画出的自己，也是以稍微高出正常人视角的取景，画出了一个痴迷绘画者的形象和色彩，在无意之中以我们正常人无法画出的笔触，一不小心对自己做出的最贴切的讴歌——因为这是梵高另一个版本的《播种者》！他一直在用画笔、一管管颜料播种抚慰和平静，一直在播种美好的情感和大自然的力量。这幅画画出了他对未来的展望，里面充满了乐观和希望，尽管到此时，还是没有任何一个人买过他的画（早年几法郎一张的素描不算）。此画看似轻松，但梵高却是在极其艰苦的情况下完成的，从他在信中抱怨所画素描时的周遭环境，可以一窥他画此画时的艰辛："说实在的，我被这些素描累坏了。但是，这一大片平原对我具有极强的吸引力，因此，任何因素都无法打扰到我，我对此并不感到疲乏。如果一片景色能使你忘掉那些烦恼，那这里面一定有一点道理。你会看到我并没追求表面效果。"可惜的是，该作品的油画版后来被毁掉了，不过好在它留下了影像，好在在他去往塔斯拉孔的路上，他还画了那个时代的公共马车，是用充满感情的颜色画的，还有那岩石上的橡树，颜色既真实又高贵，还略带野气，因为画这幅画时正在刮大风，所以他把画架固定在了深入地下的木桩上。

当人们看到《蒙马儒的日落》时，异常认同他所说的"如果一片景色能使你忘掉那

画家在去往塔斯拉孔的路上

蒙马儒的日落

些烦恼，那这里面一定有一点道理。"这张"日落"是极喜欢画夕阳的梵高最柔情蜜意的一幅，里面所用的色彩中，天空是印象派的糖果色，小树和灌木都闪动着夕阳的金色，梵高如此向弟弟描述："昨天日落的时候，我站在一片布满石头的、长着灌木丛的荒地上，那里生长着一些很小的、扭曲着树干的槲树，背景中的小山上有一片废墟，山谷里种着小麦。这种风景富于浪漫情调，很像一幅蒙提切利的画。太阳散发的黄色光芒倾泻到树丛与大地上，像金雨一般，逗人喜爱……我带回了一幅习作，但是它跟我努力要求的样子还差得很远。"

49

圣玛丽海
滩之行

画完了鲜艳的花草及果园，画完了朗格鲁瓦桥，在不断地寻找新主题的梵高，此时遇到了成百上千的朝圣者，其中大部分是吉卜赛人，他们每年都经过阿尔去圣玛丽海边，庆祝一年一度的圣萨拉节。自古有个传说：皮肤黝黑的使女萨拉，陪着三位玛利亚神奇地逃离圣地后，乘坐小船在圣玛丽海滩登陆，而圣萨拉被吉卜赛人当作了自己的守护神。这一小小的轰轰烈烈的场面触动了梵高，他不仅画了吉卜赛人和他们的马车，还跟随着他们来到了圣玛丽海滩。1888 年 5 月底，梵高乘坐着他自己画过的那种公共马车，颠簸了 50 公里来到了圣玛丽的德拉玛尔古村落，此次前来的主要目的是想画出一幅在狂风中随波起伏的、一人驾驶的小船。但五天的时间里，他花了不少时间在村子里溜达，并用芦苇秆蘸墨水画出了《圣玛丽的街道》及另外多幅该村庄的速写。这里的沙丘让他想到了海牙附近的席凡宁根海岸，船只让他想到了水手出身的亲叔叔简，一座座村社更让他回忆起了德伦特的小茅屋……

圣玛丽的街道

圣玛丽海边的渔船

圣玛丽之行所画出的作品进一步让梵高把浮世绘和印象派的风格糅入了自己的特色。其中有几幅画，浮世绘特色尤其明显，在接触印象派和浮世绘之前，他在摸索独特风格的过程中，对造型和空间的理解力以及概括能力，都充满了个人特色，而形也很准。这里说的"形准"绝不是指客观空间里所画对象逼真的外在形状，而是指形中所带出的意，甚至是变形中所表达出的内在性质。在阿尔之前，梵高所缺的仅仅是能抓住观众眼球的、最外在的表达方式，缺了这个，画界精英们（更不要说老百姓）便不会有耐心多花几分钟去认真地体会他的画，所以，巴黎时期的梵高意识到了这个问题，开始有所转变，但绘画主题的缺乏让他离开巴黎来到了阿尔。多年的苦熬，使得梵高到了阿尔后天时地利人和都具备了，因此短短的几个月时间，梵高风格的画作便喷薄而出！这不是运气和巧合，这是血与泪的磨合，最终产出了硕果。由此可见，梵高对浮世绘的借鉴是有原则的，并不是盲目模仿，二者的共同点是色彩新鲜明亮，但他所采用的绘画工具及颜料是西方的，笔触时而是狮子吞噬般的，时而是舞蹈般的，时而是风雨般的……这样画出的整体韵律，要比浮世绘作品深刻很多。与梵高同时代的某些画家，喜欢像浮世绘一样高视点取景，或者像拍快照似的取景。而梵高所撷取的绘画题材，都是经过他长时间地、多次地在那个情景里游荡，深思熟虑后以极快的速度画出的，其中注入了很多重叠的、立体的、内外交织的情感。批评他画画太快的人不知道，真到提起笔开始画时，梵高确实很快，但在那之前他所下的功夫是极大的。比如画朗格鲁瓦桥，他在画之前和画的过程中去了那里几十次；再比如画圣玛丽海滩上的船，他在实地考察时就觉得绿色、红色和蓝色的小船，它们的形状和色彩是这样美丽，会让人们情不自禁地想到鲜花。能把船看成鲜花，这得需要多么热爱生命的人才能想到？画那些船时，梵高每次到达海边，还没摊开画具，渔民们就出海了。"风平浪静时，他们急于出海，而在风大时，他们就争先恐后地回来了。"梵高如此生动地描述道。因此在那里的前4天，梵高都没能画下眼前的景象，到了第五天，他起了个大早，没带别的画具，比如笨重的透视框，只带了速写本和一支钢笔，来到停泊着四只小船的沙滩上。那距离他最近的小船，占据了画面很大的空间，背景里有深远的海，这是浮世绘风格的构图。而如此的构图和这样的颜色，给人一种静谧感，相当安抚人心。船身的红色和绿色、沙滩的黄色和天空的蓝色，互为补色，这是德拉克洛瓦也是印象派所提倡的用色法。梵高所有的圣玛丽海滩小船的油画，都是回到阿尔后根据速写完成的。

50

收获景象、
干草堆

收获景象

　　这幅《收获景象》是梵高在阿尔创作的最大的一幅画，也是他在烈日下，用一天的时间就完成了的。这是梵高爬到阿尔东面的高处，架起笨拙的透视框，面朝阿尔皮勒山和金黄色的克劳平原时所捕捉到的一幕："我正在画一个新的主题——绿色和黄色的田野，一望无际，直到目光尽头。"等回到住处后，他自信满满地给提奥写信说道："这幅画胜过所有其他作品。我的方向是对的，如果高更愿意加入我的画室，我们将成为南方的探索者。在收获季节，我的工作并不比那些收割的农民更轻松，从长远看，我认为我应该完全归属于乡村。"这幅画既充满了浮世绘的异国情调，又饱含了中央高原上克劳平原全景的壮观，梵高自认它有"莫奈的效果"。妙极了！延伸到地平线的尽头，与大海一样浩瀚。这种全景视角，梵高觉得拥有神奇的力量："在那种平面的风景中，什么也没有，只有永恒。"这是浮世绘风格高视点的取景，里面

收获景象（素描）   收获

星星点点出现着紫色——抚慰，又是抚慰，梵高只有在画这种画时，才能平静。从圣玛丽海滩，到收获季节，对这些主题他画出了不少杰出的作品！但好日子却迟迟不来，接下来的时间里，被他认为"妙极了"的这幅《收获景象》还是无人问津。可怜的梵高，又把希望寄托在了高更身上，这一切深深地一点点不露痕迹地让他再一次走向精神崩溃的边缘……

在接下来的两周里，他以几乎一天一幅作品的速度出产"成果"（有时是一天两幅）。梵高在信里写道："普罗旺斯是画家的天堂，我画了7幅麦田的习作，画得非常快，非常快，非常快……一切都在仓促中进行，就像那些在燃烧的太阳底下默不作声、专注于收割的农民一样，麦子是古老的金黄色，拥有丰富的古铜、黄绿、红黄、金黄、黄铜、红绿以及亮橙等种种色调，就像熊熊燃烧的大火在阴暗中发出闪光……"在一幅接着一幅的麦田、草堆画里，他常常画出心爱的地平线，且越画越高，感觉梵高才是"中央高原的诗人"。他把天空、太阳、夕阳、地平线等远离人类的景观画得那么深入人心，那么接近人类疲惫的心灵，时不时地能让观者陷入无限的沉思里。在不同的麦田、草堆画里，阳光从正午的亮黄色到夕阳时分的黄褐色，天空从钻蓝到紫蓝再到蓝绿，最后还出现了金色……是梵高生动的画笔，展现出了阿尔无休止的大风中麦浪滚滚的样子，还有镰刀所到之处，被默不作声的农民捆扎好的巨大麦垛……梵高对劳作者的敬意在这些画里肆意挥洒——这个忧郁症患者，中产家庭的子弟，知道自己无法变成真正的农民，背负着拖欠弟弟的巨额债务，他是多么羡慕画面中无忧无虑、简单面对生活的人啊！与此同时，他也把自己一直向往的、如同农民那样收支平衡的卑微理想，倾注在了这些让他无比快乐的作品中。是的，就连处于近景的干草垛和麦草垛，都充斥着表情，

普罗旺斯的干草垛

干草堆（素描）

仔细看一会儿的话，你就会发现那些干草垛和麦草堆的上部是一张满足、喜乐、憨厚、卡通般的笑脸，这是躁郁、可怜的梵高在那一刻所向往的。

51

肖像

梵高曾说过，要是他变成有钱人，最想做的事就是能雇多少模特就雇多少模特！之前两年在巴黎，模特费用昂贵加上高傲的巴黎女郎总是看不上他，给钱也不去他的画室。所以，当梵高来到了当地民众相貌普遍特殊于法国其他地区的阿尔后，他写信给妹妹惠尔说："这里的人通常都很好看，走在街上，都能发现弗拉戈纳尔或雷诺阿笔下的那种女人。这令人想起契马布埃和乔托的少女，以及与戈雅或委拉斯开兹笔下的人物一样漂亮的人。"到了5月，搬进黄房子后，当他终于有自己的画室可以画人物时，梵高发誓说："我应该猛攻人物画，那才是我的目标。我敢肯定，她们（指女模特）会愿意的。"为此梵高曾专门跑到圣玛丽海边，希望能找到愿给他当模特的日光浴者，但他去的季节不对，那时的海滩没有在进行日光浴的人。而在阿尔，有两个因素阻碍他找到模特：一是当时是收割季节，人们很忙；二是那些未开化的农民，不太明白为什么要摆一个姿势固定不动，这很可疑。所以，这个阶段里梵高的画中人物都是很远、很小的人影。他曾尝试想象着画人物，但画坏了好几幅。这也导致他写信给惠尔，求她去纽南的原画室里翻找一些版画（因欠房东房租，很多版画被扣），希望从版画人物上寻找一些参考。梵高最终希望自己的人物画能达到莫奈风景画的那种声誉，加上高更正在画农民姑娘舞蹈的题材，这更刺激了梵高想创作肖像画的欲望，也更盼望着有着漂亮眼睛的高更前来阿尔，那样他就能跟在高更后面不用付雇女模特的费用了。

1888年8月下旬，尤金·冯·宝赫到黄房子拜访了梵高。这位仁兄是一位比利时画家兼诗人，早在6月梵高走访麦克奈特画室时便认识了他。梵高跟诗人说："我想画一幅艺术家朋友的肖像画，一个做着美梦、像夜莺般工作的画家，因为这就是他的天性……一张刀锋般锐利的脸，绿色的眼睛，五官轮廓分明。"有着绿色的眼睛，与梵高一样，同时俩人都出身于中产阶层，家人中也都有艺术专业人士，梵高有提奥，宝赫有妹妹安娜——一位专门收藏前卫艺术家画作的女士，她同时也是个画家，正是她买下了梵高卖出的第一幅画作《红色葡萄园》。梵高与宝赫一起在田野里散步，去竞技场看斗牛，谈论艺术到深夜，当宝赫说自己想回比利时，去博里纳日

尤金·宝赫肖像
（这幅画被梵高命名为《诗人尤金·宝赫》，也曾经被梵高与米利耶肖像《情人》一起挂在黄房子他自己卧室的墙上。）

矿区建立画室时，梵高兴奋无比，期待着将来与宝赫定期交换画室用。可怜的梵高，太想画肖像了，他在向宝赫提出画肖像之前，就忍不住想象如何画他。梵高居然把满头黑发的诗人想象成金发："一个金发男子，突出他头发的橘黄、铬黄和浅黄色调。在他的脑袋后面，我不会画房间的墙壁，

米利耶肖像
（这幅画被梵高命名为《情人》，意指模特是个大情种，大众情人。）

我将尽我所能画出最浓艳、最强烈的蓝色平涂背景。通过将明亮的头部与丰富的蓝色简单地结合，我将得到一种神秘效果，就像蓝天深处的一颗星星。"也许是长时间的相处，培养出了一定的感情，当宝赫望着梵高期待的眼神，同意让他画之后，梵高没有把宝赫的头发画成金色，而仅仅是在头发、胡须的边缘加了一圈金黄。梵高认为这幅画表达了"一种表情的思想深度"和"对星星的渴望"。虽然他早就承认过，新艺术也好，印象派也好，那些描绘瞬间视觉和美丽光线的作品，无法画出内心的真正情感，只能画出表层，他认为好的肖像画会是"一种完整，一种完美，是无限中的一瞬，能说出某种令人感到安慰的东西，就像音乐令人感到安慰一样"。这幅画后来被梵高挂在卧室里，与米利耶的肖像《情人》并排，伴着他入眠。

身在阿尔的梵高，认识了同样很喜欢绘画的朱阿夫步兵米利耶。朱阿夫步兵这个名字，源自法国早年在阿尔及利亚的朱阿夫部落所雇士兵的称呼。那个部落的士兵作战勇猛，且在情场上战无不胜，因此这个部落里的男人在几个世纪以来一直被欧洲人想象成很神秘的样子。其实到了梵高时期，该兵种里已经混入了大量的法国本土士兵，米利耶就是其中之一。他原本出身于法国中产家庭，而后背叛家族跑到朱阿夫兵团当兵，此时此地在他们这样的人身上，除了阿尔及利

亚少数民族怪异的军服，以及时常混迹于妓院的特点外，非洲特色基本已荡然无存。米利耶在阿尔休假期间，与梵高碰到了一起，梵高做他的老师，并拜托弟弟从巴黎邮寄绘画类书籍给米利耶。"我终于找到了一个模特——一个朱阿夫步兵，一个有着小脸孔的年轻人，他的脖子像牛的脖子，他的眼睛像老虎的眼睛。"可怜的梵高，这样兴奋地给提奥写信。

这幅画被梵高称为太丑了："这幅习作看起来似乎很刺眼，但是我仍然喜欢画普通的题材，甚至是像这幅肖像一样粗俗的画。这幅画暴露了我的缺点，我不满意这幅习

朱阿夫士兵半身像

坐着的朱阿夫士兵

作，因为画得实在太丑了。"

好不容易有了个模特，还是一个可以穿着奇装异服供他画肖像的士兵，其实米利耶的容貌属于很精致、很柔情的法国人长相。之后梵高兴奋地跟提奥描述道："我给他画的一幅半身像是非常严肃的，蓝色的制服上面有一条褪了色的橘红色带子，胸部有两颗淡黄色的星，一顶普通的红便帽后面，衬着绿色的门与橘黄色的砖墙。这是一种不调和色调的粗野的综合，是很难处理的。"在画人物肖像时，梵高总是有种近乡情怯的焦虑，"很难处理""很棘手""搞得人狼狈不堪"这类话，在他画《吃土豆的人》时也说过，在画《露天咖啡馆》时也说过。一个痴迷于绘画尤其是极其想画人物肖像而机会又很少的人，当渴望的模特真的坐在面前时，那种激动、混乱、局促及渴望成功的心态，让人唏嘘。梵高在写给另一个人的信中重复表达了同样的幸福和焦虑。梵高口中的"很难处理"，源于他对目标至高无上的追求，他曾如此说道："我画一个男子的肖像时，我要人们能感受到那男子一生的全部经历——他所见到的、做过的和遭受的每一桩事情。有时，情感来得那样强烈，以至于你情不自禁地工作起来，笔触就像一个句子或一封书信那样连续和连贯。"

52

向日葵和
诗人的花
园

当梵高打算再画向日葵的时候，大约已是 7 月，他与高更之间的谈判（来阿尔）已经进行了好几个月，中间还有提奥，三方书信往来一直在讨论这个问题。对于梵高来说，高更的到来意味着他那乌托邦式的"南方画室"即将诞生，并奢望留给后代，将在美术史上成为著名的画室。他的信里充满了期待。而高更是要养活一家好几口人的，他的态度始终是冷静而充满

花瓶里的五朵向日葵

（1919 年 此画被日本商人山本顾弥太花高价购买，这幅画是用邮轮从法国运到日本的。山本在两次短暂地展出该画后，宣布不再展出，原因是在那场东京心斋桥的展览中，该画作居然从墙上掉到了地上，让画框受损，这使山本痛心疾首。但更不幸的事还在后面，1945 年，日本偷袭珍珠港后，美国大规模轰炸了日本大阪，山本的家被炸平了，这幅画从此消失。）

盘算的。提奥这边，早就看出高更与哥哥是截然不同的两类人，深深怀疑他们相处的可能性与后果，但实在不忍打击梵高的万丈豪情，他太疼爱哥哥了，希望能把哥哥的画从高更这里带入正规的市场，同时也看准了高更画作的潜在前途，所以同意了让高更前往阿尔。正在此时，梵高经商的伯伯森特去世了，留给了提奥一小笔遗产，并讲明白一分钱都不给曾与妓女同居的梵高。这个严肃的老人，其实是用他貌似最正义的方式，间接地给了他曾经疼爱过的侄子梵高一笔钱，因为提奥近十年来一直在资助梵高，他不会不知，把钱给提奥就等于一定会让梵高受惠。此时的高更已经吊足了梵高的胃口，也看明白只有提奥才能让他在巴黎有立足之地，因此他在回复梵高的信中说梵高的计划是"令人感动的"，并在信中开始猛烈煽情："当水手们搬动重物，或要抛锚时，他们都一起唱歌，让自己斗志昂扬。这正是艺术家们所缺乏的。"梵高看后万分激动，并转述给弟弟。可接下来梵高看到的高更的计划，却是希望提奥筹集60万法郎，用以"确立自己作为印象派绘画经济人的地位"。也真不愧是艺术家，高更的想法让豪情万丈的梵高顿时懵了，他立马觉得这条路行不通，并认为高更出现了"幻觉"。梵高这样告诉弟弟："在我看来，这一计划只是再次说明了他已彻底崩溃，所以最好尽快让他离开现在的地方。"

同时梵高愤怒地给高更写信，要求他撤回那一胡闹的计划，否则将另找懂得感恩的艺术家来分享"南方画室"。高更在绝望之中写信给提奥说："我现在正式和肯定地回应你关于前往阿尔的提议。"

终于得到了高更的明确答复后，梵高欣喜若狂，他上蹿下跳，先是逼拉塞尔违心地购买了高更的一幅画，又把自己在蒙马儒画的素描寄给了他最心仪的画商托马斯，提议用卖画所得的钱来资助高更，并建议在马赛为高更办画展。当提奥那时刚好有离开古庇尔画廊的意愿时，梵高一反常态地坚决反对，怕此举影响了他们与高更的计划。并且梵高把自己生活费的一部分寄回了提奥，这是史上第一回。即便如此，高更又沉默了，晾了梵高好几个星期，这让梵高的情绪无比消极、焦虑不安。他甚至想去高更那里……时辰到了，向日葵的花朵开了，梵高又遇到了在巴黎时就爱不释手的向日葵："在蓝天下，向日葵盛开的橙色、黄色和红色花朵穿上了令人惊艳的盛装，在透明的空气里，它们看上去比在北方时更幸福、更可爱。我正在考虑用半打'向日葵'装饰我的画室。"他这样跟贝尔纳说。于是，原本要去北方找高更的事被梵高抛诸脑后了。对于画向日葵的过程，当时一个在场的人后来生动地描述道："文森特喃喃自语，口沫横飞，他面对画板，一会儿安静凝视，一会儿甜言蜜语，一会儿

花瓶中的十二朵向日葵

花瓶里的三朵向日葵
（此画 1948 年被借给了克里夫
兰美术馆展出 1 个月，之后便再
没露过面。）

十四朵向日葵

又变得恃强凌弱、求全责备……在他的手用画笔反复调颜色或不断搅动颜料时，会突然冲向画布，赋予所画对象以轮廓、肌理及色彩，然后退后几步，双手抱在胸前，眯起眼睛评估自己心灵中的构想是否已实现，他那整齐的梵高式笔法一遍遍地出现在画布上。"梵高是这样对弟弟解释的："我现在画画就像马赛人喝马赛炖鱼汤（一种普罗旺斯地区的鱼汤）一样，这不会让你感到惊讶，因为不过就是画向日葵这点事罢了。"这七幅向日葵，前四幅是梵高在一周内画出的，后三幅是后来他对之前画作的复制，其中两幅则是专门为布置黄房子里客人住的卧室而画的。他期待着弟弟或高更前来："一幅完全用黄色画的画，当然与众不同，你或高更将入住的房间，会拥有雪白的墙壁，以精彩的黄色向日葵作为装饰。"

对向日葵的挚爱，对黄色的偏爱，让梵高根本不满足颜料管里的黄色，他只要是在画室里作画，大部分的颜料都是用他买的原始颜料块自己研磨的，梵高需要一种野蛮的、粗糙的、明亮的黄。梵高说他的目标是："安排好色彩，令它们颤动起来！"这是大多数喜欢梵高画作，但又说不出为什么的朋友应该知道的一个真相，那就是梵高所有出色的作品，你都能从其中感受到"颤动"，光线的颤动、花朵的颤动、果树的颤动、还有星空的颤动，甚至你在他的人物肖像里也能体味出或痛苦或粗鲁或憨厚的情感的颤动！总是有人批评他的画画得太快，这些人根本不了解梵高的作画过程，对有些主题的画，他经常会先构思好几个星期，然后才动笔。像《播种者》这类几乎是他人生主旋律的画，他一直在构思，一直在画，构思了数年！而这个系列的向日葵，其实早在巴黎时的某天，他坐在一个餐馆里，看到窗外有一棵硕大的向日葵，自那时起，梵高就一下子爱上了这种花："长时间凝视它们，会发现它们具有更丰富的内涵。"他在巴黎所画的四幅向日葵，是一种色彩上的尝试，等到现今的葵花绽放时，其实他心目中早就构想着以贝尔纳所推崇的分离主义理念来描画这些可人的东西。早在5月，梵高就用一束插在水壶里的鲜花对自己的设想做了试验，在5月底的时候，他又在圣玛丽海滩的小船上做了尝试——那些被他称为像鲜花的小船。因此他告诉贝尔纳自己的向日葵将"拥有哥特式教堂里的玻璃画的效果"，继而告诉弟弟这个系列的向日葵将会是"蓝色与黄色的交响乐"，自信地称其

花瓶里的十二朵向日葵

花瓶中的十四朵向日葵
（此画后称十五朵，这是梵高在黄房子里画的最后一幅向日葵。之后的三幅都是他复制了以前的作品，且不是在黄房子里而是在医院里画的。）

足以与莫奈的昂蒂布风景画相媲美。这种对各种花的痴爱，可能是因为他从它们的怒放、多产及迅速的衰败中，感觉到了与之共同的宿命。在接下来的黄房子"壁画"的创作过程中，梵高夜以继日地设计着他的向日葵，尤其是色彩，梵高既想让每一幅都有所不同，又希望整个系列有它们统一的气质。对于整体的设计梵高在得知莫奈的昂蒂布风景画遭到批评后（缺乏结构），说自己要从塞尚的"逻辑结构"及维梅尔等荷兰画家的"理性色彩"中求得出路。经过如此这般的全套设计后，他开始创作"一系列迅速完成的作品"。但是焦虑的性格让他对自己的画很少满意，总是能发现有不完美的地方："最优美的画作就是你躺在床上抽着烟斗时想到的画，也是你永远不会画的画。"梵高在信中如此告诉贝尔纳。

8月下旬来临时，那些向日葵也开始衰败了，但跟随自己心灵设计走的梵高，让画面上的花朵尽量地夸张，因此也不太在乎花朵们的即将"老去"。梵高或许没再用炭笔，而是直接用

十五朵向日葵

油画笔勾勒底稿，他一直坚守着分离主义设计及补色的理论，很迅速地就又画出了三幅：两幅有三朵向日葵的，一幅至少有12朵盛开着的向日葵。"每天早晨太阳一出来，我就开始工作，因为这些花凋谢得很快，所以关键在于一次就要画成。"事先的规划与设计是他煞费苦心做出的准备工作，但望着这些杰作，你的确能感受到它们的一气呵成，很难看到提前精雕细刻的设计的痕迹，比如线条的自发性、色彩的冲撞、厚涂颜料中的热烈气氛，还有笔触里的深情厚谊。最重要的是花朵中的灵气，这都不是靠精心设计能达到的效果。梵高也意识到了这些，他说自己画这些画时，感觉像是一场"击剑比赛"，"理性的计算"与"笔触的平静"展开了较量："我画了三次：第一次、三朵大向日葵在一只绿花瓶里，有明亮的背景；第二次、一朵枯萎并掉了叶子，另一朵是蓓蕾，背景是品蓝色；最后一幅是明亮的，我希望开始创作第四幅。"后来画作完成后，梵高总结道："在黄色背景前面有十五朵向日葵，好像我以前所画的一样。不同之处是这幅画更大一些，它有一种特殊的效果，我认为这幅是以更加简练的手法画出来的，那种亮黄色看起来十分雅致。"这是他在黄房子里创作的最后一幅向日葵。他深情地和提奥说："你知道，芍药是杰宁的，蜀葵是科斯特的，而向日葵是我的。"果不其然，向日葵至今是他最著名的标志。然而这些向日葵画作有一个共同的现象，之前我也说过，那就是画作中很多花朵的黄色花瓣不见了，不知是被故意揪下，还是梵高故意选择了花瓣脱落的向日葵，它们通常只剩下了中间的葵花籽圆盘，感觉梵高在有意突出种子的象征性，这是他植物版的《播种者》。另外，那幅《十四朵向日葵》（后又发现一朵不明显的，改称十五朵），坊间传说是代表着基督十二门徒＋弟弟提奥＋好友高更＋梵高本人，但史密斯版《梵高传》里没有这样的记载，《渴望生活》里也没有

花瓶中的十四朵向日葵
（这是梵高家人唯一保存在手里的一幅向日葵作品，后来被放进荷兰阿姆斯特丹梵高博物馆永久收藏。）

这种说法。

高更在巴黎时，就赞赏过梵高的向日葵，而当他来到阿尔，看到这个系列的画作后，更是赞赏有加。梵高在信里这样转述："高更说，他在莫奈家看到一幅向日葵的油画，向日葵被插在一个精美的日本花瓶中，不过他还是比较喜欢我画的这一幅。"在梵高的耳朵被切掉后，当高更慌忙中溜走时，还没忘顺走了两张向日葵画，这让梵高很不高兴。高更后来这样描述他房间里的向日葵："在我的黄颜色房间里——带紫色圆环的向日葵突出在一片黄色的背景之前，花梗浸在一只黄色的壶中，壶放在一张黄色的桌上。画面的一角，有画家的签名——文森特。黄色的太阳透过我房间里的黄色窗帘，一派生气沐浴在一片金色之中。早晨，我在床上醒来，想象这一切必定是芳香扑鼻的。"

梵高去世后，1901年高更托人从法国邮寄了一些向日葵籽，种在自己家的花园里，那时他住在南太平洋塔希提岛上，随后也画了四幅向日葵画作，这是对梵高的一种致敬和怀念吧，画完这四幅画两年后，高更去世。

公园中的夫妇与蓝枞树

值得一提的是，在梵高与高更同住在黄房子的那段时间，他曾十分用心地布置高更的卧室。在我查阅的众多资料中，发现梵高说过怎样布置高更的房间。其中提到一幅向日葵在中间，四幅诗人的花园分布在两边。在他写给提奥的信中曾写道："我最近创作的一幅油画，是衬着玫瑰红色天空的

有垂柳的公园是诗人的花园

一排绿色的丝柏，天上有一钩浅柠檬黄色的新月。一片模糊的前景中，是泥土、石子与一些蓟，还有一对情人，男的穿着浅蓝色的衣服，戴着黄色的帽子，女的穿着粉红色的上衣与一条黑色裙子。这幅画成为《诗人的花园》组图中的又一幅作品。这一套画作是用来装饰高更的房间的。"据梵高自己讲，这幅画镶的是胡桃木外框，他给太多画定制了木框导致超出了生活预算，梵高有 4 天是靠着 23 杯咖啡与仍然欠着账的面包过活的，然后紧紧地攥着 6 法郎，要再过一周才能等到弟弟的汇款："一想到要再向你要钱，我的心里就发怵，但是我没有办法，因为我已经又山穷水尽了。"不会计划着使用弟弟供给的钱，始终是梵高的硬伤。

53

鲁林一家

约瑟夫·鲁林肖像   鲁林肖像（草稿）

　　阿尔火车站的邮递员鲁林，身高198厘米，有着浓密的栗色胡子，梵高称他的胡子为"一座浓密的森林"，他还有两道剑眉及总是泛着潮红的面庞，他整天穿着邮政局的制服，不论春夏秋冬，戴着有帽徽的硬壳帽，嗓音洪亮，走路时昂首阔步。可能是在梵高经常因为稀奇古怪的包裹的邮费而跟邮局争吵时，鲁林就注意到了他。他俩也都经常在那个加雷咖啡馆吃饭和喝酒，当有时咖啡馆里的人都走光了，只剩下梵高时，两位性格迥异的人最终相识了。他俩都喜爱苦艾酒，梵高看准了鲁林这个巨人嘴馋的特点，用好吃的好喝的把他诱到了自己的画室当模特。

　　鲁林僵硬地坐在那里，有些坐卧不安，梵高飞速地画着，用了一块巨大的画布来画这个巨人。有人肯让梵高画，他兴奋地写信给贝尔纳说："用

邮递员约瑟夫·鲁林肖像　　　　　　　　鲁林肖像（素描）

奥古斯汀·鲁林肖像

阿蒙德·鲁林肖像

卡米耶·鲁林

婴儿马塞莱·鲁林

鲁林夫人和她的孩子

杜米埃的手法来画他，这将会是一个多么棒的主题啊！邮递员的头像虽然是一次画成的，但却是我费了心血画出来的。我以后要常画这样的画——与第一个来到我家里的人一起喝酒，不是用水彩，而是用油墨，用杜米埃的方式现场作画。如果我能这样画上 100 幅，那么其中必然会有一些好画。如果我老老实实地这样干下去，我就会成为一个众人皆知的疯子……"此时的梵高，为了迎候高更，甚至是贝尔纳（向分离主义效忠）的到来，开始奚落莫奈的印象主义，以及讽刺修拉的新印象派为"那个可以将自己局限于视觉实验的画派。"并且十分不明智地拒绝了提奥准备让他参展的提议——弟弟建议他在这一年的《独立艺术家》杂志画展上参展，尽管去年梵高的画作受到了尖锐的批评，可梵高此时担心的却是独自参展可能会让高更和贝尔纳不高兴："我们三位的名誉都将面临考验……我们三个人没有一个只为自己工作。"

那段时间，鲁林的大儿子刚刚丢掉了工作，闷闷不乐。

鲁林这家人很像纽南的《吃土豆的人》那一家子，全家几乎都让梵高画了个遍。据史密斯版《梵高传》记载，画鲁林的家人时，梵高是付了钱的，还允许他们在这几幅画中随便选一张拿走（尽管后来鲁林拒绝了梵高再次画女婴的请求）。从梵高所画的这家人来看，除了鲁林自己的表情是配合的样子以外，鲁林夫人和她那年长点的儿子可是一脸的不耐烦。后来有人采访鲁林夫人时，她确实承认了对梵高有些腻烦，到他发病后甚至有些恐惧，但她还是给梵高做了八次模特。

而鲁林和鲁林夫人以花朵为背景的两幅肖像，是在高更已经住进黄房子，且两人已经吵得不可开交后画的。在某一次的吵架和解后，高更答应梵高不再提离开的事，并愿意与他一起画鲁林夫人肖像。两位艺术家为表达在这次和解中的诚意（其实高更只想再忍一段时间，为了在巴黎的提奥能卖他的画），提前讲好画完后两人要交换画作，因此，这时梵高所画的鲁林夫人手拿摇篮绳子的肖像，背景变成了高更所喜爱的花朵，正像他赠予梵高自画像那样的背景。这幅《摇篮曲》梵高画了五幅，其标题受到了荷兰作家兼精神病科医生弗雷德里克·凡·伊登作品的启发。画中他没有

摇篮曲

摇摇篮的女人

让摇篮出现，只有一根连着摇篮的绳索被抓在了鲁林夫人手里。

　　他们二人所画的作品，尺寸、定位、色彩等都很搭配。从梵高的这幅《摇篮曲》中可以看出梵高对高更的怀念，他说："我们谈到冰岛渔夫，谈到他们与世隔绝的日子，在悲伤的海上，等待着各种危险。亲密的谈话过后，我突然想画这样一幅画——水手们在他们驶向冰岛的渔船上一看到这幅画，就能令他们回忆起幼时摇摇晃晃的感觉，让他们想起自己的那首摇篮曲。"大家别忘了，

高更跑过两年的海船，做过海上贸易，他是梵高心目中伟大的海员。伴随着那幅《摇篮曲》，《约瑟夫·鲁林》的高更风格肖像也诞生了。可以这么说，《摇篮曲》是梵高在黄房子里与高更共同生活63天的一"曲"哀婉的悲歌，也是梵高很得意的一幅作品，他曾在信中这样和弟弟说："毋庸置疑，这些作品会让我在艺术史上永远享有一席之地。"

　　当割耳事件发生后，可怜而又善于幻想的梵高，一心还想挽回与高更的情谊，希望

约瑟夫·鲁林

《摇篮曲》与《向日葵》的三联画

他回到阿尔，两人重新开始。于是，他就又拿起笔画了两幅《向日葵》，并说与《摇篮曲》组成三联画："人物橘黄色的头发将在两边黄色翅膀的映衬下更加明亮 。"他殷切地认为如挂在高更的房间里，会很棒。那幅《摇篮曲》中鲁林夫人的手，在割耳前一直没画完，直到血案发生后很久，当梵高出院回到黄房子后，才最终完成此作。那只手，那条绳子，反映出梵高绝望地在画自己的手，想紧紧地抓住高更这根他幻想中的救命稻草搓成的绳子，他希望弟弟付出的 15000 法郎能傍着高更让自己走向卖画的市场，以回馈弟弟的恩情，但这幅《摇篮曲》却成了浇灭他与高更友情的一首曲终人散的挽歌，尽管此画的背景、时髦的颜色、放弃厚涂法都是高更喜爱的风格，尽管他以此画加两幅《向日葵》组成虔诚的三联画，遥想着往昔与高更共度的时光及和解的可能，尽管他从此再也没有机会将画交给高更了（梵高去世前曾路过巴黎，想见高更，被拒绝了）。

从窗口看猪肉店

梵高落脚阿尔，主要目的不是画这个小镇，他关注的焦点都在周围的乡间、山峦或麦田里，因此在他第一次走进拉马丁广场时，就直接走进了第一个遇到的小旅馆。之后的日子（搬进黄房子之前）他往往是出了旅馆就直接走向郊外，对小镇里的街道甚至古迹毫无兴趣。《从窗口看猪肉店》是他抵达阿尔后画的第一幅画，应该是受到另一位画家相同主题的启发，加上正好赶上刮大风，无法外出。他延续了每抵达一个地方都画窗外的习惯，画了这幅窗外的猪肉店。整齐的笔触是梵高的，色彩是印象派的，这

阿尔室内餐厅

传达出他来阿尔后的一个方向：色彩要明亮，比之前更明亮。但他没有在这幅画上签名，显然算是小试牛刀，自认是习作。由于对卡莱尔旅馆和那个通宵营业的咖啡馆的食物不适应，他曾在书信集里抱怨过。其实梵高有所不知，他严重的抑郁症已经引发了肠胃功能的紊乱，如果再每天下饭馆，则很难适应。好在不久之后还真让他找到了一家满意的饭馆："我已经找到了一家好的饭馆，在那里能够吃到 1 法郎一餐的好饭，它对我的影响马上就能看得出来。"可怜的梵高，难得有件满意的事情，他高兴地把这个消息告诉弟弟，还把这个小饭馆画了下来，就是那幅《阿尔室内餐厅》，这个地方的装修让梵高感到有些怪异，墙和地面都是灰色的，仅仅在门口处挂了个挡风的厚门帘，是绿色的。尽管室内原始色彩很灰暗，但梵高满怀感激地用花瓶甚至红色瓶盖点缀出一点鲜艳的颜色。此画还是没签名，可能也是因为不满意吧。

当梵高某一天在路上遇到阿尔当地的妇女身穿民族服装参加某个宗教

集会或家族庆典时，画一幅群像作品的想法又冒出来了。在海牙时，他为了画群像，花了不少钱把自己的住所装修成了施粥场，想以此为主题画一幅大型的群像作品，但最后仅仅请来了几个模特，画了几张素描。梵高阿尔时期的几张群像油画，都是在画室里想象着画出的，这是受高更的鼓励，加上高更到达后的 10 月，天气往往很不好，无法外出写生。因此，平时就喜欢想象着作画的高更让梵高也试试。由于竞技场在当时的季节已经没有了斗牛表演，梵高就用记忆和想象画出了《竞技场》。《布雷顿妇女》可能也是想象出来的，也有可能是参考了一张小速写。

这幅《布雷顿妇女》他签名了，应该是从构图到线条再到色彩还算比较满意。如果仔细看的话，这个群像里的人脸基本都是抽象的，这是因为，梵高手里没有女性脸部肖像习作，他甚至想拿回被扣在纽南的版画，从中寻找可参考的人脸，所以这幅群像里的人脸只能是这样的了。

仔细看竞技场的群像作品，里面近景人物的脸有纪诺夫人和鲁林太太。这幅竞技场的画，梵高使用的是高更喜爱的粗糙黄麻布，但这种画布让他

布雷顿妇女（临摹埃米尔·伯纳尔）　　　　　　　竞技场

夜间咖啡店

的厚涂法无法尽情发挥，因此他从来没在信里跟弟弟提到过此画。在高更的影响下，梵高还凭记忆画了一幅《埃顿花园的记忆》，里面有他的母亲、妹妹惠尔及一个仆人。

梵高画《夜间咖啡店》大约源于两个因素。一是他总是不能按时交房租，因此既是黄房子的房东也是通宵咖啡店老板的纪诺，在与他吵架的过程中说如果梵高能为咖啡店画一幅画，就原谅他迟交房租的行为。梵高答应了他的要求。另一个因素是加雷通宵咖啡店难道不是他一直想画的吗？他在那里吃饭、喝酒、聊天，那里的日常就像一部连续剧，日夜穿梭着各种人物，有无家可归者，靠一杯咖啡，不必花钱去住旅馆；有喝得烂醉如泥者，趴在桌上已经无法走进旅馆；也有失恋者，来到这里看看能否找到可抚慰伤口的契机；还有对政治滔滔不绝地高谈阔论者……连续三天，他白天睡觉，晚上当钟声敲响 12 下后，他就来到咖啡店靠近大门的一角，支起画架和巨大的画布，画里面的场景。前景里桌子上放着酒瓶子、咖啡杯，那些人

夜间咖啡店
（水彩版）

见到他在画，要么避开换了远一点的位置，要么就干脆离开了……纪诺此时可能正在收拾桌子，他既好奇又高兴地站在画面最明显的地方，等着梵高好好地画下自己。这幅《夜间咖啡馆》让梵高到了圣保罗医院后还时常想起，他在信中说："这幅《夜间咖啡馆》在色彩上最有特点，但是画面正中的白色人物，从色彩上来看要重新画过，好好地加以塑造。我敢说，这是一幅真正经过精心设计的绿色与红色相结合的图画。"

不得不佩服纪诺老板的某种情怀，他那里不知让多少流浪汉、失意者躲避了风雨，寻觅到了"不寂寞"。当我们看到那几个趴着的身影时，便看到了梵高故意用简单、稚拙的轮廓线画出了他们孤独以及处于社会边缘的催泪状态。梵高的每一幅画都在画自己内在的激情，这幅咖啡馆是他在观察外界时，捕捉自己内心的某种悲哀、渴望，用貌似外在的那些背影、侧影，画出自己的人生百态。梵高认为红色与绿色的碰撞是一种痛苦的对比，他在那"满怀"的痛苦之上画上了颤动的黄色的煤气灯光。此画被梵高称为"画过的最丑陋的画"，称它与《吃土豆的人》对等，尽管不同。可见梵高非常满意，尽管说其丑陋，但那只是因为梵高知道，最丑的也是

阿尔妇女：看书的
纪诺夫人

纪诺夫人
（这是 1890 年在圣雷米小
镇圣保罗精神病院里，梵高
参考高更在黄房子里画的《纪
诺夫人》而画的，角度变了，
是当时高更的角度。）

纪诺夫人（保罗·高更作）
（高更画的纪诺夫人，当时 40 岁，眼神很妩媚。
背景画进去了梵高钟爱的模特鲁林和步兵米利
耶，还有梵高画中那些趴在桌上的咖啡馆里的人。
不得不说，在边想象边作画这方面，高更的确比
梵高厉害。）

最美的。为了让弟弟尽早知道自己画了一幅怎样的咖啡馆，他转天就画了
一幅水彩版的《夜间咖啡店》邮寄给了提奥（油画阴干需要点时间）。

　　由于高更曾邮递给梵高自画像，且被梵高兴奋地拿到纪诺的咖啡馆去
显摆，因此当某一天夜里，高更抵达阿尔时（提奥替他还清债务，另付了
100 法郎），为不打扰正在睡觉的梵高，他走进了加雷通宵咖啡馆，结果
纪诺一下子就认出了高更，说与画中一模一样。出乎梵高意料的是，从高
更的信和他的自画像上判断，他是个可怜的、病入膏肓的艺术家，但当梵
高早晨拉开房门，第一次面对面看见高更本人时，他太意外了，原来高更
是个精神抖擞的壮实男人（虽然个头不高），比自己强健多了！这让一直
在精心营造让病人恢复身体的居住环境的梵高，大为尴尬。梵高为了迎接
高更的到来，在门口摆了两盆鲜花，另外还花了大约 300 法郎内外装修黄
房子、买家具，其中用 24 法郎装了煤气管道，在此之前，黄房子没有煤气，

也就意味着他只能白天在家画画，晚上去咖啡馆画画。装了煤气后，不但有了煤气灯，高更还会做饭，梵高负责采买。高更住进去后，他在家里厨房的墙上镶了两个盒子，把钱分别放进那两个盒子里，一个是食品日用的钱，一个是喝酒、烟草及其他花销，谁从中拿了钱，都要在一个本子上做记录（提奥每月给俩人250法郎，高更每月交一幅画），楼下的前厅给了高更作画室，梵高自己用厨房当画室。正像他曾经预料到的，高更的到来，很快就往黄房子里引来了纪诺夫人做模特，她盛装前来，戴着垂到肩膀的丝带帽子和手套，撑着阳伞，这是梵高住在此地很久而没能做到的。高更有着极佳的口才，满嘴的时髦词汇，法语说得很漂亮，更容易招来女模特。当高更画这个女人的素描时，可怜的梵高立马也替自己选了个位置，赶紧画，但那个女人居然抬起手，挡住了朝向梵高方向的那部分脸，只是含情脉脉地望着眼前的高更。1小时后，高更画完，纪诺夫人转身就走了，而并没有顾及梵高画完与否。即便如此，梵高也还是兴高采烈地写信给提奥说："好歹我也有了一幅阿尔姑娘的画作。"纪诺先生万万想不到，一个潦倒的画家，画了他的黄房子、他的咖啡馆（里面有他本人），而他的太太甚至是被两位潦倒的画家都画过。当时在纪诺看来，这些不过是想引来多一点顾客的画作，却极其意外地让他们

夫妇及他们破烂的小咖啡馆闻名于世了。

当梵高如愿地与高更一起生活在黄房子里后，提奥始终是清醒的，他觉得如果高更能忍让一些，也许梵高所期盼的美好合作就能实现。高更基本也一直是清醒的（除了酒后），为了还债，为了最终能在巴黎美术界站住脚，为了养活妻儿，他不得不来阿尔，这一点连贝尔纳都看得很清楚。贝尔纳虽然喜欢梵高，但始终拒绝近距离与之待在一起，他宁肯去法国北方看望高更，一起画画，也从来没有去过阿尔。贝尔纳不缺钱，所以不想以与梵高共同居住来换取提奥给予的好处。对黄房子里的"合作"，只有梵高越来越陷入不切实际的幻想中，却又没有能力为这种幻想控制住自己的情绪，因而导致两位大神一步一步走向了这场"戏剧"的"高潮"。

到了画《阿尔的舞会》这幅作品时，俩人的吵架范围已经扩大到极其琐碎的事情上，比如梵高所做的汤有颜料味，高更怀疑他是故意放的，其实是梵高一时没找到汤勺，用画笔去搅动了锅中的东西，他在独自生活时就这么干过。哥俩还会为某个新闻事件大吵一架，高更不喜欢梵高给他置办的家具，并把床单扔掉，换上了从巴黎邮寄来的自己喜欢的床单。高更嫌弃梵高黄房子里杂乱不堪，梵高说这是我的家，我愿意怎样就怎样……高更后来回忆说："他的颜料箱从来都装不下那些挤过的颜料管，当然也从来没

合上过。"这一切的吵架让高更说出了"打算离开"这样的话。这样的决定对正常人来说，不过是让自己回归往日生活而已，但对梵高来说，犹如开启了地狱之门。在他看来，高更依靠他弟弟在巴黎古庇尔画廊夹层里已经占有了一席之地，在那时提奥已经卖掉了高更好几张画和几件仿热带土著人所做的陶器，现在反过来是提奥欠高更 1000 法郎了。除此之外，还有著名的艺术团体邀请高更参展。梵高自己花了那么多钱，把自己钟爱的

阿尔的舞会

黄房子作为赌注压在了高更身上，他希望靠"有高更的黄房子"让自己崭露头角，但高更的"想要离开"使得他的精神高度紧张，在接下来的日子里，他费尽心机劝说高更留下。《阿尔的舞厅》这幅画，就是在这样的背景下画出的。那是 1888 年 12 月 1 日的晚上，阿尔小镇举办一年一度的冬季舞会，那天梵高和高更一起出现，在那带阳台的剧场里，人挤得水泄不通，但在梵高心中，那仍然是一个美好的夜晚，有美酒，有姑娘，有满场的气球，还有闪闪发光的纸制灯笼……更重要的是，为了挽留住高更，他从舞会回来后的几天里，又用高更喜欢的粗黄麻画布，想象着画下了这幅《阿尔的舞厅》，其风格完全是高更式的，里面借用了高更和贝尔纳画作里的一些人脸，当然还是有鲁林太太的脸。画中阿尔的女人，那些发髻都画成了如日本艺伎的装扮一般，前景的那些丝带和发髻的弧度，构成了某种意味深长的旋律，让我们隐隐感受到了舞会现场人群的舞动，同时高更式细腻的笔触和理性的线条，让人看到了某种整齐中有慌乱、欢乐中有哀伤的情感表达。

55

梵高喜爱
的葡萄园
和高更欣
赏的阿里
斯冈

绿色葡萄园

　　《绿色葡萄园》是在高更到达阿尔之前，梵高独自去画的。他在信中这样描绘那次写生："哎！我的葡萄园习作啊！我曾经像奴隶一样地画这些习作，我已经画出来了，它一方面是一幅油画，另一方面又是房子的装饰画。如果你能够看见这些葡萄树该多好啊！一串葡萄真的有 1 公斤重。今年秋天由于天气好，所以是葡萄的丰收之年。我刚才画过的葡萄是绿色、紫色、黄色的，树的小枝是紫色的，大枝是黑色与橘黄色的。在地平线上有一些灰色的柳树，葡萄榨汁设备在远远的地方出现，远处的城市显出淡紫色的影像。在葡萄园里，妇女们打着红伞，另外一些男人带着他们的二轮拉货马车在收葡萄。"这幅《绿色葡萄园》画完后，从书信集里可知，梵高显然与高更一起见到了一片红色的葡萄园，他兴奋地写信给提奥，描述了那个景色，但不知为什么当时没来得及画下来："高更与我今天要在家吃午饭了，他会做很好的饭菜。我想我会从他那里学会这一手。如果星期天你与我们在一起，你就可以看到一片红色的葡萄园，红得像葡萄酒。从远处看去，葡萄园就变成了黄色，在落日反光的地方，处处闪耀着黄色的

在阿尔的红葡萄园

亮光。"对于这幅红色葡萄园的画作，史密斯版《梵高传》里说它是梵高跟高更描述红葡萄园的情景后，高更鼓励他回忆想象着画出来的。可是读《梵高书信集》可以发现，梵高很明确地说过是他们俩一起看到了那个景象，只是没有当场作画、两人都是回到家后想象着画的。梵高对曾经看到过的葡萄园是那么满怀深情："啊，这些种着可爱的、大朵的红色普罗旺斯玫瑰以及葡萄与无花果树的园子多么美啊！这简直是一首诗，永远灿烂的阳光也是诗……因此生活几乎是迷人的。"若没有这种对植物痴迷般的爱，那幅《在阿尔的红葡萄园》是画不出来的。

梵高用他特有的激情和熟稔的素描笔法，靠回忆画出了跨越时空的美好——干活妇人的俯身动作与旁边河水及太阳难以名状的、温暖心灵的统

秋天的路

一感，让人过目难忘。难怪那位俄罗斯女画家兼收藏家买走了它（诗人兼画家宝赫的姐姐），这是梵高卖出的第一幅作品。

两位大师来到阿里斯冈时是1888年10月下旬，树木还有些绿色，那里是法国小有名气的情侣小道。梵高用高更喜欢的黄麻画布，舍弃了厚涂法，用平静的情绪画出了几幅高更式构图和用色的石棺公园。它们都有着纯粹的色彩、浮世绘的构图方式，以及高更式的精准线条。这幅《阿里斯冈》，在2015年5月5日的纽约印象派和现代主义艺术品拍卖会上以6630万美元售出。

阿里斯冈

阿里斯冈

56

关于
黄房子

黄房子（水粉版）

（绿窗部分是梵高
租下的四间，没有
厕所，要去隔壁那
栋小楼的公厕，梵
高说那里是细菌繁
殖地，高更也得去
那上厕所。画面里
黄房子前和旁边隆
起的土堆，是正在
修建煤气管道而挖
出的土。）

　　早在高更入住黄房子之前，梵高就在一张画布上把此生第一次入住的
属于自己的小楼、心目中将来的南方著名画室——拉马丁广场 2 号，画成
了一幅"永垂不朽的黄房子"。当他发现它时，破败的建筑和飞扬的尘土
以及火车的噪声都不存在，他凝视着它，只看到了无数盛开的鲜花，还有
大量开败的花，它们那持续更新的绿叶和顽强的新枝，都显出一派永无休
止的生机。这幅画中正走过黄房子门前的那个人，就是他自己，形态与《特
兰凯塔耶铁桥》中的那个背影差不多，孤单但坚定，微微驼背，令观者怜
惜。梵高在这幅画中省略掉了现实中那房子前边的一些不那么有性格的灌
木丛，这是受贝尔纳所倡导的分离主义的简化、简化、再简化的影响，但
不是为了装饰的简洁性，而是为了表达更深层次的情感。在一封信中梵高
高兴地写道："我想把它装修成一个真正的'画家之家'，它并不华贵，
正相反，其中没有一样华贵之物，但是从椅子到图画，每一样东西都有特
色。"梵高这样告诉提奥。等到里外重新装修后，他写信给妹妹惠尔说："我

黄房子

在这里的房子，外面漆成了鲜黄油般的黄色，搭配着耀眼的绿色百叶窗。房子在一个广场中，沐浴在灿烂的阳光下，这所房子旁有一个绿色的花园，里面种了梧桐、夹竹桃和洋槐。房子里面的墙完全被刷成了白色，地面由红色的砖块铺成。在房子的上空就是耀眼的蓝天。在这间房子里，我可以生活、呼吸、沉思和作画……"同时，他写信给弟弟说："房子给我带来了安逸感，我在这个房子里生活与工作，能感受到那么一种欢乐，我甚至认为这种欢乐并不总是孤单的，而你也将分享到这种快乐。"

从梵高 1888 年 5 月入住这里，高更 10 月 23 号住进去，除了中间割耳血案发生后住院，到 1889 年 4 月，梵高被迫彻底离开了他心爱的黄房子，前后他只住了差不多 10 个月。梵高知道房东不想再租给他后，曾想拆毁煤气管道，但没忍心。梵高离开后，那里由于装修状况良好，没再荒废，变成了一个酒吧，后来第二次世界大战时被炸毁。画作左侧中的那棵树，至今还在，只是黄房子没了。

除了为艺术理念和一些琐事争吵，高更的来到，对梵高精神的刺激其实是毁灭性的，或者说高更是那"最后一根稻草"。倒不是高更本人存心要毁灭梵高，而是他那种类型的人，根本不适合与梵高住在一起，这里先不说为某些事争吵的问题，高更来后，梵高有了难以启齿的隐痛，那就是高更自认识提奥后，事业逐渐起步。虽然从高更首次进门的那一刻起，梵高就和弟弟说了对高更的初步印象："我看到了野性本能的原始萌动。"只第一眼，梵高就喜欢上了高更（纯友谊那种），但是高更住下才几天，提奥就来信向他报喜，《布列塔尼农妇》卖了个好价钱！信中附了一张 500 法郎的汇票。此情此景，梵高表面上恭喜高更，但内心的隐痛，在他当天就写下的信中表露无遗："画卖不出去我无能为力。我明白，即使倾尽所有，我也要画出点什么，才能挽回这一路押下的赌注。但，亲爱的弟弟，不论作画如何艰难，即使付出生命我也要清算我的累累负债，我知道我能做到，不然就是白活一场……想到没有人要我的画，想到你因此遭罪，我就痛心不已。我相信，有朝一日一定会有人买我的画，只是现在，依仗你过活的我仍一无所获。还有什么比这更让人忧伤的呢？"古庇尔画廊的老板狭隘地以为提奥不过是想以权谋私，因此明确规定画廊里不许摆梵高的画，这就断了梵高想很快出头的一条路！提奥安排展出了那么多印象派画家的画，凡是在那里被展览过画的画家，都很快卖出去了他们的一些作品，贝尔纳就是。果然，高更的作品经提奥摆在古庇尔夹层后，好消息便一次又一次地传来。不久，高更又一次接到提奥的信："您的画作大获成功，德加很喜欢您的作品，现在已经卖出了至少两幅。"后面提奥表达了想提高佣金的意思，如果能卖掉五幅画和一些陶器，后续还可以再给高更汇 1500 法郎（不算每月寄往阿尔的生活费）。这些让梵高陷入了更加消沉的情绪中，甚至为自己花钱画画找出这样悲催的理由："与其让颜料在颜料管里变干，不如画在我的画布上。"多年来一直督促弟弟卖画的他，反过来要求提奥不要卖自己的画了："自己好好保管，退一步说，我创作的如果真是好东西，那么也会像酒一样越陈越香。"他说得没错，他对自己的画有信心，只是一年又一年花着施舍来的钱等待着恩主出现。提奥身体不好，经常生病，这更加剧了梵高的内疚："想想这些日子，在画上的开支是如何使你感到不堪重负的……你无法想象我是多么的不安，这种不安正在可怕地、持续地折磨着我。"因此，他常常用狂喝滥饮来逃避这种内疚。

想必喝得醉醺醺的梵高，进到黄房子里，爬上楼梯，最向往的就是他的卧室。那里是他喝醉后自我疗伤、幻想的地方，也是他抽着烟斗想着下一个绘画主题的地方。他在那里思考左拉、都德和托尔斯泰关于宗教和瓦格纳音乐的观点。梵高躺在那里反复揣摩音乐与色彩的关系，他还曾说过："我们每个人都想生活得更富有音乐性。"很显然，卧室那安静、温馨、可以畅想的"音乐性"让他在那里支起了画架，一幅大尺寸的画布已经备好。梵高在信中曾这样告诉弟弟："我要尽量使它简单，只摆上大件、结实的家具，包括不刷油漆的床、椅子与桌子。我正打算画我的床。这种房间的陈设，会给人一种杜米埃的画的感觉，我认为我可以保证它不会是俗气的。"漂泊多年后的梵高，每到一个地方，都要把房子的外观画一画或者从窗口画一下窗外的景象，哪怕窗外都是房顶，他也很有兴致，会精细地画一幅素描或者油画出来。然后把这些画送给家人，让他们得知自己的"处境"。但这一次，他不但画了黄房子的外观，还第一次想到画自己的卧室。与《黄房子》一样，这幅画里的家具有着较大的比例和夸张的透视，梵高用这种手法，把一个简陋的卧室变得令人觉得时空上有些变形，整间屋子好似来自另外一个世界。梵高画完这幅画，自我欣赏地说："这一回画的是我的卧室，色彩起了很大的作用，色彩的单纯使作品有了肃穆感，使人联想到休息或睡觉。简单地说，观看这幅画应该使人的头脑得到休息，说得更恰当些，是使人的思想得到休息。"

　　这幅《阿尔的卧室》有着很明显的分离主义理念以及生动的补色。一

阿尔的卧室

阿尔的卧室

阿尔的卧室

位艺术评论家分析梵高、塞尚、高更、安克坦、贝尔纳等新艺术派画家的画作时说:"复制人眼能够感知到的毫无意义的大量细节,有什么意思呢?人们得抓住本质特征,然后复制这种本质——或者,不如说是生产这种本质。"史密斯版《梵高传》里介绍,这位评论家在1888年3月,把这种新艺术命名为"分离主义",那就是"一种被剥夺了时间性、科学精确性的图像,一种被还原为色彩与设计的图像,拥有一种与纯粹感性相同的神秘表现力,事实上,它曾经是一种感性。"可见,梵高的画完全符合这位评论家对"分离主义"的定义。他给弟弟写信说:"我要再画它一整天。你知道此画的构思很简单。这幅画像日本版画那样,是用薄色平涂的方法画的。没有点彩,没有阴影的线条,只有调和的平涂颜色。这幅画与《塔拉斯孔的四轮马车》《夜间咖啡馆》将要形成一种对比。为了画完我的画,明天我要很早就在寒冷的晨曦中开始工作。"根据2016年由Fraces Lincoln出版社出版的《南方的画室:梵高在普罗旺斯》介绍,画中的那张床在1890年被梵高用火车运去了巴黎北边的奥维小镇。1891年提奥去世后,他的遗孀将此床运到了荷兰的一家小客栈里,她和朋友们曾经想过把这张床运回黄房子,但战时黄房子被炸后,梵高的侄子把床捐给了当地的穷人。也就是说,这张著名的床,目前很可能还存在着,只是使用它的人不知那是梵高用过的床。关于黄房子的画作,梵高在高更来到黄房子前画出了第一幅,后面两幅是梵高在圣雷米的圣保罗精神病院里复画的。如与第一幅做一下比较,会发现后两幅的颜色更加漂亮和神秘。画于圣雷米的后面两幅,重新画的起因是,在1889年7月,提奥把此画邮寄给梵高,想让他修补一下,但由于梵高旧病复发,加上好点了以后他也一直不敢打开邮包,怕黄房子里的景象刺激到自己的神经。到了9月后,他才鼓起勇气打开那个"过去",在画架上重新画了起来。从梵高到奥维后还愿意花运费请纪诺把床邮寄过去可知,他有多喜欢这张床啊!但纪诺夫人一直拖着没寄,理由是她老公被牛撞了,也不知真假,反正后来还是给寄过去了,在附信里还埋怨梵高从圣雷米离开时没去看望她。

在高更去阿尔之前,梵高画了一幅自画像,这是离开巴黎后第一次又

送给高更的自画像

对着镜子画自己。他向高更、贝尔纳发出了倡导，希望用自己的自画像交换他们俩的自画像，还提出一个小小的请求，那就是让高更和贝尔纳都在自画像的背景上画上对方。

想来以梵高的请求，进行如此交换，他的这幅自画像应该是画完后又复制了一幅，用以拿去分别送给贝尔纳及高更。之后，梵高顺利地接到了那两个人满足他要求的自画像。

把画送给高更时，梵高解释道："我把它当作一个和尚的肖像，一个

自画像（贝尔纳作）
（梵高建议和索要的贝尔纳自画像，
他请贝尔纳在背景上画上高更）

悲惨世界（高更作）
（梵高建议和索要的高更自画像，
他请高更在背景上画上贝尔纳）

佛的膜拜者。"此画很有趣的地方是，梵高不像在巴黎画自画像那样回避自己的缺陷——把嘴用胡子挡住，这次他终于把几乎掉光了牙的嘴露了出来，而且让我们看到他的嘴形并不完美，上下牙床有些错位。那幅肖像的感人之处在于背景，那里是明亮的翡翠绿，但由于用的是一圈一圈的笔触，让那种色彩的震颤从他的头部往外围扩散，再加上从左侧照向脸部的白光，让这张饱受煎熬的被各种人鄙视的脸有了一种打动人的神圣感。那一圈圈孔雀绿的闪动，与眼白部分的孔雀绿遥相呼应，让我们看到了一个自信、坚定的梵高。让人唏嘘的是，送给高更的那幅，原先有"我的朋友"几个字，后来由于高更明确要离开，梵高开始焦虑，有一次拿出那幅自画像，用颜料溶剂将上面的"我的朋友"抹去了。当然，兄弟俩在共同生活的63天里也有很多美好的回忆，比如互相画了对方，虽然两个强人谁也没有给对方做模特的意思，但是彼此却惺惺相惜，趁着另一位忙活、专注于某事时，画下了对方。高更所画的梵高，神情和气质都表现出来了，很生动，梵高也很喜欢。而梵高画的高更，居然是侧后方的角度，能感觉到高更某种自

戴红色贝雷帽的男子　　　　　　画画的梵高（高更作）

信的魅力。

　　梵高望着《画画的梵高》这幅画说："这是我？好吧，但是是疯了的我。"据高更说，给梵高看了这幅画后，俩人去了咖啡馆，坐下要了苦艾酒，随后梵高举起整杯苦艾酒砸向高更，高更闪开了，杯子砸在了墙上。但后来的某研究者说，那个咖啡馆里根本不卖苦艾酒。史密斯版《梵高传》里提到梵高与鲁林在咖啡馆里常喝苦艾酒，这是有疑问的一段插曲。这幅画高更画好就邮寄了出去，是作为礼物赠送给提奥的，提奥看后高兴地说："这是件伟大的艺术作品，也是迄今为止捕捉文森特心理最成功、最惟妙惟肖的画像。"梵高在圣雷米的圣保罗精神病院里还在怀念这幅画："但愿此人万事如意！我仍然想画他的肖像。你看过他的画里有一些向日葵的我的肖像吗？从那以后，我的面孔显得很爽朗了，然而他所画的确实是我，非常疲乏且兴奋过度，正像我那时的样子。"

　　在高更到来前，梵高就买了12把椅子，他认为随着高更的到来，还会有很多模特也来这里。黄房子将会成为从迷人的光线中吸取营养的"色

梵高的椅子

彩学家"的研究中心，他和高更将都会是这个中心的导师，用新的艺术理念培养出一个个"播种的人"，比如先培养出宝赫，他能去欧洲大陆"播种"，这个色彩中心还被梵高幻想成为历经数代的博物馆或永久性学院，让今后世世代代的画家都在里面学习。异想天开的他居然认为，不久的将来修拉也会来到黄房子，与高更结盟，让所有的印象派画家能紧密地团结在三人周围。梵高在最兴奋的幻想中曾写信给提奥说他是幸运的，他虽然焦虑地卖画，希望卸下弟弟的重担，但在骨子里，一抓到画笔，他就成了"像牲口一样（抓着画笔）走来走去"的梵高，全身心地投入、迷恋、沉醉其中……但如果他真的想太多，真想让提奥早点解脱，他是无法如此专注的。这也给我们演示了一个极为感人的道理：做你最喜欢的，不要过多地考虑能得到什么，那么你有很大的概率会成为那个领域里的"梵高"。这把椅子画作，参照的实物是从 12 把里挑出的一把，摆放在大幅的油画布前，梵高长时间望着它，之前理想的幻灭，高更要离开的现实（12 月中旬高更给提奥写信，正式告知自己的决定，要离开），令梵高心里五味杂陈，就像画鸟巢、圣经、树干一样，那里面凝聚了他太多的忧伤。画面的主要色彩延续了《阿尔的卧室》的调子，红色的地面、亮黄色的椅子及蓝色的门和墙，后两者是他最爱的颜色。这把椅子与《黄房子》《阿尔的卧室》一起算作三联画，三者有着既独立又统一的系列色调。画中的椅子也是他的卧室里的，因此有别于高更的那把高级扶手椅，这廉价但结实的椅子体现了梵高的性格，他把它画成完全符合梵高风格的一幅画，不再附和高更，没有了高更那种冷漠、虚幻、理性的线条以及神秘的甚至诡异的空间感，就像画《静物：圣经》《教堂塔楼》一样，直接把所画对象放在画面的中心，用他最擅长的厚涂法，让木头杆上拉出纤维状的笔触，然后又以快速的色块把椅子画得饱含深意——让人联想到他本人的一系列镜头：为了眼前这把椅子，他都曾经策划了什么、操劳了什么、幻想了什么……这是属于纯梵高风格的一幅画，简约、紧凑的浮世绘风格，有着扁平的色彩和大胆的轮廓线，椅子所构成的几何图形非常简洁有力，与莫奈无力的虚幻和修拉的科学精确形成鲜明的对比，贝尔纳欣赏的就是梵高这一点。贝尔纳认为，梵高有洞

高更的椅子

穿本质的笔触，而莫奈和修拉等印象派画家只是将现实转化成非实质性和毫无意义的东西，是一种不断升级的舞台效果而已。梵高在信中是如此提到这幅画的："今天我画了我的空椅子，这是一把白木椅子，上面放着一个烟斗与一个烟袋。这幅画与《高更的椅子》是姐妹篇。我在这两幅画中想用鲜明的颜色画出光的效果。"

轮到画高更的椅子时，为了让那把扶手椅特别地"高更"，梵高用的是高更喜爱的粗黄麻画布（梵高平时用吸油性好的另一种画布）。想来这把高级一些的椅子是梵高特意给高更买的。而画这把高更椅，虽然他的用色、使用厚涂法，以及杜米埃式的简约卡通风格，会让高更不满；他的直截了当的构图，让整把椅子顶天立地占满了整个画面，甚至前面的椅子腿已经伸出了画纸，这样的画法，肯定会引来高更的鄙视，但看到这幅画的多数人，却能浓烈地感受到它的悲伤。这把椅子就像高更本人——优雅，有情调，讲究生活品质。梵高在空椅子上放了一支点燃的蜡烛，还有几本粉黄色的法国小说，似乎有批判高更象征主义的造作和想让室友顿悟的含意。这把椅子浓浓的悲哀气氛，应该是重叠着梵高对椅子的多重回忆：往昔很多次，当父亲去看望在外地的他时，当老爸离开后，他一人回到房间，看到父亲坐过的空椅子，每次都要掉泪……后来梵高解释《高更的椅子》这幅画时说："我最近画的两幅习作的'主角'是很怪的——一把是有金黄色草垫子的木椅，下面是铺了红砖的地，衬着墙壁（画的是白天）；另一把是高更的扶手椅，椅子上有两本小说与一支蜡烛，厚画布上堆着厚厚的颜料……我想画的是那个'空空的位置'，那个缺席的人。"

57

意外

耳缠绷带的自画像

1888 年 12 月中旬，发生了两件触动梵高脆弱神经的事：高更已经正式宣布要离开黄房子；12 月 21 日提奥与未婚妻正式订婚，恭贺圣诞加通知婚讯的信，被弟弟在 21 号当天发出，12 月 23 日，梵高收到了那封信，这一天，好似是注定了的。之前，提奥已经从哥哥的来信中发现他已逐渐变得焦躁、语无伦次，甚至出现了幻觉：一个"身着黑衣的落寞鬼魂"总跟着他，也总是好像是从镜子中另外的时空里望着他，似乎是要吸走他的

耳缠绷带叼烟斗的自画像

精气，窃取他的灵魂。当他沉沉地睡去后，这个"妖魔、精灵和鬼魂"用刀子捅进了他的心脏……他看到有东西被无形的手牵着飘在空中，甚至梵高会忽然觉得自己被禁锢在椅子上，像是"一个被奴役和被惊吓的旁观者"而动弹不得。梵高恐惧地自问："我是不是疯了？"在日记中梵高写道："如果我不清楚自己目前的状况，不能清醒地分析判断，那么我就是真的疯了，绝对疯了。"可写完日记他又不想面对现实，认为自己没疯，还可以凭借自己的力量在房间里诱捕那个"妖魔"，他打算放火烧屋子，被高更发现后制止了（其实这是颞叶癫痫症引发的幻觉）。那几天，事态发展得很严重，两个人经常在争吵后以沉默来处理，鲁林见识过那场面，说很可怕，梵高跟提奥说他的"精神快要崩溃了"，说自己经常被"可怕的焦虑"及"空虚感、疲惫感"反复折磨，而且在那样的激烈争吵后，伴随梵高的往往是连续几天的失眠，整夜在街上游荡。高更后来回忆说，那几天，梵高一下子变得很奇怪，但能感觉到他一直在努力克服。高更说，梵高起先是突然难以接近和变得狂躁，接着会是吓人的沉默，如此循环往复。前一刻梵高可以很恳切地诉说高更留在阿尔的必要性，并展望两个人一起办画展的事，后一刻梵高又会异常气愤地控诉高更在谋划诡计……

12月23日圣诞节前的最后一个周日，阿尔小镇的节日气氛浓郁，每年的这个时候都是梵高最难过的，母亲从不邀请他回去，也无任何亲属邀请他共度圣诞。这一切的积怨，再加上连着几天的坏天气把两个人困在屋里，将梵高推向了爆发的边缘。这一天，梵高要么在画鲁林夫人的画像，要么就满屋子地大发脾气，但过会儿又沉默不语了。尤其到了晚上，梵高因失眠和焦虑在整个屋子里坐卧不安。高更判断他"真的疯了"！梵高对他说："我的神经日日夜夜绷在弦上。"23日晚，两个人又为了一则新闻吵得一塌糊涂，那个新闻事件讲的是杀人犯"开膛手"杰克在等待执行死刑期间，每天夜里被噩梦惊醒……接下来，震惊世界的"割耳事件"发生了。

1888年12月24日圣诞夜前夕，提奥还在画廊里没下班，接到高更发来的电报："文森特重病缠身"。原本与未婚妻乔订好了圣诞节去荷兰旅行的提奥，此时却不得不在火车站与未婚妻依依惜别："噢，但愿令人害怕的苦难不要降临在我头上，一想到你，我就会打起精神来。"傍晚7点15分，圣诞夜的巴黎城里满是蜡烛和灯光的时候，提奥登上了开往阿尔的火车。25日到达阿尔医院时是圣诞节的早晨。梵高是24日早晨被警察和鲁林送到医院的，当时的他血流如注，发着高烧，昏迷不醒。等到苏醒后，他开始大叫高更的名字，意思是不要通知提奥，喊叫的话语中夹杂着荷兰语、法语，他一直在喊……病房里有填充墙、带铁条的窗户和可以锁住脚的床。当弟弟来到时，梵高已经平静了下来，两个人回忆了在津德尔特牧师公馆阁楼里的童年趣事——两个小男孩睡在一个枕头上。但在回忆的过程中，梵高会突然难过起来。他的伤感情绪会时不时地突然迸发，他试着哭泣却无法出声，这太令人悲伤了。可怜的斗士，可怜的受害者，哪怕能有一个理解他的人，也不至于落到如此的地步。他无法承受那么沉重的痛苦，但现在无论怎样都无法缓解他的痛苦。在写给乔的信中提奥这样伤心地说道。到了25日晚上7点，在去过黄房子拜访了高更后，他与高更一起坐火车返回了巴黎。弟弟只在阿尔停留了9小时，可能是画廊的事太多，可能是想念着乔，也可能是觉得自己待在医院里起的作用很小，更可能是身患梅毒的提奥，想避免过多地接触雷伊医生，不想面对转天的正式会诊，因为在荷兰看病，医生都要对家庭成员的身体状况及精神状况做详细的调查（梵高母亲的家族有精神病史），这是他所恐惧的。在以后的几个月里，提奥在信中还埋怨梵高跟雷伊医生说了不该说的话，梵高赶紧发誓说没讲任何东西。提奥在圣诞节遇到的这个菲利克斯·雷伊医生，还没有获得医学学位，属于医院里低级别的大夫。他才23岁，刚完成了一篇博士论文，对精神疾病却所知不多。这个医院里已经有其他医生给梵高下了精神失常的结论，认为他应该转到精神病院接受专业治疗，但雷伊医生坚持认为梵高只是受到了过度刺激——这是极端高度敏感人格的必然结果。他告诉提奥，很快梵高就能减轻症状，不出几天他就能恢复正常。梵高很幸运，遇到了一个善良、不愿轻易把病人推往精神病院的医生。提奥离开后，梵高又凭借"极端高度的敏感"写了封信给弟弟，相信提奥对他这样的表达已习以为常："我们不要再去竭力向对方表示慷慨和包容了，这完全是徒劳

阿尔医院的病房

[此画画于 1889 年 4 月，此画在《渴望生活》里被当作圣雷米的圣保罗精神病院的病房，显然是错误的。1889 年 4 月梵高还在阿尔，到 5 月才去了圣雷米。没想到这个错误在《渴望生活》里存在了那么多年。由于欧文依据这幅画描述（杜撰）了很多情节，比如疯子们围着炉子不说话的场景，地点描述的都是圣保罗精神病院，因此这个错误很难更正。后来再版的《渴望生活》，因为我并未读过，所以对于这一错误是如何更正的，我也不清楚。]

菲利克斯·雷伊医生

无益的，让人精疲力竭。你尽你的本分，我也尽我的本分，也许我们会在路的尽头再次相遇。"这段话是他近十年来所受煎熬的精简表达，同时又是一句谶语，因为众所周知，最后的结局哥俩确实是殊途同归，合葬在了一起。

提奥离开的现实，让梵高清醒了一会儿，但很快他就又滑入了深渊："时间的面纱似乎被撕开，环境的灾祸似乎在降临……"这是他后来所记得的，可实际上，梵高在那天向周围的所有人咆哮，包括医生。风暴过后，梵高蜷缩在被子下面浑身发抖，已经认不出任何人。他怀疑周围的一切，吃不下，睡不着，不说话也不写信。稍微好点的时候，他与病友一起在各张床上跳跃、踩来踩去，就像儿时在津德尔特与提奥一起时一样。他还会穿着睡衣追赶护士，就像在海牙追赶西恩。梵高甚至有时以为自己还在博里纳日的黑乡，他曾再一次地把脸涂黑……雷伊医生报告说："他竟然跑到煤仓里去洗澡。"正是由于这些表现与症状，到了12月30日，连雷伊医生都开始询问提奥是否同意把梵高送往马赛的精神病院了。

疼爱哥哥的提奥，虽然因种种原因火速返回了巴黎，但他在医院短短的9小时里，拜托了雷伊医生，还有当时就在"现场"的鲁林。梵高在此期间接到了母亲的一封来信，内容大致是会为他祈祷。

到了1889年1月7日，阿尔医院这边在到底送不送梵高进精神病院的事情上，有了较好的结果，梵高回到了黄房子。其实早在1月5日，梵高就带着包括雷伊在内的一帮医生去了黄房子，参观他的画作。也正是在那里，梵高说如果能回到黄房子继续生活，他将为雷伊医生画一幅肖像，用以证明他的心理有多么正常，并向医院保证，一旦有发病的迹象，一定会重返医院。这里不得不再次提到鲁林，正是他经常暗中关怀梵高，才有24日清早及时发现梵高倒在血泊中的事情出现，不论梵高的耳朵是否是高更割下的，那一晚梵高的情绪极度发狂，高更不可能不知道，他能装傻一整夜不出现，对黄房子里的梵高不闻不问，只能说明他的自私和冷酷。自私是指，如果耳朵是他割下的，为撇清自己，他绝对不会返回黄房子，梵高的死活根本不在他的考虑范围之内；冷酷是指，如果耳朵不是他割下的，他已经决定要离开了，那么处于激动状态下的梵高跑到妓院送去了耳朵，躲在妓院里的高更不会不知道吧？为什么要等到鲁林的出现才能让梵高得救？高更打的主意无非是：不论怎样，此事与我无关，他疯了！确实，颞叶癫痫病的发作，让高更有底气说耳朵是梵高自己割下的，因为他知道梵高那时真的疯了，说不清道不明了。几个月后梵高对真正关心自己的鲁林做出了如此的评价："尽管就年龄来说，鲁林还不

213

足以做我的父亲，可是他对我默默的关爱，使我感到他既严肃又慈祥，也可以说他对我就像一个老兵在关照一个新兵。虽然从来没有挂在嘴上，可是我感到似乎总有这么一句话在我耳边——我们不知道明天会有什么事情降临到我们头上，但是无论发生什么事，都别忘了找我。听到这样的话，让人感到心里踏实，因为说这句话的人不知痛苦，不知哀伤，不是完人，不是乐天派，也不是绝对地公正，然而却是个好人，很聪明，很有感情，很可靠。"

梵高出院后做得最多的事就是尽可能地写信安慰每一个人，包括母亲和妹妹，说自己只是出了个小意外，住在阿尔医院就像疗养度假一样。他还写信给高更，让他也尽可能地去安慰每一个人，并把高更没带走的一些东西，比如习作和修栅栏用的工具等都邮寄给了高更，还表示赞成高更回到马提尼克。在三周时间里，弟弟给乔写了15封信，只给哥哥写了3封信，每封信都是和生活费一起寄出的，梵高回信很迅速，且都是长篇大论，有时一天写两封信，其中一封信写了12页。

回到黄房子里独自一人生活的梵高，免不了开始回忆和反省，还有"畅想"。他在画了多张自画像以及把《摇篮曲》没画完的手部画完后，又开始了在高更来之前就十分痴迷的静物画。在高更来之前，他就反复画过两条鱼、两只螃蟹，以预示着友谊。现在

的他回家后，又开始了静物画的创作，画了两只螃蟹（后来又画了一只孤独的螃蟹）、两只蝴蝶后又画了《画板、烟斗、洋葱和蜡烛》，这幅画是对自己圣诞节前发病的回忆。画中的静物是他认为治愈了自己身体的几样东西——里面的画板是为了宣示自己是个小路印象派画家；画中的那本书是拉斯佩的《健康年鉴便览》，属于家庭自救、保健类书籍；书旁边的洋葱是那本书的作者大力推荐的保健食品；而画中樟脑味的蜡烛及一罐樟脑油，也是在拉斯佩的书中出现过的，就连梵高包扎耳朵伤口的绷带，也被他涂上了樟脑油，说是杀菌；烟斗和烟丝显示着他情绪的平稳、安定；空酒瓶应该是表达梵高想要戒酒。画中最重要的东西，被他摆在了右下角，那是梵高在12月23日收到的告知他提奥即将来到黄房子的信。由于是在圣诞节期间，信封上有个免邮费的戳子。正是这封信里的订婚讯息，加上高更要离去的决定，让梵高在那一天情绪失控了（颞叶癫痫症发作），也让他在失控的时候失去了一只耳朵。后来梵高和提奥都有点怀疑是高更削掉了那只耳朵。

随着时间的推移，能回忆起来的细节越来越多，梵高在信中告诉高更："让我们永久地保守秘密吧。"他本身是喜欢高更的，更何况如果事后指证高更又拿不出证据（剑已经被丢掉），能怎样呢？因此，选择原谅

画板、烟斗、洋葱
和蜡烛

螃蟹

两只螃蟹

盛开的玫瑰花

阿尔大道开花的栗
子树

是梵高最想做的。他用两只螃蟹来比喻自己与高更的关系，其中一只是翻转过来的，应该是比喻梵高自己的尴尬、想奋斗成功却没有希望，钳子在空中胡乱挥动，象征着他努力的虚妄；而另一只螃蟹，却体态自如地在一旁"闲庭信步"，好似高更。而那幅一只螃蟹的作品，孤零零的，还是翻转过来的，没人帮一把，那小小的蟹钳很能展现力度，但看得人心酸……

接下来在阿尔的日子里，梵高又两次被送进医院。直到 3 月 21 日才回到他的黄房子。可是房东却给出了让他 4 月 21 日搬出黄房子的最后期限。可怜的梵高，只好再次准备离开。

"对我来说，疾病和死亡构不成恐惧。"梵高曾经如此说过，他说的没错，临近离开阿尔的他，淡定地又画了两幅美到让人泪眼模糊的画作——《盛开的玫瑰花》《阿尔大道开花的栗子树》，这是他最后一次走在阿尔的土地上，背着透视框，如日本僧侣般斜睁着眼睛画出的。前一幅画了一条颜色绚丽、延伸到远方的小路，路上还有很多车辙印，好似画出了他坎坷绘画旅途的"辙印"。路的两旁除了玫瑰，还有扭曲的枝干和荆棘，那代表着他心中沉重的情感伤痕，那些植物是他在家乡就画过无数次的，这是一种对时空重叠的美好感知，尤其是那条紫色的路，给人的印象极为深刻。要知道紫色代表着抚慰，这温馨的色泽也将成为不久的将来，在圣雷米时期里，梵高像曾狂热地喜欢黄色那样喜欢的颜色。而第二幅画，出现了温馨闲坐的路人、带着孩子散步的妇女、树上美丽的果实和葱绿的叶子，还有树下绽放的朵朵小白花以及延伸到路尽头后出现的深蓝天空……此人一直在用他的画笔创造诗意，这个人不论有多难过，也会一直用他超级敏感的直觉给人间制造美丽的时空。

第七章
来自另一边的存在

1889年5月—1890年5月

圣雷米时期

主动入住圣保罗精神病院

离开阿尔，梵高来到了距离阿尔只有25公里的圣雷米小镇，被安排住进了圣保罗精神病院。圣保罗精神病院实际上是精神病患者的疗养院，里面没有几个专科医生，护士的职责都由修女承担了，医院的经费也是由有宗教背景的慈善机构补贴的。它原先是一座10世纪罗马人建造的修道院。到了19世纪，这里良好的气候、安静的环境以及天然具有治愈力量的美丽山谷，让原先的一座修道院变成了围绕着它的一个建筑群，最后逐渐变为精神病患者的疗养院。梵高的房间在二楼，窗前景观辽阔，能望见远山和日出，不经意间的一个小安排为他不久之后画出著名的作品《星月夜》奠定了基础。马上要结婚的提奥在得知哥哥主动要去精神病院后，非常难过，他和乔提前赶回巴黎，督促哥哥前来汇合。见梵高不想来，弟弟甚至以支援他去阿旺桥与高更汇合为诱饵，希望能让梵高改变主意。这简直太疯狂了，难道他还想让哥哥的另一只耳朵也保不住么？

梵高自己清楚，他在阿尔的一再发病已经严重拖累了提奥。他得的是一种叫作精神癫痫（或称隐蔽性癫痫）的病，这是雷伊医生的诊断。这种病与常见的癫痫不太一样，发作时大脑运转会突然乱套，思想、感知、推理以及情感会即刻崩溃，因此导致出现一系列的怪异行为（并不是普通癫痫那样单纯地抽搐或晕倒），而患者自己却毫无意识。如果患者行为不是怪异到离谱，旁人有时意识不到某人在发病。梵高在阿尔发病时，会跟随陌生人进入人家的住宅，不了解此病的人以为他是要抢劫或是盗窃，所以他遭到了当地居民的投诉和驱逐。这种病在梵高那个年代刚刚被认定，阿尔医院里也只有年轻的雷伊医生对此有一些了解。所以梵高随身携带的诊断报告里写的并不是这个病，而是"狂躁症，并伴有普通的精神失常"。好在雷伊医生已经把自己的诊断通知给了梵高在圣保罗精神病院的医生佩宏。

外面才是疯人院

原本为了不给弟弟添麻烦、不让自己的"出丑"影响到提奥，而怀着忐忑心情走进圣保罗精神病院的梵高，发现那里除了豆子有些霉味、汤里有蟑螂外，其他的一切都很惬意。梵高选择的是三等病号的服务等级：每个月 100 法郎，属于最低一等，有独立的一间房及一间画室。梵高经过观察，发现身边的病友都很友善，在他绘画时，会默默地围过来看。"他们懂礼貌，让我能享受独处的自由。"梵高这样说道。不像他曾经经历过的"正常世界"，比如海牙、安特卫普、巴黎、阿尔等地。在那些地方，他经历过被驱赶、被吐口水、被扔石头、被扔烟头、被毁坏颜料（甚至被割耳朵）……这里的病人还会相互照料。"人们彼此了解，有人病情发作的时候，大家会伸出援手。亲眼看见了这个牢笼里各色精神病人的现实生活后，我逐渐摆脱了若有若无的恐惧感和担忧。虽然不时地会有人哀嚎和咆哮，但这里不乏真挚的友谊。"梵高如此写道。他发现，这里才是正常的世界，外面才更像疯人院。

圣保罗精神病院里的花园，不像阿尔医院里的那样被精心护理着，花园里杂草丛生，可这却让梵高很是喜欢。那种未经修饰的自然景色，让他开始了早在埃顿时就画过的主题——花园角落的创作。在这里作画，他不用再画那种故意展现自己不是疯子、不是躁郁狂的作品，而是想画什么就画什么，灌木、鸢尾花、常青藤、松树、喷泉、花园中的石板凳、花园中的夹竹桃、盛开的蔷薇、窗外太阳升起时的麦田……在一封写给妹妹惠尔的信中，他欣喜地描述了卧室窗外的景色："带着面包屑般的温暖色泽的麦田，处于远处紫色山峦和勿忘我颜色的天空中……"他还跟提奥说，很羡慕多比尼及卢梭作品中带给人们的感受：表现了所有自然的亲切感，以及广袤的平和与崇高……还增添了一种如此个性化的令人心碎的感觉。仔细想想，梵高所赞叹的其实也是他的画作中所拥有的独特气质啊。

1889年在圣保罗精神病院的那个夏天，梵高一直在描绘自然界中的细碎小事，根本没思考过印象派或其他任何东西。与此同时，高更和贝尔纳打算在巴黎的世界博览会期间组织一个画展，据说极具反叛意味。得知这一消息的梵高黯然地说："所以我觉得又一个新的派别形成了，但并不比那些现存的流派高明多少，无非是小题大做罢了。"高更和贝尔纳正在准备的这个画展也邀请了梵高一起参展，他俩在靠近巴黎世界博览会门口的咖啡馆里租了场地，因为那里很空旷，虽然也很破旧。但这招致了提奥的不满，他觉得在那种地方办展不妥当，因此临时撤下了哥哥所有的画。贝尔纳一直觊觎的那位年轻有为的评论家奥利耶以为梵高的画会出现在那个咖啡馆里，他去了，却没见到。早在4月（1889年），也就是梵高正在考虑从阿尔搬到圣雷米的那段日子，业界较有名气的艺术评论家、23岁的奥利耶，是一位法律系出身的高才生，他毕业后做着与法律毫无关系的工作，也涉猎过诗歌、小说、编剧、绘画及评论等，已经跻身小有名气的评论家队伍，并自创出了"感觉主义"。看奥利耶的经历就可明白，为什么他会成为第一个爱上梵高画作的人。当贝尔纳在1888年底把割耳事件第一个告诉奥利耶时，他凭直觉嗅到了这里的"写作"味道。因为贝尔纳跟他说："文森特相信从某种意义上说他是救世主，是个神，是来自时空另一边的存在。他那强大绝妙的头脑与偏激的人性，把自己逼疯……割掉耳朵……"这些极具震撼性的介绍与镜头，促使原本就一直听贝尔纳讲他们新流派的奥利耶终于走进了唐吉的小破店去看了梵高的画，随即以"闲逛者"为笔名在《现代主义者画报》杂志里对梵高的画做出了很精彩的评论，这是有关梵高画作的评论第一次被刊登在杂志上。他还讲到唐吉老爹的颜料店，推荐人们去那里看梵高的画，那里有他的《向日葵》，奥利耶夸赞那些画"生机勃勃、浓烈和充满阳光"。命运之神从4月开始眷顾了梵高，这好运源于贝尔纳很早就开启的运作，他实际的目的是希望奥利耶注意到由吉约曼、高更、他自己、梵高几位画家组成的新画派。贝尔纳不断地用自己的理论及梵高写给他的信去说服奥利耶，有时也会把梵高信中的速写拿给奥利耶看。这一切都在无声无息中酝酿着梵高的好运气，直到1888年底割耳事件发生，贝尔纳立即向奥利耶描述了事情的经过，主要意思是高更是受害者，梵高被自己的思维方式逼疯了……正是这样的叙述，加上之前的印象，奥利耶认为梵高才是真正的艺术家。这才有了4月的"闲逛者"小文的出现，这导致巴黎艺术界开始有人寻找梵高的作品了。

世外桃源，但还是心碎

6月初（1889年），佩宏给提奥写信说："我发现他完全安静下来了，我答应他可以到外面去取景。"就这样，梵高得以走出圣保罗精神病院的围墙，到外面更广阔的世界里写生，但身边必须始终跟随着一个看护。此时的梵高，时常走在精神病院墙外的果园、田野中。附近的阿尔卑斯山是他在卧室里就能看到的，山的颜色在梵高眼里一直是紫色——好魔幻的眼神啊！这里位于阿尔的东北方，整个圣雷米小镇处于阿尔卑斯山脉北部的平原上。这里没有巴黎的嘈杂，没有阿尔那些喜好围观的蠢人。站在群山环绕的风景里，梵高感叹道："当一个事物被描绘出来时，与其本身的特点一致，这难道不是艺术品质的保障吗？"来到圣雷米的他，愈发开始在线条上做出改变，他不想仅仅通过色彩来表现事物，而是摸索着用夸张的形状和旋转着、散发着频率的线条来表现事物的本质。此时的他外出写生不再使用透视框，而是用修炼了近十年的手和心毫无束缚地描画属于他自己的线条——旋转的、发散的、颤动的线条，不论是用铅笔，还是用油画笔。梵高高兴地说："在户外，可以发挥到最好，可以无所顾忌地填满画布。这样就可以绘出事物的实体和本质——这是最重要的。"他没有进一步说明"事物的本质"是什么，但那150幅圣雷米时期的画作中，旋转的色彩和线条，其实已经很清楚地、首次地用图画告诉了世界：事物的本质是震动的频率，万物的本质是快速震动的能量，这个世界没有绝对静止的物质，一切都在颤动，都在发散着频率。也许梵高当时并没有这么明确的理论知识，当时的量子物理学还没有形成，但凭着直觉，凭着超级敏感的悟性，当走进圣保罗精神病院后，他终于找到并确立了那苦苦追寻多年的独树一帜的笔触。

创作恢复，抑郁永在

1889年9月中旬，梵高意识到即便逃走，他孤身一人在外照样是活在恐惧当中的。因此，他收拾好心情，慢慢地可以下楼来到画室了，那个在画室里忙忙叨叨，一干就是一整天的梵高又回来了。他临摹名画，复制自己之前的画作，小幅的邮寄给在荷兰的家人，告诉他们要好好地保管这些小作品。随着重新让笔活跃起来，随着多次试探性地外出并安全返回，随着画室外晾晒的画作越来越多，

梵高的自画像
（梵高在1889年9月画了最后一幅自画像。）

梵高觉得自己恢复了。"健康状况稳定下来了，没再发软了。"他曾这样写道。随着9月的来临，好消息不断：提奥在信中说他的朋友约瑟夫·艾萨克森准备在荷兰的艺术评论杂志《作品集》上写一篇关于梵高画作的文章，越来越多的人去他那里找梵高，要求看画；在秋天举办的独立艺术家评论展览会上，在阿尔画的《罗纳河上的星夜》以及刚到圣雷米时画的《鸢尾花》与修拉、西涅克、罗特列克的画挂在了同一面墙上，收到了极好的效果；再加上著名的比利时"二十人画展"刚刚邀请了梵高参加明年1月的展览，在前一年，高更受邀，梵高没有。可梵高的

抑郁是彻底的，不是单靠这些好消息就能赶走的。收到这些好消息后，他照样不安。比如"二十人画展"，人家邀请了他，过了一段时间没再和他联系（转年才办展），梵高就焦虑起来："我感到自卑……也许他们忘记我最好。"

1889年11月中旬，梵高觉得自己稳定了，由于一直思念着阿尔，因此又来了一趟"探亲"之旅。这次他见到了牧师，取回了提奥放在他那里的钱，立刻买了一堆颜料。他还见到了纪诺夫人，梵高一直惦记着她。由于缺少母爱和长久的孤单，梵高喜欢的女性几乎清一色地都是年长的女人（除了伦敦房东女儿），且很容易在头脑中杜撰出那些女性的美好和善良。尤其是最近当弟弟的朋友艾萨克森连连称赞他所画的纪诺夫人后，梵高更是想念这位幻想中具有早期基督徒气质的中产女性，并在信中谦虚地说道："我很高兴听你说别人看出了那位女性身上的特质……"随后不久又含蓄地和弟弟说："有些人，我过去觉得，现在仍然觉得有必要去看望一下。"迷恋一个自己根本没怎么接触过、毫无了解的女性，可以明显地看出梵高为人的单纯和孩子气，一旦近距离接触受到挫折，他就真的会心碎。年底圣诞节即将来临时，梵高再一次发病了。对这次病情的反复，他早有预感："我要一直不停地工作，如果我在圣诞节再次发作，我们再看看吧，

发作结束后……"可见，9月以来的诸多好消息并没有让梵高从可怕的疾病中走出来。每年的圣诞节其实都是他的"伤心节"，孤单一人，没人邀请他共度。这对梵高来说，多少都是个刺激。1889年的圣诞节期间，梵高给母亲和妹妹惠尔邮寄了很多画作，其中有一幅画的是他所住的精神病院的画室窗外的景色。这幅画表现的是透过圆拱形的窗户，观者可以看到院子里阳光照耀下的花丛及绿树，前景中有一棵巨大的老树，梵高称它是一个"闷闷不乐的巨人，带着受伤的骄傲。这棵被闪电劈过的大树，给人一种痛苦的印象"。此画其实概括了梵高的一生：阳光照耀着，但总是有痛苦相随。在圣诞节时，家人之间交换礼物是他们的传统。梵高此时又给母亲写信，乞求她的原谅。可以看到，他的愧疚一直存在，不论有多少曙光出现："我们内心积聚的悲伤就像沼泽里的水……"弟弟来信一般只谈画作的销售情况，这促使梵高总看到自己的失败——毕竟至今还没卖出一幅画！他继续充满了忧伤："我越是头脑正常，就越觉得自己愚蠢，不顾一切地作画让我付出了太多的代价，却一无所获。"他坚信，在没有画卖出前，不会获得母亲、弟弟及其他家人的好感。所以，每一次收到巴黎邮寄来的画布和颜料，每一次计划预算，每一次得知弟弟身体又出现了问题，都让他无法安心，这也是梵高走向抑郁的原因。负罪感让梵高背负了沉重的压力。"只有到了我能证明我没有拖累家人的那天，我才会感到安心。"发病前，他甚至写不完一封信，常常只能写个开头，然后就只能放弃。就连节前收到弟弟寄来的一件毛呢大衣都能成为他陷入罪恶感的缘由："你对我真是太好了，我多么希望自己也能为你做些事，向你证明我不是那么没良心。"

孤独的灵魂，反复发病的梵高

对于这些愧疚和不安，梵高只能用努力作画——画那些橄榄林、精神病院里的花园来化解心中的悲哀。晚上一回到卧室，他就又开始了新一轮的回忆和反省。平安夜的前一天，他又给妈妈写了信："我时常对过去感到自责，我的病多多少少都是由我自己造成的，我不知道我是否还能弥补我的过错。但是有时思考这些事，思考它们为什么会发生，实在很困难，有时愧疚压得我喘不过气来，然后脑海中都是您和过去的事。您和父亲对我的疼爱多于对弟弟妹妹们的疼爱。可是您们如此疼爱我，我却似乎没有一个开朗的性格。"这封信记录着他为了获得母亲的原谅所说的话。可能有勉强的因素，因为在同时期另一封写给弟弟的信中，他明确说了父母对他比对弟弟妹妹们严苛得多，以至于

橄榄树：蔚蓝的天空

他没有一个快乐的童年。在平安夜前的这封信里，梵高还表达了希望母亲能喜欢他的艺术的愿望，他也知道没有可能，所以很快在信中承认了自己"无能"，无法用母亲喜欢的方式画画。就在同一天，前一年黄房子割耳事件发生的同一天，梵高再次发病！当时他正在画一片橄榄林。"我当时在很平静地作画，突然无缘无故地就神志不清了。"来年1月他回忆道。之后一周，他都处于时常发作的状态。在这个时间段里，他后来能回忆起来的，只有一个镜头，也不知这个镜头是现实中的，还是梦中的："我在生病的时候看到外面下了湿湿的雪，但很快就融化了，我夜里起身看着这乡村，哦，大自然从来都没这么动人、这么多情过。"夜里起身望着窗外，就能感受到大自然的"多情"和"动人"，这是常人需要多年的修心才能感受到的，而梵高却能轻易地体味出来，太感人了。

他仿佛接受了自己经常神志不清的命运，病情稍一稳定就马上开始画画，还和弟弟说："别担心我，让我们继续尽力工作，就像什么也没发生过一样。"但到了夜深人静时，他又开始了新一轮的愧疚，为自己新产生的开销发愁或者担忧提奥身体的健康状况。因此，他时常幻想着自己去当一名画商或找点别的活干，然后提笔告诉提奥："让我们接受现实吧，如果我必须放弃绘画，我想我会这么做的。"这些想法折磨着他，促使他去寻求近距离的温暖。梵高再一次想去阿尔，想见纪诺夫人。1890年1月19日，梵高买了套新西装，又出发去了阿尔，但这次他没能见到梦中情人。梵高返回圣保罗精神病院后，再次犯病，他无法写信，更不能画画，所答非所问，任何人靠近都会引起他的恐惧，在床上蜷缩成一团，双手抱着头，不时地哀嚎着这几个字："悲伤忧愁的过去"。就在上演这一凄惨景象的同一时间，巴黎提奥的高级公寓里，乔正在给梵高写信，屋子里还有等待婴儿出生的医生、梵高的母亲及妹妹惠尔，当然还有等着老婆分娩的提奥。乔的手边放着《法兰西信报》，是提奥下班时刚从画廊带回来的，那上面刊登了奥利耶新写的有关梵高画作的评论。这篇文章只是一系列报道梵高画作的开篇文章，几乎每个巴黎艺术界的人都读了它，它引起了轰动，文章的题目叫《孤独的灵魂》。乔在信中告诉梵高：

"家里的每个人都读了这篇文章，还谈论了你好久。"

9月，不但奥利耶写了对于梵高画作的极具激情的评论，提奥的朋友约瑟夫·艾萨克森也在《作品集》和《时尚》杂志上写了有关梵高的文章。尽管梵高曾焦虑地写信给他，说自己的作品目前不值得一提，希望能等一段时间，等他画出自己满意的作品。这就是完美主义的梵高，这一点害惨了他。巴黎艺术界的人也逐渐听说了去年年底发生在高更与一个南下的荷兰疯子之间的血腥故事。对于梵高所谓的疯狂和后来进入精神病院，在奥利耶眼中不过是备受折磨的天才的正常表现。历经10年的等待，他的《红色的葡萄园》在1890年1月比利时著名的"二十人画展"上以400法郎被卖出。这也导致了他2月的阿尔之行，院方这次大意了，居然没有派护工跟随就让梵高自己出发了。他随身携带了复画的《纪诺夫人肖像》、奥利耶的文章、提奥说卖出作品的信，以及高更的来信。这个天真又多情的梵高，一心向往的是让纪诺夫人知道他苦熬来的成就。可是，他在阿尔又发病了。"开始进行得很顺利，但是突然却一落千丈……"病后1个月梵高回忆道。那是在梵高抵达阿尔的第二个早晨，人们发现他在街道上游荡，询问时也说不清自己是谁、从哪里来、要去哪里……随身携带的两幅画作及珍贵的信件全部丢失了。最后警方联络了圣保罗精神病院，他才被佩宏大夫派出的马车接了回去。

爱上梵高作品的人开始少量出现

从2月到3月，梵高一直处于发病状态，无法画画和写信。院方为了不刺激他，把很多信都扣下来没让他看，可那里有来自巴黎的好消息啊！（但谁能知道这个好消息会不会刺激他。）3月19日，著名的独立艺术家沙龙在香榭丽舍大道的巴黎展览馆开幕，由法国总统主持仪式，梵高的10幅画作与修拉、罗特列克、西涅克、安克坦、毕沙罗、吉约曼等人的作品一起展出。众多的观众都看过了奥利耶的文章，想从这个展会中好好看看奥利耶笔下的这个神秘疯癫的天才。这么好的事情，提奥立即写信告诉哥哥："你的画摆放的位置很好，取得了良好的效果，很多人来拜访我们，请我们转达对你的问候。"这次的画展让梵高成了明星，收藏家主动去"勾搭"提奥。艺术家们也一次次地去拜访提奥，不少人提出了交易价格，还有画家在街上拦住提奥，打听他哥哥的现状并说："告诉他，他的画非常精彩。"其中一个画家专程去提奥家，说自己对梵高的画的喜爱到了痴迷的程度。弟弟在信里说："他说要是没有自己的风格，将改变方向，然后

永恒之门

追随你的画法。"就连印象派的领军人物莫奈也说："梵高的画是展览中的最佳作品。"评论界的其他好评一波接一波地涌来，乔治·勒孔特在《艺术批评》上说梵高的画中"毫不吝啬的厚涂颜料，极具冲击力效果，给人以明艳生动的印象"。朱利安·雷克来在《法兰西信使》杂志里写道："无与伦比的表现力……他的作品热情洋溢，大自然通过这些画作被表现出来，如同在美梦中一般，或者说在噩梦中。难以置信，美妙无比，10幅画见证了一个罕见天才的诞生。"接下来还有很多各种各样的评论出现。这些评论与高更的来信都无法让梵高高兴："我写信给你，以表达我最诚挚的赞美，参展的画家中，你是最出色的，你是唯一一个思考着的参展者。其中有一些东西，如同德拉克洛瓦的画一样，能让人产生共鸣。"但这些信，梵高是很久后才读到的。3月，巴黎那边一片精彩，但在圣雷米，伴随他的却是癫痫发作，陷入黑暗。"所有勾起他往昔回忆的事情都让他悲伤和忧郁。"提奥这样告诉母亲。等到稍微好转一点，梵高在经过了几次努力才写好的一封信里说："我真的不走运，我该对过去的这两个月说点什么呢？根本没有好转。我的悲伤和可怜无法用语言表达，而且我也不知道已经严重到什么程度了。"

最终，梵高和弟弟决定离开圣雷米，去朋友介绍的加歇医生所在的奥维小镇修养。临走前，像离开所有他曾"战斗"过的地方一样，梵高拼命地画下了那里他喜爱的每一处风景、每一朵鲜花，发病后的他灵感喷薄而出。"对我来说，打包比画画难多了。"他在欢快的绘画间隙中抱怨着。临离开前，梵高还给纪诺一家写了一封告别信，把很多家具留给了他们，一是留作纪念，二是希望以后还能回到阿尔。最后一幅在圣保罗精神病院里的临摹画是《永恒之门》，此画复制于他在1882年画出的相同标题的素描——一位把脸埋在手里、坐在火炉边、散发着哀伤气息的老人。素描被"转译"成了油画。这就是梵高画作的主题，也是他本人一生性格的主旋律：温暖和哀伤同在，且是永恒的。

58

当鸢尾花
再次遇到
玫瑰

1889 年 5 月，梵高从他人生里最高潮、最戏剧化的阿尔时期"撤退"到了圣雷米。当风暴过去，梵高发现医院里的人们（即便是疯子）也比阿尔所谓的正常人和善有礼时，他的内心又回到了诗意的状态。梵高在医院附近发现了一小片鸢尾花丛，邻近还种着丁香花和小菊花。后人欣赏这第一幅画时，放进了太多猜想的东西。例如认为那代表孤独、寂寞、扭曲的线条表达了他的痛苦、彷徨和躁动，甚至有人提到画中的鸢尾花的颜色是"忧郁的蓝色"。其实见过鸢尾花的人都知道，那种花的颜色有蓝紫色、紫色、红紫色、黄色、白色，就是没有蓝色的。终生收集花草几乎成了植物学家的梵高，可以在形状、线条上有夸张，在色彩上有加强，但大概率不会把蓝紫色的鸢尾花画成单纯的蓝色。但我们目前看到的花朵似乎就是蓝色的，那是因为经过了许多年，在调色板上用红色和蓝色调出的紫色已经发生了改变。仔细看那幅《紫丁香丛》，你会发现紫色小花朵部分变蓝了。更可惜的是，那些白色的部分，很可能原先是浅粉色的，到了我们这个时代，已经全部变成白色了。圣雷米时期的梵高从在阿尔时的痴迷黄色逐渐变为喜爱紫色，这与他一到圣雷米就见到的阿尔卑斯山有关。梵高在信中提到周围的山都是紫色的。这种颜色的山正常人是见不到的，很可能他的颞叶癫痫症导致他的视觉与众不同。

鸢尾花

紫色本身具有神秘、尊贵、梦幻的气质，属于冷暖两边的中间色。难怪梵高看到"紫色"的群山后，就开始了他在圣雷米的紫色系列画作的创作。梵高在信中称："在我最好的时光里，我的梦想并不是追求色彩鲜艳的效果，而是再次使用半色调。"为了画出自己心爱的眼中的紫色，他在信中把自

黄色花瓶中的鸢尾花　　　　　　　　花瓶中的粉色玫瑰

花瓶里的白玫瑰

己画中的紫色极端细致地划分为"紫罗兰色""紫蓝色""丁香色""浅丁香紫""柔丁香紫""不均匀丁香紫""素淡丁香紫""灰白玫瑰色""黄玫瑰色""绿玫瑰色""紫玫瑰色"……为了烘托他所喜爱的"半色调",与之前一样,两幅原野边上的《鸢尾花》都使用了漂亮的补色。"我觉得还是应该从简单色开始,比如说赭色……"梵高如此说道。看到一个画家这般沉醉地品味自己的画、自己的颜色,实在无法认同那些从此画中看到躁郁、痛苦、孤独的观画者。两幅田野边的《鸢尾花》,构图还是梵高喜爱的浮世绘款,前景摆放着很近的目标物,然后背景纵深延长出去,虽然没有天空,但还是给人以背景很远的意境。画中的像日本版画那样的分离主义式的轮廓线纯熟又感人,印象派的笔法在他手中已经超越了单纯的光线感受,而是用那种笔法奉献出他对那些小生命的礼赞、致敬和热爱。他此时的心情是:"我没什么想法,走出去看看青草、冷杉树枝、麦穗,以此获得内心的平静。"

梵高1889年5月入住圣保罗精神病院时感觉良好,但是后来癫痫症不断发作。再加上巴黎那边梵高已经声名鹊起,梵高觉得这里的生活太单调了,没有艺术朋友可交流,还觉得自己的病受同院其他病人的影响,容易发作。但提奥原本感觉哥哥住在医院里最保险,离开医院则有太多因素不可预测,不同意梵高的出院请求。但巴黎有浓烈的艺术气氛,加上更多的人开始询问梵高的下落,最后弟弟扛不住了,感觉把这样一个天才关在精神病院里,对太多的人无法解释。而梵高通常在一个地方待久了,不是被赶走,就是他自己要走,反正大约间隔一两年,他总是要换地方的。一番商量后,哥俩决定离开圣保罗精神病院。就在离开之前,梵高又感觉到了圣保罗精神病院的好,跟弟弟说自己之前抱怨了这个医院太多,很不对。一辈子都生活在各种欷歔里的梵高,此时又在这种情怀里开始了他的"赎罪",那就是抓紧一切时间画圣保罗精神病院花园里绿意盎然的角落,画那里从不修剪的螺旋状草丛以及用蒲公英作铺垫矗立着的树干。在信中他感叹道:"脑海中的想法太多,我都没法一一画出来,画笔就像上了发条一样。"行李都打包好后,他还在画室里忙碌着,他开始画春天最晚盛开的鸢尾花和玫瑰。1890年5月11日和13日,他两次给提奥写信,讲述自己如何地被那些迷死人的花束所吸引,停不下来地画那大捧的鲜花、紫色的鸢尾花、大束的玫瑰……怀着告别的激动心情,他找来陶瓷罐子,去采摘田野里大把大把的鸢尾花、玫瑰,画了一幅又一幅。这些花朵开在圣保罗精神病院周围或院子里,就像他本人丰富悸动的生命一样、精彩、美好、短暂。

这幅《夜晚露天咖啡馆》也是在画宝赫肖像那个时间段里画出的。看宝赫肖像的星空背景就能明白，这个时期的梵高所思所想偏重于夜空，常常45°凝视着星星，思索着关于死亡、时空及艺术的一些问题。梵高自己对这幅画的评论是："《夜晚露天咖啡馆》在《播种者》《老农》与宝赫肖像的基础上前进了一步。按照双镜头照相式写实派的观点，这不是地道真实的色彩，但是这种色彩暗示了一个性格热烈的人的感情。"

"如何在现场，在黑夜里描绘夜景以达到最好的效果，这一问题深深地吸引着我。"他与朋友如此说道。于是，当年咖啡馆露台附近的画板上，有煤气灯和黄色的遮阳棚，还有"在闪耀着星光的蓝天下延伸出去的小街"。画中那片三角形的夜空，加上咖啡馆，让梵高得意地说："这是一幅没有任何黑色的夜景，不用任何其他色彩，只用漂亮的蓝色、紫色、绿色和橘黄色。"这幅画的创作曾让梵高有画一个系列的设想：星空下的耕地、星空下的黄房子、星空下橄榄园里的耶稣……就像他曾画的向日葵系列一样，他向弟弟预告道："有朝一日，你会拥有一幅这栋小楼的画（指黄房子），窗户亮着，还有星空。"可惜，耕地的星夜，他没画，黄房子＋星空，也没画，而橄榄园里星空下的耶稣，他画了两次，都不满意，刮掉了，大概是因为很想画出自己心目中某种伟大的存在，想有别于教堂里的耶稣形象。

从圣玛丽海滩回到阿尔的梵高，再一次发现了小镇的夜空："夜晚，小镇消失了，一切都变得黑暗，比巴黎黑得多。"他继续在夜间游荡于阿尔的果园、街头、河边、田野小路以及广场，之后在信中说："我必须画一幅星月夜，星月夜是我应该画的东西，仰望繁星总是使我浮想联翩，就像我面对一张地图上的黑点出神一样，我什么时候抽出时间来画这幅星夜图？"梵高在繁星点点中看到了一张广阔的通往神秘、遥远的未知世界的"地图"。在尝试画橄榄园里星空下的耶稣失败后，梵高扛起画架、画板、透视框等笨重的东西，在夜里走出家门。他到处行走，寻找着想画的主题，

夜晚露天咖啡馆

结果在距离黄房子不远处，仅隔几条街的地方，他走到了一座防波大堤上，在那里可以俯视罗纳河的夜景，好在大堤上昼夜点着煤气灯。

画面远处隐约出现的小镇簇拥着卡米莱特修道院及圣特罗夫教堂，它们都是神秘的深蓝色。正对面是圣皮埃尔教堂的尖顶，还隐约可见远处建筑物里的灯光，除了那星星点点的远处的黄色灯光，近处一排金黄色的街灯，加上水中典型梵高笔法的短线，用同样的金黄色反复地排列出倒影，梵高称它们是"无情的反光"。这些都把远景的幽蓝衬托得非常耐人寻味，可以体味出画这幅画时候的他，面对无限神秘的夜空，好似处于一种冥想状态，就像近景停泊的小船一样在星光下静静地随着河水起伏着。那小船同时也是近景与远景的自然分界线：在画的下面，煤气灯的黄色些许地出现，近景高光部分

罗纳河上的星夜（草稿）

罗纳河上的星夜

用的是红色与蓝色混合后的淡紫色，它们与远景的水面结合起来，使得画作处于某种幽深频率的颤动中；星空部分的笔触是短宽方块，下方河水部分是短短的细线段，这种画法用梵高自己的解释就是"坚定而又交织着感情"。此画的主题是夜空，梵高在其中画出了大熊星座里的某些星辰，比如北斗七星，所用的颜色有粉红、绿、还有黄。最可爱的就是那些光晕，在轻轻的笔触里，在银河系的陪衬下，这些星光画出了梵高神秘主义情怀的特色。

"我一定要画一幅多星夜晚里的丝柏树。这里实在有一些绝佳的夜景。"刚到阿尔时，梵高曾如此说过。可惜他在那里经历了很多，也画了很多，但没来得及如愿。1889 年 5 月到了圣保罗精神病院后，那里的作息很严谨，梵高晚上不能走到夜空下，连一楼的画室也只能在白天才能去。因此，独自待在二楼病房里的他透过焊着铁栏杆的窗户继续凝视着夜空，他应该是在这个过程中画了一些草图。他的视觉范围从小窗到目光所及的最远处阿尔卑斯山脉，在这个区域里的夜空中（时间是 1889 年 6 月），梵高首先看到的是一弯月亮，然后观察到了白羊星座，其中的几颗星星就挂在远处的山顶上，银河系沿着山脉的走向伸展开，在凌晨还可以看到金星。梵高太喜欢凌晨的光线了，在圣保罗精神病院画这幅画时，不知他多少次在凌晨起来观察

星空。画作中的小镇，在现实中从他住的房间那里是看不到的。梵高之前去过 1.5 公里外的圣雷米小镇（有护工陪同），在山上画了一幅速写《俯瞰圣雷米》，他把那个素材搬到了这幅画中。就像《罗纳河上的星夜》里出现一对情侣一样，画这样超现实题材的作品时他一定会加入一些人类的元素，这次放进来的是一个带教堂的小镇。这个小镇里诞生过著名的占星家和预言家诺斯特拉德马斯。经历了近十年的绘画鏖战，最后走进了精神病院这间小小的病房，难以想象除了铁窗外神秘浩瀚的星空，还有什么能安抚梵高那颗时常激动、容易失去意识而又破碎的心。星光的抚慰和永恒，给予了他灵魂终极的宁静，最终将这种宁静传入了画中。

梵高在信中告诉弟弟："最终，我对星空有了全新的观察。"这第三幅星空作品，他把星星画得更大、更有颤动感。《星月夜》前景里有一棵巨大的丝柏树，这种浮世绘的构图一直是他喜欢的。而丝柏可能是梵高虚构出来的，至少在他二楼病房窗口的位置，向外是看不到丝柏的（医院的院子里有），只有一棵小树，试想紧靠窗户的地方也不太可能栽种巨大的丝柏，那样会挡住太多的阳光。梵高 5 月一到圣雷米就画了很多的丝柏树，到 5 月底的时候，他同时在十几张画布上画丝柏，到了 6 月就出现了这幅星空下的丝柏。圣雷米美丽山谷里的这些丝柏，让早

在阿尔就喜欢画丝柏的他兴奋不已。是的，这幅画特别展现了他新确立的画风：德拉克洛瓦的色彩加上他自己多年摸索的素描笔法——短线组成的旋转。此时的他已经抛弃了巴黎众多的流派和主义，专心确立了自己的"主义"。圣雷米古老的丝柏树，它们那紧凑的、深绿色的锥形轮廓，还有线条比例都十分优美的造型，在梵高眼里很像埃及的方尖碑，他高兴地说："丝柏树总是占据我的思绪，我觉得应该画点什么，就像画向日葵一样，它们让我惊讶不已，可是我还没画过它们。"正是这种不断寻找创作题材的过程，让我们看到了梵高《星月夜》中巨大的丝柏。有朋友不理解甚至不认识，会说："那是什么？"可是当你了解了上述细节，会发现前景鬼魂一般的丝柏让整个夜景特别有纵深感、遥远感、神秘感，也让观者自然真切地带入自己，把自己放在丝柏附近去遥望画面的远处。这幅画中他用了紫罗兰、赭色勾勒出远山的曲线，与上空旋转的繁星及近景弯曲扭转的丝柏相呼应，凭着直觉和感受，他给后人留下了用画笔弹奏出的旋律，那扭动着的线条，既使人察觉所有的一切都来自像星空旋涡一样的旋转之中，又使人从那种旋转中感受到了一股股平静能量的散发，整个画面好似处于一首深沉的夜色安魂曲里。但《星月夜》没有得到弟弟的赞美，提奥觉得那是现实中不存在的形象，他告诉梵高："最让人满意的画作，不是运用各种流派和抽象概念，而是描绘美好而真实的事物。"弟弟的视野来自市场，来自画作销售的风向，而梵高是很少考虑市场的，尽管他时常捶胸顿足地保证要画容易销售的画，但一抓起画笔就不是他自己能控制的了，他一站在画板前就会迷醉。从梵高的书信中可以发现他的色彩观，那就是如果能正确地混合色彩，那么就能激发出人类所有的情感，比如使用破碎的色调表达"愤怒"，用平衡的色调表达"绝对的正确"，用红色与绿色表达"激情"，用淡紫色和黄色表达"柔和的抚慰"。他说自己是理性的色彩学家，通过在调色板上的复杂计算，去追寻画作的永恒、神秘、无限与梦幻的效果。梵高反对分离主义流派仅仅把色彩当作一种简化的装饰因素，坚持认为色彩是一种热烈性情的强有力的表现。这幅作品让提奥不满意，梵高连连道歉："我误入歧途，把星星画得太大，连我自己都不能接受。"这也是他此后没再画星空题材作品的缘由吧。如果说梵高大部分作品中的神秘气氛都还算含蓄，那么星空三部曲系列画作则大胆、自然、抒情、毫不隐晦地画出了他心目中的超现实宇宙。

星月夜

星月夜（素描）

诗意的
播种者

播种者

自从梵高1881年临摹了米勒的《播种者》素描版，他在之后近10年里从来都没忘掉过这个主题，一直希望能画出自己满意的播种者。因为从旁观者的角度来看他，你会发觉，梵高就是一个播种者。他自己也说过，绘画就是在画布上耕种。不论是播种者、麦垛、向日葵、太阳或星星，他都在辛勤地去画出心目中的"种子"——向人间播种安宁、抚慰。当他来到阿尔，看到那不同于北方的太阳时，画播种者的想法又跃然心头："这里现在是无风的大热天，也正是我所需要的。这是一个无法用言语形容的太阳，一种无法用言语形容的光，我只能够称它为黄色、淡黄、淡金黄，这是一种多么美丽的黄色啊。"这段话中的激情被梵高准确地复制到了画布上。经过他这个耕作者的升华后，画中太阳周围原本肉眼看不到的辐射和频率，被梵高用催人泪下的热情展示了出来。他好像在告诉人们：我们都是太阳，我们一直都在被给予恩宠和爱！画中太阳所散发的喜悦无处不在，梵高直白稚拙又满怀真情地画给了我们。在1888年的某一封信中，

播种者

梵高提到了画这张画之前打的一个草稿："目前的成果，是一些麦田、风景的习作与一幅播种的农民的速写。一片紫色的犁过的地，一直伸向地平线；有一个穿着蓝色与白色服装的播种人；在地平线上有一片长得不高的、成熟了的麦田；黄色的天空中有一轮黄色的太阳。你可以从这种对色调的简单叙述中，了解到这是一幅色彩在其中起着十分重要的作用的画。像这样的速写，使我苦恼，使我怀疑我是不是会认真地干下去，画出一幅好的油画来。我几乎不敢考虑这个问题。我曾经盼望着能有一个较长的时间画播种的农民，但是我长期想画的一些作品始终画不出来，所以我对画这幅画几乎有些害怕。况且，还有临摹米勒及莱尔米特的工作没有做完——一幅带颜色的播种者的作品。我一定要画！但是我仍然问自己，我是不是有足够的精力画成这幅画。"这段话可以证明他是多么地想画好一幅播种者。最终，抑郁的梵高在担忧中诚惶诚恐地完成了这幅杰作。画中钴蓝与橙黄的补色，对其中的和谐精度要求很高，而梵高漂亮地完成了，那种醒目、

夕阳下的播种者

播种者（临摹米勒）

那种明亮、那种抚慰让人震撼。画作的透视视角是被拉大了的，这让观者对远方有了更多的遐想。也许人物与周围的比例不是那么准确，但正是这样的夸张给了我们另类的视觉感受。另外两幅《播种者》，都是他在阿尔时期所画，可见梵高在尝试着用多样的颜色、笔触、构图来实践播种者的主题，尤其对自己所采取的稚拙笔触和夸张手法，他心怀忐忑，曾在信中这样说："当以后经过试验使得我在这方面走得更远的时候，《播种者》便不过是这种风格的最初尝试而已。我脑子里始终在考虑是否要继续这样搞下去。像《播种者》与《夜间咖啡馆》这样过于夸张的习作，我通常以为是极其难看与不好的，可是当我被某种东西感动时，我发现，这些画似乎才是有一点深刻意义的仅有的作品。"

梵高画这幅画时，高更已经到了阿尔。因此这幅播种者与6月那幅有很大的不同，他有点寄希望于采用高更的某些风格，来让自己的作品有所突破。因此《夕阳下的播种者》比6月那幅光芒万丈的《播种者》要理性和诗意很多。画中的人物由高更和贝尔纳所推崇的分离主义色块组成，由近及远的田地，也被柔顺的短线和色块一片片隔开，那些边缘分割线则极具高更的特点。这幅画中的播种者距离"镜头"更近，虽然近但人物还是没有脸，这又是梵高喜欢的，就像在圣玛丽海滩所画的那个年轻渔夫一样，没有脸。

早期的他，有几幅人物油画也是省略脸部的。夕阳居然是粉黄绿色，有点柯罗风景画中天空的意思。在那样的天空下，近景里斜着的一棵大树，被锯掉了多余的枝杈，这是他在荷兰时就经常画的截掉树梢的树。其构图受日本版画《龟户梅屋铺》的启发：在那幅画里，一棵巨大的古梅树挡住镜头的最前端，梵高还专门创造性地临摹过。《龟户梅屋铺》的构图也影响了高更，在梵高画这幅画之前，高更画了一幅《雅各和天使搏斗》。梵高的这幅画有与高更比一比的意思。高更那幅画以他惯用的红绿色调及线条渲染出冷静又暗含玄学味道的某种气氛；而梵高的这幅画，用他惯用的颤动短线构成了巨大的光芒万丈的太阳，与暗含着抚慰之意的紫色相切于地平线，再加上播种者头顶上树枝中的朵朵鲜花，它变成了一幅史上最一目了然且极富诗意的播种图。对于这幅画，梵高后来说："我任由我心驰骋，直到心满意足……我去尽情地做自己想做的事情，并且更加大胆地尝试，抛却现实，用颜色描绘音乐。"可以这么说，播种，是梵高潜意识里的使命。在他短暂的一生里，不畏舆论及家庭压力，坚持十年依靠弟弟的资助，付出了身体上及心理上的双重代价，所要达成的目标就是播种——播撒抚慰、大爱和人间中的诗意。他肩负着使命而来，梵高手中的画笔是传达"另一种存在"的工具。梵高的这幅画，即便是在100多年

播种者（临摹米勒）

播种者

雨中的播种者

后的今天，也属于先锋画派的笔法。而在1888年，又有多少画家、画商能接受梵高这种试验性的画法呢？更不要说买家了。但是，这种坚定和追求，难道不是勇士所为，不值得敬佩吗？提奥之所以给他新出生的孩子取名文森特，就是希望自己的儿子今后能像梵高一样做个百折不挠的勇士。

1890年的圣雷米时期，梵高病情反复发作。长期没有任何家人陪伴的他，又想到了米勒的《播种者》，那是他多次从抑郁的泥潭中奋起的力量。1890年，梵高画了两幅《播种者（临摹米勒）》的油画，其中黄色的那幅应该是一幅未完成作品，而紫蓝色基调的《播种者》则是继1881年他所画的精美素描临摹作品之后的一幅彩色、梵高式的《播种者》。画中的土地、天空和人物，都拥有着独立的旋转频率及方向，但其中的统一性又由相似的色彩关联起来。这个时期的梵高，他的短线笔法已经到了浑然天成的地步。这幅《播种者》比原作更加美好、更加大胆地表达出了天地人合一的真理。

第一幅素描版《播种者》中，播种者陶醉和专注的神情是梵高几笔就勾勒出来的，但却感人肺腑。第二幅素描版《雨中的播种者》太抓观者的情绪了。这幅画让我们更清楚地看到了梵高如何用他的笔向那些线条灌注了情感：那毛毛小雨中驼着的背、弥勒佛一样的滚圆的侧脸、趿拉着的鞋、紧握种子袋的左手，还有雨中头顶上那飘动着的头发（同时那也是山脉线），给人一种感觉，他在用这幅简单、幽默、一目了然的播种者素描向人间告别，用那样的身影、那样的形象为不久后的离开做了完美的预备——用这样的画作做最后一次深情的播种……那幅《雨中的播种者》更是画出了人物、土地、天空中内在的流动性。他用很快的速度去捕捉那一瞬，整个画面好似渗入了他身体内在的流动性、生理节奏和自发性，这些都很自然地成为了画作的一部分。没有了色彩的加入，纯粹的线条更能让观者直接地感受梵高那迷人的旋转笔法。那些线条，分拆来看都是再普通不过的短线，但是经由梵高的画笔，它们变成了难以言表的情感。《雨中的播种者》让我们感受到了梵高维持了一生的播种激情以及他对人的慈悲，正像梵高在早年曾说过的："获得安宁与抚慰依然是终极目的，寻求真理也还是终极途径，伤痛也依然是获得救赎的终极情感……"这种话，几乎是先知才能说出来的吧！对于这样的梵高，塞尚曾说，他是个"狂人"。意大利的艺术评论家小文杜里公正地说过："梵高对后来的野兽派和表现派都有极大影响，他的艺术成就比马奈和塞尚对后继者的作用更大。"

61

别了圣雷米

大约在 11 月，梵高扛着画具迎着风来到了一条非常荒芜的山沟里，那里有涓涓溪流，两边全是参差的礁石，山坡上有很多悬铃木，顶部的树叶很多已经染上了秋天的棕黄色。在信中，他跟妹妹惠尔说："没关系，现在我的健康状况非常好，我的身体将战胜这一切……这里，峭壁都是紫色的。"在写给弟弟的信中，他也提到过这幅画："今天我寄出去了一些油画。《峡谷》是在一个刮西北风的白天画成的习作——我用一些大石头支撑我的画架。这幅画还没有干。我为这幅画打过细致的草稿。画中蕴含着极具分寸的热情与丰富的色彩。"多年后的今天再观看这幅画，原作上那些厚涂的颜料所营造出来的效果，绝对不是当时很多人讽刺他的"把画布胡乱堆满颜料"，而是能非常感动地看出那些貌似粗犷笔触中的温柔与小心翼翼，能感受到那是长期观察而堆积出的情感的描述，运笔中带着明

峡谷

有人正在采摘的橄榄园

显的深思熟虑，画中没有一笔"疯子"的痕迹。

其实一路走来，梵高都是凭着直觉在作画，虽然他总是叫嚣着自己的画带着泥土的气息，甚至标榜自己是农民画家，但其实那是缘于他的画作很多都是忠诚地走到大自然中去"写生"出来的，少数是在画室里靠想象创作的，当然，那些在大自然中迸发的笔触，其实都带着梵高超出凡人的艺术思考。

梵高大量画橄榄林是在1889年9月以后，他在秋季的信中痴迷地写道："这里有美丽的秋色可画，橄榄林很有特色，我正在努力把它们画下来。橄榄树是古旧的银灰色，有时近似蓝色，有时是绿色、黄铜色、白色，树下的土地则是金黄色、玫瑰红色、淡紫色与橘黄色，甚至是暗红棕色。难画极了，难画极了。这种景色很中我的意，吸引我用金色调子或者银色调

弯月下散步的情侣

子作画。"之前的《星月夜》没能让弟弟喜欢，奥利耶的文章只是引起了一阵涟漪，跟进买画的人还是没有。梵高又在抱怨奥利耶在文章中提到了他的发疯，因此通知奥利耶别再写任何文章了。正是卖画的压力，让梵高觉得画橄榄林应该能找到销路。他放弃了喜爱的厚涂法，用提奥喜欢的薄涂加上高更风格的一点点痕迹以及自己独特松散的短线笔触画了一堆橄榄树。但他并没因此完全向商业化妥协，而是坚持认为自己的画应该具有完整性及流露出真情实感，他要将它们画出自己的印记，就像那批向日葵。在和提奥提到这批橄榄林的画时，他解释说这些画源于"残酷而艰辛的现实，它们散发着泥土的气息"。梵高的意思是说自己的画绝不是在画室里编造出来的，尤其是摘橄

有丝柏和星星的小路

榄这幅，画得异常细腻，他认为会打动任何铁石心肠的人（指买家）。这幅画中树叶和黄色天空的颤动感太强了。

梵高是 5 月 17 日（1890 年）离开圣雷米的，这幅画不是画于 5 月初就是画于他临走前的一两天。也就是说在他临离开圣保罗精神病院的那十几天里，还在紧锣密鼓地画画，这幅画可以说涵盖了梵高喜爱的好几个主题：月亮、夕阳、阿尔卑斯山、丝柏、橄榄树（也许是无花果树）、小路、情侣，用梵高自己的话说，此画是在"挖掘这个地方的特质"。去过欧洲的朋友都知道，那里常常是晚上 8~9 点钟还有夕阳，当然也会有月亮。画中远处的山脉是蓝紫色的，配上绿色的天空、耀眼的一弯月亮及落日余晖，橄榄树或无花果树叶子里的丝丝黄色与之遥相呼应。画面下方的情侣，男人是红头发，女人的发型与发色都与纪诺夫人类似。可怜的梵高，在想象自己与梦中情人在那里散步吗？毕竟圣雷米距离阿尔只有 25 公里，巴黎就遥远多了，此时多情的梵高心里明白，再见到纪诺夫人的可能性很小。因此，在这个告别的日子，他一往情深地凭借着想象画出了这对情侣，用诗意的、色彩鲜明的周围环境去衬托。他所用的手法很简洁，不是"意义含混"的，梵高说自己是在用"情感和爱"画画。这幅画是俯视的视角，梵高想让观者从这样的角度去感受整个乡村的特质。

这幅画是梵高在 1890 年 5 月 12—15 日画的，也就是说，是在他离开圣雷米的两天前完成的。还记得他在阿尔时说的那句话吗？"我一定要画一幅在多星的夜晚的丝柏树。这里实在是有一些绝佳的夜景。"1889 年 6 月，当他夜晚不能外出时，仅在室内就画出了著名的《星月夜》，那是一幅多星的夜晚里有丝柏的画，在近 1 年后要离开圣雷米的这几天，他应该明白自己就要彻底离开那样的星空和丝柏了，于是画下了这一幅。细读梵高的书信集会发现他提到了这幅画："今天早晨 7 点钟开始，我就坐在草地上那被剪圆了的西洋杉矮树丛的前面画画……一棵严肃的丝柏矗立在它们的上面，有一些人沿着玫瑰红色的小路溜达。"这几句话显示出，画中的景象他不止画过一遍，至少还有一幅"早晨版"的。等他去了奥维，当该画被寄到后，梵高在信中很细致地讲述了这幅画："……最后还有一幅有一颗星星的丝柏，这是一次最新的尝试（夜空中有一个没有光辉的月亮，细条的新月好不容易才从地球所投射的暗影中显露出来）。一颗星星发出了被夸张了的光彩（如果你高兴这样说的话），在青色的天空中，呈现出玫瑰色与绿色的柔和光辉，一些云朵匆匆掠过天际，天空下面有一条边上插着一些黄色长棍的道路，黄棍子后面是蓝色的、在画面上显得较低矮的阿尔卑斯山；一家古老的客栈，它的窗户里透出黄光；一株很高的、笔直的黑黝黝的丝柏；路上有一辆由一头带着挽具的白马拉着的黄色二轮马车，与两个晚上行走的路人。如果你高兴，你可以说这是非常富有浪漫情调的，但我本来就认为，普罗旺斯是很浪漫的。"这幅画中最惹眼的就是那颗巨大的星星，曾经为自己在《星月夜》里把星星画得太大而向弟弟道歉的他，这次把一颗他眼中的星星画成了几乎与月亮一样大！当然梵高肯定会说，实际尺寸并不大，只是周围黄色的光晕给了人们一种错觉。

这画中又有丝柏！梵高如此喜欢丝柏是有原因的，它代表着死亡、永恒和神秘。丝柏原是地中海一带的植物，后在欧洲普及。早在古埃及、古罗马时代，人们总是把丝柏当作献给死神最好的礼物，所以墓园里都栽种这种植物。另外，丝柏的种名为 sempervirens，意思是永生。这种植物树叶长青的特点，自古就让人们想到了生死的循环和灵魂的永生。因此，原本就酷爱植物的梵高，原本从小就对死亡有着很多思索的梵高，会迷恋丝柏就一点都不奇怪了。丝柏的造型和颜色，也让梵高喜欢得不行，他时而说丝柏像火焰，时而说像古埃及高贵的宫女。这类我们平时视而不见的植物，在他眼里总是那么诗情画意："……刮了一阵西北风，在临近日落的时候却逐渐静下来。这时天空呈现出一种淡黄色的美丽效果，悲伤的松林的轮廓，以一种优美的黑色花边，在作为背景的天空中突显出来。我的脑子里老是想着丝柏，它具有类似埃及的方尖形石碑的线条与比例的美，它的绿色具有崇高的特质。这是阳光灿烂的风景中的一块黑斑，但这是充满意蕴的黑斑，是我所能想象的最难正确落笔的东西。"带着摇摆的忐忑之心，他在画布上留下了此生对圣雷米的最后一瞥，而后，梵高走向了巴黎郊区的奥维小镇——他生命的最后一站。

第八章

作为一个诗人，他想要一个诗意的离去

1890 年 5 月—1890 年 7 月

奥维时期

提奥公寓里面的刺激，久久难忘

1890 年 5 月 16 日，佩宏大夫在梵高和提奥兄弟俩的坚持下同意梵高出院，在病历上写下了"痊愈"两个字。17 日，梵高坐火车抵达巴黎，提奥雇了一辆马车在火车站接到了哥哥。当提奥的太太乔在门口看到梵高时非常惊讶："我原以为他会一脸病态，但眼前的文森特体格健壮，肩膀宽阔，脸色健康，面带微笑，看起来非常结实。"乔如此评价道。进房后，梵高看到的不仅仅是餐厅里的《吃土豆的人》、起居室里的《克劳风景》及《星月夜》、卧室床头墙上开满鲜花的果树画，以及摇篮边怒放着的梨树花朵，最刺激他的是那些堆叠在床下、壁橱里、抽屉里、各种柜子里的画……虽然梵高原本也没打算在巴黎久住，他的主要行李也都寄存在了火车站，但他还是带着画架、画布、油画框、颜料和画笔等绘画工具来到了弟弟家。带着画具来到巴黎的梵高，原本至少要画了这两幅画才会离开。可事实是，他只在巴黎停留了三天多，且极少在弟弟家里待着，更顾不上画画了。这几天他一直在忙着看画展，比如日本绘画展、春季沙龙展。客观上来说，梵高太需要看看别人

的画了，他长时间地独居乡下，参观画展的机会是没有的。但主观上来讲，梵高原本想在巴黎待两周，可几个因素导致他很快便离开了。原因之一是他不想待在提奥的公寓里面对自己那堆积如山的画作（唐吉老爹那里还有一堆），这对他的刺激实在太大了。直到1890年7月底梵高离世，那个情景始终萦绕在他脑海里，挥之不去。

其实梵高在巴黎的那几天，古庇尔画廊正在举办由提奥策划的"拉法埃利画展"，梵高没去观展。在他怀着五味杂陈的心情抵达奥维的当天，身上只剩下了几个硬币。可见离开巴黎时，他来了个说走就走的旅行，很多事都没和弟弟商量好。"周末给我寄些钱来。我身上的钱只能支撑到那个时候了。还是和从前一样，每个月150法郎，分三次付给我好吗？"快要离开时，梵高才和弟弟谈起生活费的问题。除此之外，兄弟俩什么都没有谈，就连梵高好不容易卖掉的唯一一幅画，俩人在巴黎都没聊起过，而是到了奥维后梵高才在一封信中询问道："请问什么时候能告诉我安娜·宝赫买去的是哪一幅油画？我一定要写信给她的兄弟，感谢他们。我还要向他们建议，把我的两幅习作与他们各自的一幅进行交换。我认为他们买这幅画确实付了较高的价钱。他们是朋友。"在巴黎短短不到4天的时间里，提奥忙于画廊的事，梵高尽量避免待在弟弟家而去找一些事

情做。可以想象，他们哥俩像两个分开旋转的陀螺，各有心事，再加上从静谧的乡村猛地来到繁华嘈杂的巴黎，对梵高来说也是不小的刺激。他到奥维后写信说："我很强烈地感觉到那里的噪声不适合我，巴黎对我产生了不好的影响。为了让我的头脑清醒，我必须到乡下去。"

奥维小镇里的浪人

梵高投奔的加歇是个营养师，也是个精神科医生。梵高所患的颞叶癫痫症在当时的欧洲仅被认为是一种新发现的隐性癫痫病，

加歇医生（素描）

当时没有什么有效的药物。现代的医生知道，此病还需避免情绪激动、忌烟酒、咖啡、避免暴晒等刺激。但这些都是梵高要么避免不了，要么就是他最喜欢的东西。仅仅在发作被关起来时，阿尔医院的医生给他禁烟禁酒了几天，随后便很少有医生提醒他少碰烟酒和咖啡了。而抑郁症，至今为止在世界上完全康复的案例很少，能控制住不发展就相当好了。当梵高到奥维与加歇医生接触了几次后，敏锐的他发现："我们绝对不能指望加歇医生了。首先，我觉得他比我病得还重……当一个盲人引导另一个盲人时，他们俩肯定会一起掉进沟里。"（此信后来并未寄出。）梵高说出了带有预警性质的话——加歇自己就是个抑郁症患者，他其实无法治愈别人。梵高的这种病导致他异常固执，思绪时常混乱，所以总是不能正常地处理人际关系，也不能合理规划使用生活费用。可以说，梵高根本就是一个一半不能自理的人（如果癫痫突然发作，就是100%不能自理的人）。这样一个绝对需要有人看护的可怜人，却独自游荡在奥维小镇，随时随地都有意外发生的可能。只可惜，提奥忙得晕头转向顾不上这些，他也不懂这种新病是怎么回事。虽然圣保罗精神病院的佩宏大夫反对梵高出院的态度是明确的，但也没能阻止梵高走向生命的最后一站。

连那位从巴黎到奥维小镇度假的16岁少年雷内，都一眼看出了问题。"他的生活一团糟……不过是个穿着鞋的流浪汉。"雷内这样说道。每个月150法郎的生活费，原本足以养活一家人，但这些钱在梵高手里，却总是捉襟见肘，他甚至让自己混得像个乞丐。可惜，那封信梵高没有寄出。如果寄出了，也许能提醒弟弟改变策略，让哥哥住进巴黎一间较自由的精神病院。那样的话，他至少不会这么快就死。很奇怪，提奥和加歇即便不懂颞叶癫痫病，但梵高多次发病，发病时会失去意识，甚至有暴力攻击他人的举动，这些他们不会不知道啊！放任这样一位仁兄在奥维小镇上独自闲逛，如果在瓦兹河边行走、爬山登高、接触易燃物时突然失去意识，那么溺毙、烧伤、摔伤的可能性就太大了。看来，在生命的自由度和损失自由延长寿命的选择上，梵高、提奥、加歇都赞成前者，尽管他们不懂也不会治疗那种病，但让梵高活得畅快、舒服，是他们的第一选择。

梵高在信中说："奥维真的非常漂亮，绝对很美。富饶的乡村，空气清新，没有工厂，只有一片片保存完好的绿地……"直到7月27日的枪击事件发生，之前的两个多月里，梵高除了画画，全部身心都扑在了如何喊弟弟一家来奥维团聚这件事上。说加歇是盲人的那封信没发出的原因就是他突然想到，身体虚弱的弟弟如果觉得奥维有个很有水平的医生并能住在他附近，就会很愿意举家搬来。

因此，梵高这段时间的信里，每每谈到加歇就改了口风。至于他自己，也是一直说很健康，没有问题，以免弟弟担心。

1890 年 6 月 8 日，提奥一家来到了奥维，并在加歇医生家里那能俯瞰瓦兹河的露台上吃了午饭。梵高抱着小侄子在院子里来回溜达，想让他认识那里的鸭子、鸡等长着羽毛的朋友们。饭后，梵高领着弟弟一家四处观光，看那些或已被他画进油画，或正在酝酿的街景。当天，提奥一家返回巴黎，留下了继续做家人团聚梦的梵高。他独自在小旅店里写道："周日给我留下了美好的回忆，你们必须赶紧回来。因为我们现在住得更近了，我非常希望你们能够和我一起在乡下买个小公寓住。"看看，从偶尔的周末拜访一下跳到了买房同住。其实早在德伦特时期，他就绞尽脑汁想让弟弟前去团聚，现在他更希望此事能成功。太固执了，我们的文森特，弟弟在画廊的工作怎么能允许他住到十几公里外的地方？周末偶尔串一下门还算比较实际。梵高在去世前的两个月里，一直在筹划这件事，从没放弃过。自此之后，他画的一系列画，都是为了给弟弟、弟媳看。画加歇医生正在弹钢琴的女儿，他会说："我想，乔会很快和她成为好朋友的。"画邻居的小孩，是让弟弟知道小侄子会有很多玩伴。

灵魂之潮逐渐退去，肉身梵高渴望家庭温暖

除了期盼与弟弟一家团聚，梵高还联系了高更："亲爱的管家，自回来后，我每天都会想到你……"梵高提出可以与高更一起去布列塔尼同住。他的想法是："我们要试着做些比较严肃的事情，要有目的性，比如我们可以继续之前的工作。"但高更拒绝了他，他那时不想去布列塔尼。高更后来想去马达加斯加，他说："原始人就该回归野外。"贝尔纳也同意和高更一起去。对此，梵高动过心思，想和他俩一起去，但很快他就打了退堂鼓。原因想来是那里距离弟弟一家太远，他现在就想和弟弟一家团聚，布列塔尼至少在法国境内。还有，他的病到了那边可能更难控制，尤其是与高更一起生活，一不小心就不知会受到什么刺激……唉，当时看似最不可取的一个选择，如果就那么选了，或许他将多活很多年。此时的梵高，绘画的激情开始退去，一心想着与家人团聚。虽然自己没有妻儿，但弟弟的孩子与他自己的没有区别，那个孩子令他迸发出父爱，那是他所向往的人类最基础最美好的情感，是他一生很想体验的。认真看奥维时期梵高的作品，能触动心灵的恐怕只有一两幅麦田和一幅树根。即便是那几幅，也失去了圣雷米

时期画作笔触里的梦幻感和热烈感。可以这样说，此时物质的、肉身的梵高正在渴望生活，希望余生通过弟弟、小侄子享受一点天伦之乐；而灵魂的梵高，已经失去了对这个世界的好奇与激情，自认播种完结，决定离开了！因此，他执意离开圣雷米，执意独自生活在奥维，结识了游手好闲又玩手枪的少年。等于从圣雷米时期的起念开始，他一步步稳准狠地走向了极端——某个小旅店老板有把旧枪，梵高偏偏就住了进去，老板见到一个游手好闲的年轻人想要那把枪，就卖给了他。先不要说巴黎周围有多少小镇可供梵高选择，就说这个加歇，在同一地点也接待了太多位画家，可唯独梵高刚到两个月，就被一枪打死了。这是为什么？或者换种说法，即便梵高躲过了那次枪支走火，在接下来的岁月里，没有了阿尔的阳光、圣雷米紫色的山峦及有着旋涡的星空，再活很多年的梵高，还能画出超越普罗旺斯系列的画吗？

如此推断，是 1890 年 7 月 6 日，梵高冲去了巴黎。起因是提奥发现孩子生病了，看病花了不少钱，这导致他的小家非常缺钱。可能是在与老婆吵架后，提奥忍不住在信中告诉了哥哥。这对梵高的打击是前所未有的，虽然弟弟在信中并没有指责他，但这并不能阻止梵高往那方面想。还有，因为缺钱，提奥已经和画廊摊牌：再不给涨工资，就辞职单干。但画廊坚定地拒绝了提奥的要求。梵高哪里承受得了这样的事，弟弟如果辞职，一时没有了固定收入，他的全家团聚计划就彻底泡汤了。因此，梵高跑到巴黎弟弟家里去了。三个人吵成一锅粥，大家开始恶语相向。后来乔的哥哥来了，梵高把怨恨转嫁到了他的身上。因为这个与提奥住在同一楼里的大舅子，建议提奥一家搬到他所住的一楼，这样他们就能共享一个花园了。梵高认为，此举将彻底摧毁自己盼着弟弟搬去奥维的计划。原本梵高与乔是一个阵营的，反对提奥辞职。但据史密斯版《梵高传》所述，后来为了一幅画该挂在哪里，梵高与乔吵了一架，两个人闹翻，梵高在当天就返回了奥维。

这件事让回去之后的梵高懊悔不已，沮丧不已，连连写信去试探："我做错什么了吗？"乔后来也写信安抚梵高，让他不要多想。多年后，乔回忆说："他和我们在一起的时候，我要是对他更好一点就好了。我非常后悔，当初对他太没耐心了。"梵高对这一天的感受是："和你们在一起的几小时对我来说太难熬了，太让人烦躁了。我担心自己成为你们的负担。你宁可我是让你害怕的东西。"最后一句，可能是吵得最凶时，提奥说的气话。这是梵高最后一次到访巴黎，其中一个形容词却是"难熬"。他继续悲叹道："我的生命遭到了彻底的威胁，我步履艰难，穿过黑暗的玻璃，一切犹在镜中。生命，就是离别、逝去和不断动荡——除此之外，我们不知道生命的其他意义。现在我知道我的能力了。"这些话是梵高书信集里最黑暗的一段。7月6日的那场"风暴"过后，他悲伤不已。他无助地登上高处的麦田，笔下所画的几幅作品，隔着画布、颜料都能感受到一阵空虚、茫然。

7月6日从巴黎回去后，他悲哀地写道："前途变得更加黑暗了。我一点也看不到幸福的未来。我在目前只能说，我们全都需要休息——我感到不行了。我的事不必再讲下去了——这是我们所能承受的命运，是不会改变的……如果我的病重新发作，你会原谅我的。我十分担心我会精神失常，我对于完全不知道自己处在什么情况下（希望像从前一样，每个月150法郎）感到奇怪。我还是那样混乱。有没有一种能让我们彼此更加平静地再见面的方法？我希望如此。"担忧，担忧，一直是担忧！如果说在提奥单身的时候资助梵高，还能让他幻想着总有一天他的作品会被一间咖啡馆展览或者有些作品最终会找到买主，这样的期待足以安慰弟弟和自己。那么，当弟弟承担起养育后代的责任后，还想让焦虑、敏感、善良的梵高如之前那样淡定地画下去，真的太难了。可他又没有走出这泥潭的实际办法，他的病让他无法摆脱恐惧，无法独自迈出找工作的重要一步，那么举世无双的梵高的灵魂，能做的，除了撤退还有别的吗？

接近终点，诗人离去

1890年7月27日，像平时一样，大家都知道他午饭后会带着笨重的画架、画布、颜料外出写生。多种因素造成了梵高的寿命只有短短的37年，使他最后生命的终结成为扑朔迷离的传说。60多年后，一个82岁老人的出现，让那些怪异的传说变得清晰起来。这个人就是当年随家人从巴黎来到奥维度假的纨绔少年雷内·萨克里顿。他是在看了描写梵高的电影《渴望生活》后站出来的，因为他觉得帅气的男主角与真实的梵高毫无关系。这个人在1890年时是16岁，由于哥哥是个文艺青年又喜欢画画，所以他在奥维与梵高有过很多的接触。阔少雷内为了哥哥与梵高交往，同时也为了拿他取乐经常与梵高一起在"偷猎人酒吧"里喝法国茴香酒和咖啡，并为梵高结账。但这种相聚往往伴随着恶作剧，比如在梵高的咖啡里放很多盐或在画笔上涂抹辣椒粉（梵高有舔画笔的习惯）。尤其重要的是，这个其实什么都不缺的浪荡少年唯独觉得自己还缺一把枪，很快他知道拉乌旅馆老板手里有把380口径的老款左轮手枪。这个公子哥买下后整天带着，领着一群孩子到处打兔子、地鼠。27日那天，当晚上9点梵高跟跟跄跄地捂着肚子走回旅馆后，人们对之后发生的事就只能以旅馆老板和到场警察对梵高的询问为主线往下猜了。先说在旅馆里，医生来后看了伤口，马上说那子弹至少是从2米之外射入的，这立马否定了梵高承认的自杀。到场的瑞格蒙警官问梵高："是你自己想自杀的吗？"梵高以平时轻柔的语气回答道："是的，我相信是的。"旅馆老板一听是枪伤，就联想到梵高总和雷内混在一起，立即想到自己售出的那把枪可能是凶器。为了逃避责任，他向每个见到的人诉说，梵高是在经常去写生的麦田里自杀的。这根本就是他本人不在场的推诿之语，却成为了后来的结论。而在警察那里，由于梵高承认是自杀，因此草草询问了镇里有枪的几个人后，就没再深入调查了。再看雷内，他在27日那天出现"梵高自杀事件"后就从奥维消失，回巴黎去了。

许多年后，82岁的雷内看到电影里帅气的梵高，站出来讲了一些当年的事情。他惊人地顺口说出他的枪就是那把杀死梵高的枪，但他说枪是梵高从他包里偷走的。这与20世纪60年代拉乌的女儿终于承认父亲的枪就是梵高自杀之枪的说法一致了！但拉乌的女儿不提雷内，她说梵高从自己的父亲那借了那把枪，为赶走乌鸦。这一说法，让《有乌鸦的麦田》成为梵高的绝世之作，其实梵高是在画了那幅画十几天之后才离世的。根据梵高的绘画作品可知，他一直喜欢在作品中画上飞鸟，还有，梵高根本就不讨厌乌鸦。

在欧洲，乌鸦也不是不吉祥之鸟。拉乌的女儿不提雷内，是为避免父亲承担责任。在贝尔纳去参加葬礼的时候，拉乌一口咬定的"自杀"很快就被贝尔纳在巴黎画界传开了。当时最早报道这一事件的报纸都没有说梵高是自杀，只是说被枪击中。再说回27日那天。多年后有两位当地居民站出来说，他们不明白大家为什么不说出真相。当天下午，他们亲眼看到梵高背着画架走向与麦田相反的方向，去了附近的一个农场。那里叫布歇街，距离拉乌旅馆仅有几百米的平缓直线路程。拉乌所说的那个麦田，不仅距离相对较远，且与布歇街方向相反，从那片麦田走回拉乌旅馆还需要经过高低不平、崎岖陡峭的河岸。这对已经中枪的梵高来说，每迈出一步都要忍受巨大的痛苦，他能走得回去？显然这是不可能的。7月炎热的晚上，各家各户都在门外喝酒品茶聊天，可至今没有证据表明有人看到他那天走去麦田或从那边走回来。合理的猜测是，梵高在路上遇到雷内，雷内又戏弄了梵高，枪走火了，中枪的梵高失去了意识……

其实提奥惨过梵高

提奥是7月28日中午到达奥维的。拉乌的女儿回忆道："他的脸'因悲痛而扭曲'。"见到哥哥时，发现他虚弱地靠坐在床上、抽着烟斗，并要求找医生取出子弹。尽管在接下来的十几个小时里，梵高时而疼痛呻吟，时而呼吸急促，但还是能与弟弟做一些简短的交谈。他询问了乔和孩子的状况，很诗意地说道："他们对生活中的一切悲哀没有丝毫的察觉，这是多么甜蜜啊。"可怜的提奥，到那个时候对哥哥的死还没有什么思想准备，居然在信里告诉乔和医生们说哥哥身体很健壮，并表示"如果他今晚就能好起来的话"，自己转天就能回巴黎。他环顾房间，没有丝毫自杀者准备离世的迹象，想着哥哥在最近的一封信里提出买更多的颜料和附带的画着可爱小镇的速写，还有结尾愉快的祝福——"祝生意顺利……在头脑中握你的手"，这一切都让他很乐观。虽然问不出枪伤的细节，但他希望这次与之前几次一样——虽然哥哥说不清发生了什么，但他还会顽强地一直生活下去。到了7月29日凌晨0点30分，梵高勉强地呼吸着，说出了最后一句话："我想就这样死了吧。"半小时之后，1点刚过，梵高睁着眼睛，心脏停止了跳动……他彻底摆脱了"生活中无谓的愚昧和空洞的折磨"，正像他在安特卫普时说过的："幻觉或许会消失，但卓越永存。"提奥在写给母亲的报丧信中说："对他而言，生命不堪重负……一个不能找到安慰的人，也不能写出自己有多悲痛，这悲痛还会延伸，

只要活着，我就不会忘记……哦，母亲！他真的是我的，我亲爱的哥哥。"他在费力用文字描述梵高突然离开后，自己的内心似乎出现了一个"大洞"的滋味。不怪提奥这样讲，那个"洞"只有亲身经历过至亲死亡的人，才能感受得到。之后的发展更说明了那种感觉的负面影响极其"凶残"，提奥滑了下去没能再走出来……

可以说，提奥对哥哥的死是毫无准备的。这对身体很弱、精神也很抑郁的提奥来说，是个致命的打击。忙于葬礼时，他还没什么，有的忙，人就无暇顾及伤痛。到丧礼结束后，他还带着妻儿回过一次荷兰。在母亲家里，他与妈妈及妹妹谈了很久，都是关于哥哥的。可以听得出，家人认为梵高的死对提奥来说是一种解脱，是一种负担的减轻。也许，哥哥不死，提奥虽会有负重的感觉，会抱怨，但深情相处几十年后的离别，是其他人绝对无法感同身受的。提奥回到巴黎后，深深地陷入回忆中，对于抑郁的人来说，这是危险的。他把哥哥的信拿出来慢慢回味，他找所有认识梵高的人一起吃晚餐，目的只有一个——谈文森特！他们常常聊到深夜，尤其是总找加歇医生——这个在梵高生命最后阶段与之朝夕相处的人。两个人往往一坐下来就泪眼相对。弟弟不断地自言自语着："他不能被遗忘……"他开始着手策划哥哥的独立画展。"如果我不用尽全力促成这件

事，那么我会自责不已，永远不会原谅自己。哦，空虚无处不在，我好想他，不管看到什么都会让我想起他……"

随着回忆的深入，提奥性情大变。原本温文尔雅的他变成了另一个梵高，经常大发脾气，甚至对妻子和孩子也不曾收敛。在与古庇尔画廊老板大吵一架后，他终于辞职，摔门离开了这个自少年起就效力的画廊。他很快给高更写了一封信："确定前往热带，钱随后就来，提奥，主管。"从这封信可以推断，他想改变职业，想像哥哥那样成为一个画家！如果还是做画商，他只需资助高更钱财即可，为什么还会说要"前往热带"？这说明提奥清楚，若继续做画商，则无法排解他深深的悲哀与思念，只有拿起画笔，这也是哥哥曾多次鼓励过他的，只有那样，他才能在画中找到哥哥、找到解脱之路。悲伤的情绪是一把杀人的利器。提奥很快就精神崩溃了，加上梅毒的侵害，他变成了一个精神错乱的瘸子。他被送往巴黎最好的精神病院，在那里他疯得比哥哥还严重，乱砸家具，撕烂衣服、进而病情恶化，行走困难、排尿困难且疼痛不已，插导尿管失败，连吃饭都成了一种折磨。因为他的身体每个部位都在颤动，脸部、喉部肌肉控制不住地抖动，所以勉强吃下去的东西很快又会吐出来。就连睡觉都要睡在包着软垫的栏杆床中，以免他误伤自己。

医生在病历上写道："遗传性慢性疾病（可能指癫痫症）、过度劳累以及悲伤、令人震惊、十分糟糕、各方面都令人惋惜。"当一位好心医生找来报纸，为他念有关梵高的报道时，提奥的反应是眼神变得很茫然，嘴里念叨着："文森特……哦，文森特……"后来妻子乔把他转到荷兰的医院，路上他一直穿着束身衣，由看护监视着。火车行驶了一整夜，提奥一夜无眠……这曾是在外漂泊多年的梵高一直梦想的旅程——回荷兰。提奥死于1891年1月24日或25日（《渴望生活》里说的是21日，史密斯版《梵高传》里讲了两个日子）。约4天后，他被葬在荷兰乌特勒支的一块公墓里。梵高家里没有任何人前来，连葬礼都没有。这一家人认为提奥的精神病有辱门风，不想再与他扯上任何关系。在提奥去世20多年后，梵高的画才逐渐被认可，有些博物馆开始收藏他的作品（可见，梵高即便没死于那次枪击，他也还要再等待多年）。直到1914年，再次守寡的乔把提奥的尸骨迁移至法国的奥维小镇，葬在了哥哥梵高的身边。在那里，可以俯瞰梵高生前流连忘返的麦田……

奥维时期的作品

　　梵高在奥维只住了 70 天，却画了 80 幅画。到此时，你如果有幸看到这个时期的原作，近距离看他的笔触后会发现，梵高手里的笔已经不是在画画了，你看不出冥思苦想的设计，只看到了色彩在"行走"，就像梵高在阿尔的一封信中说的："感情有时非常强烈，使人不知道自己是在工作。笔画接续连贯而来，好像一段话或一封信中的词语。"他的这种作画状态是无法被模仿或学习的。绘画技巧可以学，但把色彩变为感情的表达，如何学？只能用自己独特的方式去探索。收藏于波士顿艺术博物馆的《奥维的房子》原作，画作的细节可以让观者近距离地感受到梵高当时的某种状态。看着那些笔触，会有他就在眼前作画的幻觉。细节图 1 里，房子前面行走的一个女人，用十个手指能数出他画了几笔，那行云流水般的几笔就

奥维的房子

把那个女子的体态甚至年龄生动地表现了出来。再看细节图2，那白色房子上的窗户居然没有任何颜料，是用周围的白色衬托出的一小块画布。那块画布的颜色简单又生动地让人感受到——那是一扇温馨的小窗户啊！从这张画中，我们还可以看到随着情绪的转变，笔触也和圣雷米时期有了不同。在圣保罗精神病院里画的画中，好像完全找不到直线，所有的线条都翻卷着，泉涌着。回忆一下火焰般的丝柏吧，那种笔触感受是地面的一束绿色火苗在向天空喷发……到了奥维，翻卷笔法消失了一半，代之以更多的小短直线，可能是梵高在有意转变。回想一下他之前在不同地区的画作，不难发现，每到一个地方，他的风格都会有或多或少的改变。尤其当梵高发觉奥维这个距离巴黎仅32公里的小镇是他自德伦特、黄房子以来最有可能与弟弟团聚的地点后，他应该是因为害怕提奥不喜欢自己的"房屋推销图"，而极力克制了圣雷米时期的卷曲风格。弟弟曾经不喜欢星空，因此若想要弟弟爱上奥维，搬过来，买套房子，就先得让他喜欢上画中的"房屋介绍"。这些房屋"展示图"符合梵高宣誓过的理念——画作是从一个

一排房子（别墅群）

奥维的房子

奥维的房子（细节1）

奥维的房子（细节2）

夜晚的白房子

画家的灵魂中诞生的，画中的色彩就像是生活中的热情。尤其是后一句，他的奥维别墅区、独栋画作正体现了他要与弟弟全家"永远生活在一起"的热情。要知道，梵高原本对这种中产阶级别墅毫无创作欲望，他宁肯画农舍。

在这一批"房屋推销图"中，有一幅画中的房子很像梵高在纽南的父母的家，那就是这幅《夜晚的白房子》。想家的梵高画出了那座建筑，背景天空中有一颗大大的、有着旋转光环的星星，也可能是月亮，是星星的概率高一些，原因是：他喜欢画弯月；另外，此星星的大小比例与《星月夜》中的基本相符。夜空下的一座白房子，多少弥补了他曾经想画星夜下的黄房子而不成的遗憾。这幅画他在信中提起过："另一幅画画的是树丛中的一幢白房子，夜间的天空，窗户里透出橘黄色的灯光，深色的绿树，背景是一片不明亮的玫瑰色的调子。"镇公所（也称市政厅）也被梵高画了下来。那是延续了他一贯的做法，画出自己住过的或附近的房子。梵高刚到奥维时是住在那一带的，后来搬到了拉乌的旅馆，可能是因价格便宜，还有拉乌给他提供了画室。这幅画中梵高只敢小心地把几棵树画出卷动、摇曳的样子，其他部分都是用颜色不同的小直线去描绘的。

画《奥维的教堂》时，似乎圣雷米时期的风格回潮了。可能它让梵高想起了纽南的老教堂，那里埋葬着父亲。这幅画他用了很大一块画布，把原本浅灰色的建筑物画成了蓝灰色，背景好似圣雷米时期《星月夜》般的钴蓝色，与画中建筑

奥维市政厅

形成了一种和谐的统一体。这样的夸张和变异，是否可以理解为他想画出"控制着一切可能性"的造物主的教堂，而不是世俗的朝圣地？这座12世纪风格的教堂，在梵高的笔下，变得飘逸又神秘。原本棕色的瓦顶被他画成了橘色，好像是有闪电映在了屋顶。除了支撑建筑的竖线还算是直的，其他的线条都微微弯曲扭动着，好似它不是一座石头的建筑，而是能连接地球与另外时空的"中转站"。比如画中的殿堂里，梵高是否希望传来他父亲传道的声音？阳光下草地上的小花朵及棕紫色的地面，还有紫罗兰色的玻璃，都非常成功地营造出一种神秘又美好的感觉。他画完这幅画后对妹妹说："这和我在纽南为老塔楼及墓地所画的作品一样，只不过现在的颜色更加具有表现力，更奢华。"此画最吸引人眼球的是天空——一种单纯的深蓝色。这幅画与《星月夜》一样是用厚涂法画成的，但夜空里没有画一颗星星，而是用明显的线条画出了一种神秘的悸动。颜色虽然很简单，只是深蓝与更深的蓝，但那种不同层次的蓝却好像组成了两个人影，左和右，一边一个，两个侧脸，都朝着教堂的尖顶，左边是有着大大耳朵的男孩的侧脸，右边是有着浓密刘海的年轻女人的侧脸，那是否代表着梵高对自己童年的一种追忆？男孩、妈妈、教堂，因为父亲是牧师，梵高还是小男孩时就常常在教堂里看爸爸布道。左边条纹中隐约的男孩子，眯着眼睛，好像在亲吻教堂的尖塔，右边条纹中影影绰绰的女人也是如此。也许，这不是梵高的有意之笔，但它们却客观地形成了人影。

在奥维的70天，梵高还画了大量茅屋（或称农舍）。那些不是为弟弟一家所画，而是为自己。因这种茅屋在他度过童年的荷兰到处都是。到了19世纪90年代，奥维的很多茅屋都是废弃没人住的，正如他在信中说的："除其他东西外，这里还有一些古旧的茅草屋顶，这种屋顶现在逐渐不多见了。"因此，梵高一见到儿时的风景，便立即勾起了他的怀旧之情，就像在阿尔画桥一样，他一发不可收拾地画了很多茅屋。在圣雷米的春天里，他想象着画了"记忆中的北方茅屋"系列（画的是荷兰家乡的茅屋），把那时所画的茅屋和到奥维后所画的茅屋对比，可以发现其中的不同。圣保罗那里的茅屋更童话、更温馨、更迷人，而奥维的茅屋，他则试探性地尽量少用弟弟反感的卷动线条，但效果其实不如前者。艺术这东西，真的不能附和别人，只有用内心最向往的方式表达，才能在画作上体现出灵魂的频率。在奥维所画的茅屋（或称农舍）作品里，肯定有一幅或两幅是画于《有乌鸦的麦田》之后。也就是说，这么多年来太多的人认为《有乌鸦的麦田》是梵高此生的最后一幅作品，这是错的。那幅画是7月中旬画的，在那之后梵高又画了好几张画。根据胡尔斯克博士的梵高年表可知，后面他又画了7幅画，农舍主题是其中之一，只是不知哪一幅茅屋是他临终前所画。《小山旁的茅草屋》是梵高在这个时期所画的13幅窄版系列作品之一，后文将详细介绍他的窄版系列作品。

奥维的教堂

茅草屋

茅草屋和两个人

小山旁的茅草屋

茅草屋

63

奥维的
"多比尼"
之梦

多比尼的花园

　　7月初，梵高画了足够多的中产阶级别墅后，他把画架支在了距离拉乌旅馆不远处的偶像家——查尔斯·多比尼宅子的花园里。这位巴比松画派的主要干将一直是梵高的偶像。他也是利用外光作画的早期画家之一。

le jardin de Daubigny

他要画的这座花园是多米尼去世前建造的一座新宅，粉色的外墙，蓝色的屋顶，能俯瞰瓦兹河。
房子外附一个美丽的花园，里面有一排排果树和鲜花，园中小路边开着紫丁香和玫瑰。如此
美景豪宅，多比尼还没来得及享受就去世了。他的遗孀苏菲·多比尼一直住在这里，她善良

地允许外人随时进入花园参观。多比尼夫人偶尔出现在花园中时，总是穿着一身黑衣。在信中，梵高很兴奋地提到了她："多比尼夫人仍然住在这里，至少可以肯定地说，多米尼夫人是在这里。"梵高第一次去画多比尼先生的花园时没有画布，于是他找了一块亚麻布。第二次再去时，他带了两大块正方形的画布，然后把它们拼在一起。因此，那幅画是一幅横幅的大画作，就像多比尼生前喜欢的横幅画一样，构图也有多比尼先生画中那种开阔的感觉。当然，梵高在奥维所画的风景几乎全都不是多比尼之前喜欢画的。

这幅画是梵高的奥维版《诗人的花园》。在阿尔时，黄房子旁边的小公园被他赋予了彼特拉克与薄伽丘兄弟情义的内涵，而《多比尼的花园》就更富含深意了。尽管花园里的别墅是多比尼没来得及享受的，但就在奥维小镇的另外一处房舍里，多比尼和妻子一起把画家奥诺雷·杜米埃接到了家里，让杜米埃与多比尼夫妇及孩子们一起生活。前文多次提到的杜米埃，也是对梵高影响深远的一位油画家、漫画家，梵高在圣雷米还临摹过他的画。多比尼接杜米埃回家是因为杜米埃晚年双目失明，而多比尼与杜米埃又是情义深厚的老友。因此，这对老友生命的最后阶段，是幸福地在瓦兹河畔多比尼的家里度过的。如此感人的过往羡煞了梵高，他多么希望提奥、乔和侄子也能搬来奥维，大家永远在一起。仔细看这幅画会发现，那个多情的超级有想象力的圣雷米时期的梵高又回来了。个人认为，这幅画比《有乌鸦的麦田》更动人。画那幅画时，梵高已经多少明白"多比尼之梦"不太可能了，所以那幅画给人的深刻印象是——空。而从这幅画里能看出梦还在——两侧整排的酸橙树，用了他拿手的卷动的短线，把那些阳光下的树画得好似一直在闪闪发光。画面中间盛开的薰衣草与周围黄色的野花、绿色的草坪一起迎光舞动。草地上有一只正在奔跑的黑猫，显露出梵高神秘主义者的构思。画面远景中，桌椅旁的多比尼夫人以及用颤动短线画出的白云蓝天，梵高都赋予了很多深意在里面。那天际，不了解细节的人，会认为是大海，因为波动感很强。梵高画完这幅画之后，写信给弟弟说："第三幅画画的是多比尼的花园，这是一幅自从我来到这里就一直计划着要作的画。"世事难料啊，这封画着《多比尼的花园》草稿的信，成为了梵高写给弟弟的最后一封信。

如果说《多比尼的花园》是梵高的梦境之作，那么他所画的奥维小镇上的众多别墅、排屋以及小镇附近的风光便不再是做梦了。画那些画的目的当时只有一个，就是让弟弟一家人爱上这里。因此，奥维有限的几条街道都被他画过，包括河边悠闲的划船人以及肉铺旁边美丽的栗子树。在离开阿尔前几天，他也画过一棵开着花的栗子树。这一次梵高在奥维又画了一棵开着花的栗子树，画中几笔勾勒出的行人，女的婀娜，男的憨态可掬。还有奥维的白杨树——《灌木丛下的两个人》，这幅画又是俯视视角，画面的大部分是地面上的野花，他在信中向弟弟夸赞道："绿地上有粉色、黄色、白色的小花和各种各样的植被。"可以看出，梵高信中所说的粉色，映入我们眼帘时已经变得很白了，但这无碍于他幻想着把提奥和乔画进美丽的白杨林中，走在摇曳的花朵之间……坐在马车里的弟弟一家人，在进入小镇后，一定会看到街边各家各户都拥有的《奥维的花园》以及《奥维的乡村街道》。梵高兴致极高地又为弟弟、弟媳描绘了一幅《夕阳下的奥维城堡》。是的，即便不来这里定居，只是偶尔从巴黎来这里度个周末，也将会看到这样的美景：画中偏左的房子是拉乌的小旅馆，是梵高名义上的家，也是提奥一家三口最佳的歇脚之地。风景里偏右侧的建筑是奥维城堡，这原本是一个带花园露台的巨大建筑。可在这幅画中，它变得遥远、渺小又神秘，房子的颜色，梵高选择了勿忘我的蓝紫色。他所细心描绘的是从远处走回家的时刻——夕阳下，走在一条乡间小路上，远远地就能看见两棵梨树及树后面"家"的屋顶，小路两旁绿色的麦地乖巧地迎接着走在那里的人们。远处天空中的夕阳，被梵高用一条条短线仔细地排列出从黄色到橙红色的渐变感，那种渐变的笔触，与看到的真实夕阳的渐变相比，多了几分梵高的深情。

开花的板栗树

灌木丛下的两个人

夕阳下的奥维城堡

瓦兹河边的游艇

奥维的花园

奥维的乡村街道

64

最后的
朋友

梵高离开圣保罗精神病院前去投奔的加歇医生被梵高认为是个指望不上的人，但那是从治病的角度说的。在绘画方面，这个加歇可是一个对绘画狂热痴迷的人。他不但本人经常画画，每年还以 P·凡·吕塞尔的笔名参加独立沙龙画展。早在印象派出现之前，加歇就与多比尼、杜米埃一起在他家中画画，后来又通过多比尼与柯罗、马奈、雷诺阿、德加、迪朗、莫奈打得火热。除此之外，毕沙罗、吉约曼、西斯莱、德拉克洛瓦也全都跑去他家画过画。还有，就在梵高去他家的时候，还能看到塞尚、罗特列克、修拉的画挂在墙上。可以说，19 世纪中叶以后的重要画家全都与他很熟！这个迷恋绘画的医生，每周会去拉乌旅馆两三次。"他每次待几个小时，看看我在做什么。这位绅士很懂油画。他非常喜欢我的作品。"梵高在信中这样说道。不光如此，梵高还被邀请去加歇的家里、花园里画画，甚至晚上可以睡在那里。因此，梵高把自己所画的第一幅加歇花园的风景画当作报答送给了这位医生。梵高还经常在加歇的家里吃饭。"四五个菜吧。"梵高讲道。从年轻时起就奉行苦行生活的他，加上肠胃不好，吃那么丰盛的饭菜反倒是一种折磨。梵高很惊讶加歇的胃口，能吃很多。但目光犀利的梵高还是忍不住在信里说了一些实情："他给我的印象是个古怪的人。在我看来，他所受的痛苦并不比我少。他看起来就像你或者我那样处于一种病态，心神错乱。他是上了年纪的。他在几年前失去了妻子。你在加歇的身上可以感到他是现代美术史上一个有影响力的人。我将要画他的肖像。我也要画他的 19 岁的女儿的肖像。"加歇医生的这两幅肖像是对角线的构图，从左上角的头部，让倾斜的身体延伸到右下角。就像《奥维的房子》那幅画一样，有些地方是裸露着乳白色画布的。加歇医生的肖像都是在医生家的花园里画的，有三个版本。从素描版判断，加歇至少给梵高做了两回模特，素描版的表情刻画要比油画版的细腻生动得多。别忘了，素描是梵高最拿手的。

加歇医生

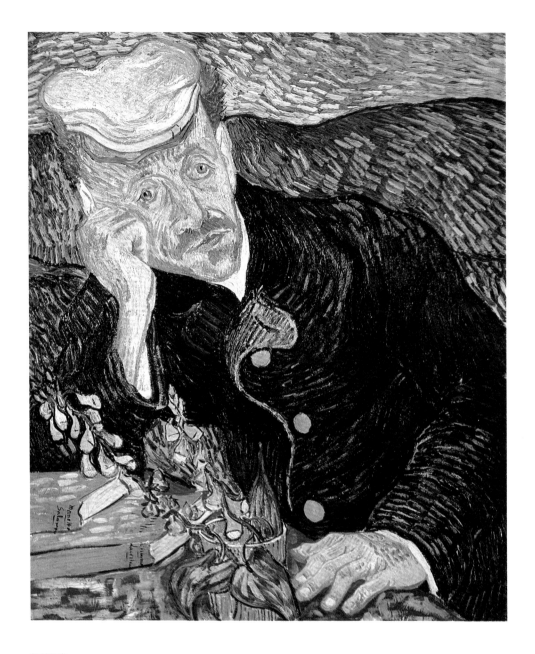

加歇医生

第一版油画的主色调是单纯的深蓝色。在拉乌女儿的肖像里，这种色调也被运用过，那是圣雷米的星空色，令梵高念念不忘。左下角的红色既起到了点亮整幅画的作用，又巧妙地用红色的焦虑意味与上方的蓝色人物相呼应。加歇的房子里堆满了收藏的瓶瓶罐罐，据梵高说走路都会受阻，很乱。院子里还养着鸡、火鸡、鸭子等小动物。作为模特，加医生托着腮坐在桌子旁思考着人生。梵高则在桌面上放了一束凤仙花，一是象征着加歇推崇对精神疾病的"顺势疗法"，二是象征着梵高笃信的大自然的治愈力量。花束旁放了两本小说，是梵高仰慕的龚古尔兄弟的著作：《杰米尼·拉舍特》和《玛奈特·萨洛蒙》，其中一本讲述的是疾病与死亡的故事，另一本则是探讨艺术的救赎作用。加歇医生的第一版肖像中，上衣纵向螺旋的笔触，既有圣雷米丝柏的动感，又给人很强的抑郁不安的讯息。此时梵高所画的人物肖像，已经能够非常精准地让观者感到画中人的性格，尽管我们没见过加歇。可惜，后来他与加歇的接触，和与其他人一样，结局是不愉快的。梵高此生一直不具备与亲友搞好关系的技能。到了7月，他与医生之间开始产生问题。一是梵高抱怨加歇总是离开奥维（医生的诊所在巴黎），这让他害怕发病时会找不到他。二是加歇开始禁止梵高在他家的房子里作画。说这话时是在餐桌上，梵高的反应是扔下餐巾，离开了桌子。猜测其中的原因，可能不是加歇的本意，应该是他的家人对梵高不满，可能是由于他把颜料弄得到处都是，在提奥家里他就是那样。最后，跟之前所有人际交往的结局一样，梵高与加歇彻底闹僵了。导火索是吉约曼的一幅画，它一直没有被装上框子，被随便扔在医生家的某处。而梵高每次去都能看到，他和加歇讲了很多次，若再不装上框子，那幅画将很快被损坏，但医生一直拖着不办，梵高翻脸了……100年后，到了1990年5月15日，这幅肖像作品以8250万美元成交，在当时成为了有史以来艺术品拍卖的最高价。

"这幅画是6月底画的，画中少女依然是玛格丽特·加歇。"从梵高的这句话和下面的书信内容判断，《弹钢琴的玛格丽特·加歇》的创作是晚于《花园里的玛格丽特·加歇》的。通过这幅作品（以及另一幅没有人

花园里的玛格丽特·加歇

弹钢琴的玛格丽特·加歇

物的加歌花园作品）可以体会出梵高玩转色彩关系的能力简直了得。那些抒情、流畅的卷曲短线，效果太美好了——色彩感、形态感和音乐感同时进入大脑，超越了现实中的景色。而对于加歌的女儿弹钢琴的这一幅，他在信中写道："她的衣服是粉红色的，背景中的墙是绿色带橘黄点子的，地毯是红色带绿色点子的，钢琴是深紫色的。画布长 100 厘米，宽 50 厘米。这是一幅我高高兴兴地创作出来的人物画，但却不容易画。我注意到，这幅油画与另一幅横窄幅的《麦田》很配，但是它们距离人们所理解的存在于自然的一个片段与另一个片段之间的奇怪关系，还远得很。虽然如此，但它们彼此仍然互相解释，互相区别。加歌医生已经允许，他的女儿在另一个时间伴着那架小风琴供我创作，也许还会有一个乡下姑娘来给我当模特。"其实玛格丽特根本不想让他画，估计是梵高画了加歌的花园后，又想象着在上面画上了玛格丽特的身影，那幅画中的女孩显然是他想象着画上去的。加歌的女儿看到后，勉强同意自己弹钢琴时让梵高画，所以这幅画的角度是从侧后方看过去的，展现出一个侧脸。梵高信中提到的再次画风琴版的姑娘肖像，随着他与医生关系的闹僵而无法实现了。信中提到的横窄幅《麦田》在后文中有介绍，梵高觉得把它与《弹琴的玛格丽特·加歌》放在一起很搭。要想象画中玛格丽特的

衣服是粉红色的，而不是现在我们看到的粉白色，粉红色已经褪掉了许多。

如果把原本占据画面中央的粉红色拖地裙想象出来，再加上暗红色的地毯，那么《麦田》中的绿色、黄绿色与《弹琴的玛格丽特·加歌》的红色成为补色，是非常和谐的。梵高这幅唯一的竖窄幅作品是他在奥维所画的 13 幅窄幅作品之一，其他 12 幅都是横窄幅的。加歌对这类作品的偏爱激励着梵高陆续画了十几幅，他眼巴巴地希望找到有同好的买主。这幅画的构图与罗特列克的一幅画很相似，那幅画中是音乐老师玛丽·迪豪正在弹钢琴，为画面外的歌者伴奏，梵高很喜欢那幅画。可以想象，7 月底如果没中枪，这幅《弹钢琴的玛格丽特·加歌》梵高肯定会重新画的。他那么喜欢画作的搭配，一定会画出第二幅邮寄给弟弟，去与《麦田》搭配。再有一个原因，那就是梵高此时还在想着弟弟一家。弟媳乔的钢琴弹得很好，他很想用这幅画向提奥夫妇展示：如果搬过来，这里会有很棒的邻居与乔做伴，说不定她们俩还能来一个贝多芬四手连弹。他在信中就说过乔将很快和玛格丽特成为好朋友，还说："我想，你带着小孩来这里生活，和加歌相处，是非常好的。"整天盘算着怎样把弟弟一家引来奥维的梵高、在巴黎看到窄幅画作后疯狂创作新画的梵高、希望靠此摸到市场脉搏的梵高、刚托弟弟买了一堆颜料的梵高……，怎么可

艾德琳·拉乌肖像

艾德琳·拉乌肖像

艾德琳·拉乌肖像

拿橙子的小孩（杰曼）

能在二十几天后自杀？

阿瑟·古斯塔夫·拉乌是梵高在奥维时所住旅馆的老板，他 13 岁的大女儿艾德琳和 2 岁的小女儿杰曼都成了梵高的模特。艾德琳肖像给人的感觉是，梵高很想画出不同于之前的肖像作品，虽然其中一张的钴蓝色背景与加歇的那幅差不多，但三幅少女肖像所用背景都是非常深的颜色，其中一张干脆用的是黑色。与纪诺夫人的肖像比起来，后者的背景原本更适合少女。仔细看的话，会发现每一幅少女肖像的脸部、身上都用了很强的亮色，尤其是前两幅有椅子的，背景上都做了很多的文章。第一幅的背景围绕着头部勾勒出一圈浅蓝色气体般的轮廓，黑蓝色的背景上有更多的浅蓝色"气体"缭绕。第二幅背景上涟漪着的横纹显得很神秘，简直有外太空的错觉。第三幅虽然背景变成了全黑，但脸部、头顶部、胸部用了不少夸张的亮黄色粗线，眼睛、眉毛和头发干脆用雅致的绿色去表达。这一切的试探性笔触，反映出了梵高在从一种天真的男性艺术家视角表达美丽少女在他心中某种非现实的、超感官的神圣元素。通过这三幅画，可以看出这个年龄的女孩在梵高心中有着未沾世俗杂念的纯净之美。而抱着橙子的杰曼，完全是画给弟媳乔的。阳光照耀在草地上、照在孩子脸蛋的红晕上（尽管是夸张的超可爱的红晕），一种烂漫的健康感充斥着整个画面。在画拉乌女儿肖像的同时，梵高以前的一个梦想又重新冒了出来。"要想找到肖像画的客户，就必须能画出一些与之前的画作不一样的作品。我认为这是打开销路的唯一途径。"这是梵高在信中表达出的他当时的商业构想。

善良的梵高，后来把三幅艾德琳肖像中的一幅送给了拉乌。不久后梵高去世，办完葬礼后，提奥让几位曾照顾过梵高的人从拉乌旅馆梵高的画室里任选一幅。拉乌拿了原本梵高就答应送给他的一幅女儿肖像，又拿了那幅《奥维的市政厅》。后来，拉乌将这两幅画卖给了 4 位艺术家：2 个美国人，1 个德国人，还有 1 个是自称为梵高亲戚的荷兰人。两幅画的卖价是40 法郎，拉乌当时高兴极了，因为当时那两幅画的颜料已开始剥落，他自己也照顾不好，索性卖给了艺术家。到了 1998 年，艾德琳的肖像拍卖价达到了 1375 万美元。

65

怀旧的麦
田，魂兮
归处的树
根

奥维平原

《奥维平原》是梵高到奥维小镇后不久画的。他路过巴黎时看到提奥很喜欢《收割》那幅画，因此一到奥维，他就在信中说画了一幅与《收割》风格接近的《奥维平原》。《麦田》也是早于《麦田群鸦》画好的，因为梵高信里提到过有一幅《麦田》与《正在弹钢琴的玛格丽特·加歇》很相配，玛格丽特那幅是6月底画的。这种窄长的作品，他到奥维后突然画了13幅。那是源于他在5月路过巴黎时，在战神广场大厅参观了春季沙龙展，其中皮埃尔·德·夏凡纳的大横幅壁画《艺术与自然之间》令他印象深刻。梵高在信中兴奋地说道："这幅画看久了，仿佛看到了一切你所坚信的事物和希望出现的事物重获新生，这种新生是彻底的，也是仁慈的。"1890年5月看到皮埃尔的作品后，梵高就更加坚定地认为要好好尝试一下这种装饰性很强、构图很现代的窄幅画。他所画的这13幅窄幅作品（一幅竖版，12幅横版），尺寸大约是50厘米×75厘米，规格在30号到40号画布之间。

麦田　　　在那个年代这属于较大的尺寸，一般都是有人预先订购，画家们才会下笔。这种画往往被称为"壁板式装饰画"，加歇对竖版《正在弹钢琴的玛格丽特·加歇》进行的创意式的悬挂和喜爱，让梵高看到中产家庭有可能会接受这类作品，因此在奥维短短的70天里，他画出了13幅窄幅画作。这幅

横窄的《麦田》被梵高视为与加歇医生女儿弹钢琴那幅很搭配，他还在写给提奥的信中画过这两幅画搭配起来的效果草图，并对弟弟说："一幅画是竖式的、色调为粉红色，另一幅画的色调是淡绿和鹅黄，刚好与粉红色互为补色。"

对这两幅貌似不同类型画作之间的关系，梵高自打看到皮埃尔的《艺术与自然之间》后就一直在琢磨。弹琴姑娘与麦田的关系，让他想到了人与自然的关系，比如女性的生育能力与土地的生产能力。这幅画中的景象，梵高在画之前就在信中深情地描述过："我现在完全被衬着群山的广阔无边的麦田吸引住了。平原辽阔如海洋，美妙的黄色，温柔的绿色，一小片犁过后播种下种子的土地的美妙紫色——这片土地被开了花的土豆画上了绿色的格子。在这一切的上面，是带着美妙的蓝色、白色、粉红色、紫色调子的天空。我的心情非常平静，我想要画下这种景色。我很想写信给你，跟你谈很多事，但是等到开始写的时候，写信的欲望就消失了，我又感到这是没有用的。"这是写给提奥的，可以体味出 6 月的梵高摇摆在沉醉与沮丧之间：看到风景就沉醉，想到前途就泄气。10 年来，梵高一直以绘画来"播种"，信心满满，他焦虑的往往是画画之外的事情，但到了奥维后，开始对绘画本身

乌云密布的天空下的麦田

失去激情。仔细看这三幅画，从地形上判断，横窄幅的《麦田》与《奥维平原》《乌云密布的天空下的麦田》好像画的是同一块麦田。《乌云密布的天空下的麦田》应该画于 7 月中旬之后，梵高在那段日子里画了好几幅乌云下的风景，只是一段时间后的那块麦地上，原本在窄横幅画作中的一座干草堆没有了。《乌云密布的天空下的麦田》的气氛明显与前两幅不同，《奥维平原》洋溢着勃勃生机，《麦田》散发着中产阶级周末郊游的轻松感，而《乌云密布的天空下的麦田》中再也看不到平原的童话色彩及麦田所赋予它的小资情调，让人感受到的是寂静、空无。

《路过麦田的两个女人》也是 13 幅系列窄画之一，不但在尺寸上符合该系列的特点，而且在构思上也非常明显地受到了皮埃尔《艺术与自然之间》的影响。不过，梵高的作品从色彩到人物更现代、更先锋，他把皮埃尔画中优美的公园改成了被耕犁过的农田，把古遗迹改成了奥维小农场。梵高应该是真的看到过画中的两个女人，才在画里凭记忆把她们安排在了农田旁边，只不过衣服和头发的颜色依据画面的整体安排做了调整。母女二人，头发一个是蓝色的，一个是黄色的，风同时吹动着麦田和她们奇妙的彩色头发。这既是一幅装饰性很强的乡下生活图画，又是一幅梵高把自然界与艺术界之间用"优雅"串联起

路过麦田的两个女人

来的尝试。

如果明白了梵高到奥维后一直在精心策划着装饰性很强的窄幅系列作品，就会明白这幅《麦田群鸦》与自杀毫无关系。更别说在这幅 7 月 10 日左右画出的作品之后，还有 7 幅画出现。根据史密斯版《梵高传》中介绍，那 7 幅画所涉及的主题有茅屋、乌云雷雨中的麦田、麦穗捆、树根、草堆。这些画的创作时间都晚于《麦田群鸦》，只是不知道具体哪一幅是梵高的绝笔，那就暂时让我们把那几幅画中的每一幅都当作他的告别作吧。例如《乌云下的干草堆》，很有可能是梵高此生的最后一幅画。但如果他 27 日白天出去写生过，而在傍晚中枪，那么 27 日的那幅画才应该是他真正的告别作。但事实表明，27 日的画被人藏了起来，成为千古之谜了。那天下午，奥维小镇里有两个人看到他去了某农场里的干草堆那边（就是泥炭堆，农民为了耕作，常年挖泥炭土，堆积储存起来用作肥料，有人为了好听改称为干草堆）。梵高在德伦特时就画过《农场屋和泥炭堆》。他是个极端怀旧的人，也许那几天梵高想起了德伦特时期的很多往事，因此画下了这个干草堆，而在 27 日那天他又去了。如果顺着这个猜测来判断的话，《乌云下的干草堆》与他中枪那天所画的是同一个主题，会不会那里就是他中枪的地点？被凶手藏起来的那幅画可能是这幅干草堆的系列作。仔细品味《麦田群鸦》就会发现，它与《乌云下的干草堆》有着非常接近的情感表达，那就是辽阔、空寂。此时的梵高经历了 7 月 6 日当天往返奥维—巴黎的"家庭风波"，为弟弟因缺钱想辞职而担忧，他在信中写道："回到这里，我感到凄凉，并且始终感觉得到威胁着你、也压迫着我的那种气氛。怎么办呢……我一回到这里，马上又开始画画。画笔几乎从我的手指中间滑了出去，我确实知道我缺乏什么。从那时起，我已经画了 3 幅以上的大油画。画的是不安的天空之下大片延伸的麦田，我不需要故意表达凄凉与极端孤独的心情。画上的线条很生硬，失去了秩序、天地鸣动，所有凄切、悲哀、绝望都似乎从地平线的那一端扑了过来……我希望你能够马上看到这些画——我认为这些画会把我无法用语言表达的话告诉你，把我在乡下见到的生机勃勃的景象告诉你。正是为了自己的健康，我十分有必要在花

乌云下的干草堆

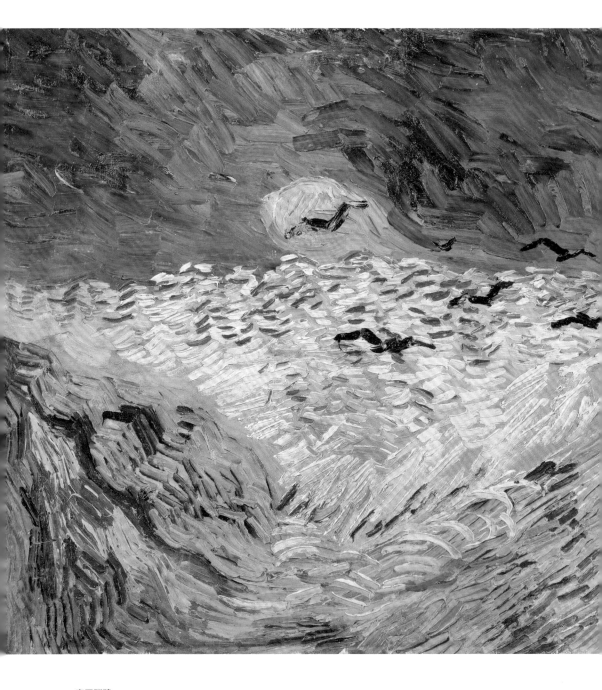

麦田群鸦

园中作画，观察花朵的生长。"

这又是一段情感大起大落的表述，画笔都拿不稳让他明白了"自己缺乏什么"，此时的梵高缺乏的是从前火热的激情，因此导致"画上的线条很生硬，失去了秩序"。没错，前文中就提出过这样的观点：奥维时期的画，比圣雷米和阿尔时期的稍逊一筹。梵高自己也这样想，原因就是此时的他已经身心疲惫，激情不再了。很快，就如他信中的快速变化一样，乡下"生机勃勃"的景象迅速让梵高在《麦田群鸦》里画出了"语言无法表达"的情绪。空中的飞鸟与田地里的麦子以及中间延伸到远方的小路，让人感觉到压抑中还带着希望和生机，就像梵高曾经讲过的"当我画一片麦田时，我希望人们感觉到麦子正朝着它们最后的成熟和绽放努力"。不安、凄凉与孤寂从来就没压垮过梵高，一到了麦田，他就像回到了温柔乡一样，因为从小他就与弟弟一起在麦田里奔跑嬉戏。麦子的生长、成熟，农民的耕作和自给自足，在他眼里始终是人间最完美的生存"大写意"，是他想做而做不到的。麦穗的芬芳，也让他浪迹天涯时，频频回味起小时候妈妈烤出的面包香气。因此，麦田是他灵魂的暂居地，而不是死地。梵高虽然身患抑郁症，但可贵的是他一直能找到较好的角度让自己振作起来。梵高在信中曾这样写道："我渐渐地学会了对折磨和痛苦一笑置之，尽管如此，也

总是希望渺茫。而在生活中，我们将发现痛苦的真正原因，它时常弥漫在地平线上，形成一种绝望的灾难，我们却对此知之甚少。最好还是低头傻看麦田，即使是在画中。"可见，梵高找到了简单有效的治愈自己抑郁症的途径，那就是"傻看麦田"——何其直接又聪明的办法！就像他的画作从来不依赖历史故事、戏剧、奇闻异事来吸引买家，而是倾心描绘对象本身存在的神奇，通过色彩和笔触注入自己的情感，展现存在于我们周围极普通的植物、人物或田野中存在的意识及灵魂！这是何其了不起，正如法国剧作家安托南·阿尔托所说，梵高是"画家中最纯粹的画家"。

是的，这种纯粹也反映在了《麦田群鸦》这幅画里。这是一幅他尝试用新的色彩描绘麦田的作品。这次的麦田不是金黄色的，而是黄中有棕色，配上紫色的小路及草绿色的植物，真是太养眼了！梵高对色彩的独到品位、三原色和绿色的巧妙运用，简直美轮美奂。天空则又回归到了《星月夜》的钴蓝色（与黄色呼应），且用加深的笔触描画出一片动感的天际。重度抑郁症患者——顽强的梵高，在此画中为自己画出了能飞向天际查看未来的神鸟，也就是希望。该画的造型没有《奥维平原》那么复杂和精密，十分简练且富含韵律，让那块麦田、那片天空变得广袤无垠，分叉的三条小路又让这幅画根本没有中心视

点，这是犯忌的。但他才不管那些条条框框。画中奔放的笔触，让人可以想象梵高用刮刀和颜料管直接往画布上加色的样子。此画其实特别能反映梵高的性格，暗棕色、黑蓝色画出了他的抑郁和焦虑，而金黄色、草绿色、紫红色又画出了他诗情画意的一面。而他一生都是这样的，摇摆在大悲大喜之间。换个说法，也许是上天用颞叶癫痫症＋抑郁症＋非凡的艺术感受力，为人类创造出了一个独特的梵高。

奥维时期的13幅窄长画作，都是用两张正方形的画布拼接在一起的。它们不仅是一个系列，在意境上还是一个整体。多年来人们总是围绕着《麦田群鸦》做单独的、孤立的分析，其实那幅画与其他12幅作品有着紧密相关的统一性，所表达的是现代田园的乡间风景，所设想的买家是巴黎中产以上阶层的人民。这13幅画作没有了之前在纽南所画农民的那种辛苦劳作的场面，代之以整理好的干草堆、耕种整齐的田地以及或浪漫或诡异的云彩及飞鸟。梵高知道，中产买家们没有兴趣看农民身上的污泥和汗水，因此这一系列的画作即便画中带入了梵高当时某些压抑的情绪，他也仍然很自信，知道那也是中产们多少具备的，例如加歇医生。适度分享一点点压抑或叫乡愁的东西，并无坏处。如果忘记那"自杀"的传说，再回头看这些作品，你会发现，作品里其实毫无精神崩溃或自杀的情绪。《雷雨云下的麦田》《雨中美景》这两幅画，既有乌云，又有雨中美景。即便是那乌云，也完全没有用到暗色，不过是用蓝色的深浅程度去制造层次感和云的涌动感，最浅处干脆就是几朵浪漫的白云。而那《雨中美景》干脆把植物、天空、房屋、雨水都画成了紫色，与金黄色的麦田形成迷人的补色。那下落的雨线及辽阔的黄色地面短小波动的笔触，与远景里隐隐约约的景观、紫色的地平线相叠加，好似绚烂的五线谱，画中的雨声、风声、麦浪的摇摆声，全都跃然纸上。

梵高曾经说过，他喜欢看树根，因为根的样子有着一种在逆境中挣扎、不屈不挠的气质。这幅彩色树根也是两块方形画布组成的大尺寸油画。画面的视角对准了裸露的树根，上面的瘤子、藤条以及新长出的嫩芽成了主角。土地和天空都不见了，就连树干也成了配角。这是梵高生命的最后几

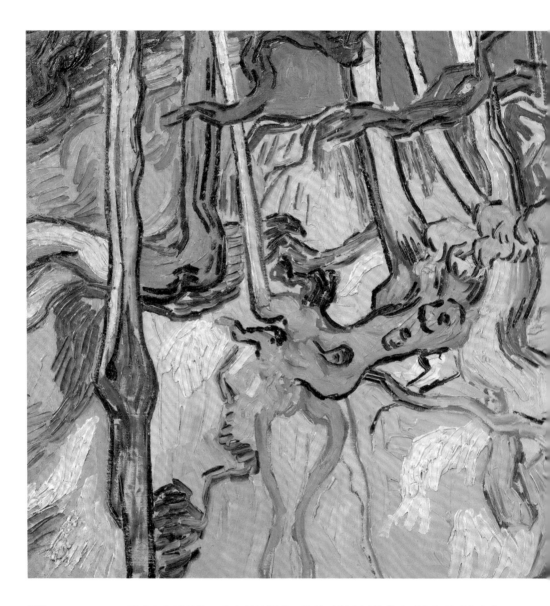

树根

天或十几天里的一个全新的探索，他从近距离树根的造型中发现了大自然绝妙的超现实艺术自发的创造力。

这幅《树根》既展现了梵高自己摸索出来的独特风格，又前瞻性地预见了市场对有装饰效果的画作及主题抽象作品的追求。梵高凭借他那瑟瑟发抖

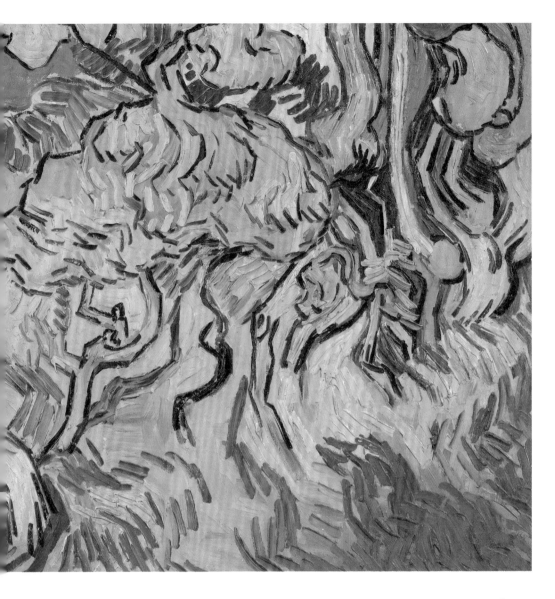

的微薄力量、饱受奚落和煎熬的 10 年以及貌似卑微实际理念超前的作品，让自己成为了 20 世纪野兽派与表现主义画派的先驱，深深影响着一百多年来的现代艺术。不论这幅《树根》是否是他的最后一幅作品，我们都将从这幅画中看到他的不朽！

雨中美景

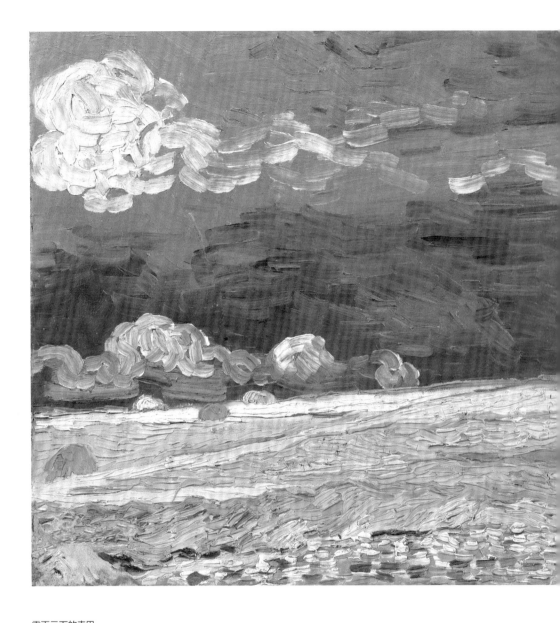

雷雨云下的麦田

编后记

由于版面有限，原稿中有很多很重要的话和事情都没能放进正文中，所以其他的话不再多说，借此宝贵的地方讲一下此书与其他梵高书的不同之处。

(1) 众所周知，情感和艺术都属于超脱物质体系的东西。而且显然的，情感与艺术紧密相连，很难想象没有情感的艺术是个什么样子。梵高正是由于情感太丰富太细腻又太抑郁，所以才酝酿出这样的梵高画，因此我们这本书，是用文字探索梵高的情感与画作所"碰撞"出的"雷鸣闪电"。此书注重从梵高短短一生的内心走向去谈他的画作，因此我把大量时间花在查找、挖掘他的生活细节以及导致情感波动的线索上，然后依靠这样一个路线图去融入、理解他每个时期的作品，而不是脱离当时梵高精神状态的起伏，单纯地拽一些艺术辞藻去谈他的画。

(2) 此书从梵高早年生活中的一些小事所涉及的情感因素入手，用大量篇幅去介绍他早期素描的艺术特性。其实如看懂了他早期素描作品的感人之处，便能很好地理解梵高后来在阿尔及圣雷米时期的油画。

(3) 我强烈怀疑他是一个典型的抑郁症患者、一个艺术大师级别的抑郁症患者（梵高自己承认抑郁，但只是"有点抑郁"），因此当梵高每次经历较大的情绪波动后，他那既令人心碎又高贵的精神沉淀——在作品中的璀璨展现，是这本书文字部分所注重描述的另一个方向。而目前大部分与梵高传记有关的书籍中，都没有明确地说他是个抑郁症患者，这可能是由于没有正式的医生诊断书，但依赖他的书信集和近年新出版的《梵高传》里更为详细的资料，能从那些细节的镜头里明显看到一个典型的抑郁症患者的性格（虽然《梵高传》中最终也没有明确地说他是典型的抑郁症患者）。

（4）

另外，从颞叶癫痫病的角度来看，本书在梵高的割耳事件上与《渴望生活》和《梵高传》里的观点迥异，这二者都认为是梵高自己割掉了耳朵，但本书认为由于与高更发生了激烈的冲突，导致梵高当时颞叶癫痫病发作（《梵高传》同意这一点），高更舞剑自卫或两个人扭打时，误砍了梵高的耳朵，可梵高犯病说不清当时的情况了，高更说是梵高自己弄的，就认了。而在所谓的"自杀"事件上，《渴望生活》认为就是自杀，《梵高传》怀疑是被玩枪少年误杀，这一点与本书看法一致，但不同的是，本书认为，还是因为颞叶癫痫病，受到枪伤后导致他病情发作，跌跌撞撞地回到小旅店后，也说不清楚情况，在警察问他是否是自杀时，他承认是自杀（《梵高传》在那个镜头中没有提到颞叶癫痫病）。

（5）

本书多处的文字介绍中，首次从频率的角度谈他的画（至少在国内是首次，只不过在写作时、查梵高其他资料时，惊讶地发现国外已有某物理学家那样评论过，与本书作者不谋而合）。画中的那些个频率感，显示出梵高是个艺术先知。

后记

a． 2018 年 1 月，荷兰阿姆斯特丹梵高博物馆发现了一幅梵高画作，是过去从没出现过的一幅素描，该画是在 1886 年梵高到巴黎 1 个月后所画，内容是蒙马特山。

b． 2019 年 4 月，还是荷兰阿姆斯特丹梵高博物馆，宣布梵高在 1886 年所画的《红色罂粟花》是真迹（此前一直怀疑是赝品）。另外还有一个发现，就是他们经 X 射线成像技术扫描，发现此画下面还有一幅画，是个男子肖像，据说从耳朵判断可能是梵高自画像。

c． 苏格兰作家肯·威尔基指出两件事。一是有很多梵高研究者认为，梵高的情人西恩的儿子，很可能是梵高的亲生儿子，他们是从梵高书信等很多资料中推算怀孕时间后得出的结论。另外，梵高这个儿子的儿子，长相与梵高极为相似。后来专家们希望与梵高的弟弟提奥的后人验 DNA，其结果目前查到的是：提奥的后人提出，只有在梵高疑似子嗣放弃继承财产的前提下，才能验 DNA，于是梵高与西恩俩人的重孙子，书面同意不争财产并交出了 DNA，但目前查不到最终检验与否及其结果如何。该作家讲出的另一件事是，1885 年，在安特卫普为梵高兄弟治疗梅毒的是卡文奈尔医生，由于当时梵高给不起出诊费，所以事先讲好，画一幅该医生的小型油画肖像作为回报。但可惜的是，此画后来被医生的亲属弄丢了，至今下落不明。

d. 2020 年 1 月 22 日 荷兰阿姆斯特丹梵高博物馆宣布，梵高在圣保罗精神病院居住期间（1889 年 8 月）所画的一幅自画像，经过多年的研究，最终确定为真迹。该作品曾被部分人怀疑是赝品，因为他们说此画的风格与梵高不符。而我最喜欢的自画像就是这一幅，从来没认为它是赝品。

总之，所有拿起这本书的读者，请整理一下心情，做好准备——你即将通过此书走进梵高的世界。我写此书时首次尝到了失眠的滋味，因为现在这个时代所能找到的资料比《渴望生活》作者的时代多太多、真实太多。另外，本书由于篇幅所限，原稿删掉了很多文字。在此书出版后，被删掉的内容将被放在我的博客中，这样就能方便读者在阅读时，对照着此书，去看那些虽没变成这里的铅字，但却同样精彩感人的有关梵高、有关他那些画作的动人细节和往事……

梵　高　年　表

1853 年： 3 月 30 日，梵高出生于荷兰北部布拉班特省的津德尔特，虽然他是长子，但其实还有一个刚出生就夭折的哥哥，另外有三个妹妹和两个弟弟，其中一个就是提奥。

1861 年： 梵高进入小学读书，此时他 8 岁。

1864 年： 梵高进入普罗维利私立寄宿学校，两年后进入威廉二世国王公立学校，读到 1868 年时，某天他步行很久回到家，从此拒绝再上学。

1869 年： 16 岁的梵高总待在家里，这让父母很焦虑，于是恳请画商叔叔接纳他，进入了叔叔在海牙的古庇尔画廊分店工作，但他的性格让经理很不喜欢。

1873 年： 5 月，叔叔把梵高调往古庇尔画廊伦敦分店，在此期间他爱上了房东的女儿，表白后遭拒，情绪接近失控的边缘，于是家族长辈们商量后，在 1875 年将他调往巴黎的古庇尔画廊总店。10 月，梵高的父母迁居到埃顿。

1876 年： 血气方刚、阻拦顾客买烂画的梵高，被自己的家族企业彻底解雇。

1878 年： 梵高进入了位于布鲁塞尔的一间传教士学校，研习宗教理论。

1879 年： 由于在矿区实习传教时太投入，形象太过清苦破烂，被同事排挤，没能取得毕业证书及牧师资格。此后痛苦不堪的他在矿区流连很久，并在那里确立了日后的绘画方向。

1880 年： 10 月，梵高去了布鲁塞尔某美术学院进修。

1881 年： 4 月，梵高回到埃顿父母家，在那里遇到了表姐，且一往情深地爱上了她，但再一次惨遭拒绝。

1882 年: 与父母关系紧张后,梵高去了海牙,结识了某表姐的老公莫夫,拜师后不久便绝交了。在此期间,他开始画油画,并偶遇西恩。

1883 年: 而立之年的梵高生活得一团糟,西恩和孩子经常没饭吃(尽管弟弟每个月给他的钱比当时一个教授的月工资还多 20 法郎)。9 月,他的父母搬到了纽南。12 月,梵高丢下西恩和孩子去纽南和父母同住(近年有多名学者的研究结论是:那孩子就是梵高的儿子)。

1885 年: 3 月 26 日,梵高的爸爸去世,全家都指责是他气死了父亲,这导致画完《吃土豆的人》后,11 月,画室房东拒绝续租,村里也没有人愿意租房给他,他只好去了安特卫普。

1886 年: 在安特卫普看不到任何希望的梵高,2 月时没征得弟弟的同意就突然抵达巴黎。在那里他遇到了毕沙罗、高更、罗特列克等印象派画家。他的作品在色彩上风格骤然转变,不再坚持使用肉汤暗色。

1888 年: 梵高突然来到法国南部的小城阿尔,此时是他作品的收割期,代表作有《向日葵》等。也正是在此地的"黄房子"里发生了著名的"割耳事件"。

1889 年: 36 岁的梵高还在靠弟弟"发工资"。4 月时提奥结婚,这样的压力导致患有抑郁症的梵高在 5 月 8 日自愿前往圣保罗精神病院,并在那里继续画画,著名的作品有《星月夜》等。

1890 年: 1 月,37 岁的梵高卖出了他此生第一幅也是最后一幅作品——《红色葡萄园》。5 月 17 日,他在巴黎短暂逗留,看了几个画展。5 月 21 日,梵高正式迁居至小镇奥维尔,那里有加歇医生。7 月 27 日,梵高像往常一样背着画具外出写生,但偶遇某玩真枪的少年,枪支意外走火不幸射中梵高的腹部。熬到 28 日早晨,提奥抵达。29 日,黎明时分梵高去世。30 日,葬礼。6 个月后,提奥发疯且在悲痛中死于荷兰。多年后,提奥的夫人把他的坟墓迁往奥维尔,从此与哥哥梵高一起长眠。

业余绘画时期
播种者
P.021

海牙和德伦特时期
烧杂草的农人
P.056

纽南时期
吃土豆的人
P.075

安特卫普时期
叼着烟的骷髅
P.088

1885年11月—1886年2月

巴黎时期
唐吉老爹
P.109

阿尔时期
十四朵向日葵
P.170

圣雷米时期
星月夜
P.236

奥维时期
麦田群鸦
P.304